新しい社会学を学ぶ

[編著] 坪井　健　TSUBOI Tsuyoshi
[著]　武山　梅乗　TAKEYAMA Umenori
　　　酒井　出　SAKAI Izuru
　　　橋本　淳一　HASHIMOTO Junichi

学文社

執筆者

＊坪井　健　駒澤大学（第1・2・3・5・6・12・13・14章，付録）

　武山梅乗　駒澤大学（非）（第4・7・9章）

　酒井　出　西九州大学（第8・11章）

　橋本淳一　山村学園短期大学（第10章）

（＊は編者）

はじめに

　私たちにとって身近な社会が，近年とみに複雑化し，高度に情報化されシステム化するにしたがって，生活者個人の視点からは現実社会はますます見えにくく実感として捉えがたくなっている．それだけに一見とらえどころのない社会をどのように理解すべきか，そのトータルな社会認識への渇望感は，社会学への期待を一層大きなものにしているように思う．社会学が市民の社会認識の学として，現在，それなりの存在意義を持ち得ているのも，そうした理由からであろう．

　社会学の初学者向けの入門書も近年数多く出版されているが，最近は，初学者へのわかりやすさを意識するあまり，読者にすり寄って社会現象の具体的記述がやたら多くなり，社会学的分析道具である基本的概念をしっかり押さえた入門書が少なくなっているように感じるのは筆者だけだろうか．もちろん，日常的な社会現象を分析的に捉える学問として，社会学のテキストが身近な社会現象を具体的に取り上げることは意味あることであるし，初学者に対しては有意義な語り方であることを否定するものではない．

　しかし，実際，社会学の試験などでは，社会学の分析概念である基本的用語の意味を問う設問もよく見られる．それは，社会学の既存知識の中で共通概念として定着している重要な分析概念になっているからである．しかし，こうした社会学の基本概念が入門書では具体的な社会現象から入るために，隅に追いやられてその大切さがわかりにくくなっている．

　本書『新しい社会学を学ぶ』ははじめて社会学を学ぶ人向けにかかれている入門書の一つではあるが，社会学の基本概念を押さえることに心がけている点に一つの特徴を見ることができる．

本書は，3部構成になっている．第1部「社会学入門―社会学への誘い―」は，人生と社会経験，社会現象の不思議，社会問題の見方，そして社会的人間のあり方など，身近な視点から社会学的問題の世界へ読者を誘っている．ここは入門書の通例に沿って身近な社会現象から読者に語りかけている．

第2部「社会学の道具箱―社会学の基礎概念―」は，そのタイトル通り，基礎概念の説明と応用例に重点を置いている．こうした書き方は古典的な社会学の教科書によく使われた手法である．今日こうした社会学の道具である基礎概念をしっかり説明する入門書が少ないことへの反省である．したがって，「社会学の道具箱」は本書の大きな特徴の一つである．しかし，取り上げた社会学の道具（基礎概念）はほんのわずかである．後は読者自身が社会学の道具（分析概念）を任意に選択して概念的思考を発展させてもらいたい．

第3部「社会学の諸相―現代社会へのアプローチ―」は，本書の各筆者がその得意分野で社会学的考察を試みたものである．したがって，各章の論じ方には筆者の個性が現れており，教科書的枠組みを超えている．現代社会への社会学的アプローチの一例として社会の見方のおもしろさを楽しんでもらえれば幸いである．

社会学のテキストとして本書の特徴はそれにとどまらない．「付録―実践的レポートの書き方・卒業論文の作成事例集―」は，社会学の課題レポートの書き方の指南役にもなっている．実際，高校を卒業して入学した初学者の課題レポートには，中学時代に学んだ作文風のものが数多く見られる．最初に提出する課題レポートでも，レポートと作文の違いをしっかり認識してから書いてもらいたいという思いが込められている．

さらにもう一つの付録は，社会学の「卒業論文の作成事例集」である．これも類書には見られない．卒論を書く心構えと共に，社会学を学んだ学生が実際に書いた卒論の概要51例を紹介している．これを見ると社会学研究テーマの広がりと研究の面白さを実感してもらえるのではないかと思う．それもプロの研究者ではなく同世代の学生が書いたものであるとなおさら興味がわくであろ

う．社会学を学ぶとこんな研究ができるという実例である．

　さらに，各章末にコラムを入れて，本論で取り上げ切れなかったテーマについて簡単な解説をし，各章毎に「まとめ」を入れて要点を把握しやすくしている．また解説付きの「読書案内」をして発展学習にも配慮した．こうしていろいろと工夫して中身を欲張ったために少し厚めのテキストになったが，初学者に役立つ社会学の話題，発展学習に役立つ社会学情報を満載している．とくに学生の卒論事例の概要は読むだけで社会学の面白さ，好奇心を倍増して頂けるのではないかと思う．

　本書『新しい社会学を学ぶ』を手かがりに，読者の皆さん自身が，1年後かまたは数年後に，自分らしい社会学的な視点を生かした独自の研究をしてくださることを期待している．

　なお，本書は，数年前に出版される予定であったが，執筆者の変更等紆余曲折の末，こうして出版の運びになったのは，ひとえに学文社社長田中千津子氏の辛抱強い励ましのおかげである．ここに記して感謝の言葉を述べたいと思う．

　平成 22 年 10 月 15 日

執筆者を代表して
坪　井　　　健

● 目　次 ●

第1部　社会学入門──社会学への誘い── …………………………… 1

第1章　社会経験と社会学………………………………………………… 2
1　社会学とは何か……2
2　社会経験の仕組み……4
3　社会経験の2つの側面……6
4　社会経験と社会学の経験……7
5　自明性を疑う社会学……8
6　社会経験の理解の仕方……9
7　社会学の本質……10
第1章のまとめ……12

第2章　社会現象の不思議………………………………………………15
1　イメージがつくる現実……15
2　自然現象と社会現象の違い……16
3　実際にあった取り付け騒ぎの話……17
4　予言の自己成就の強化メカニズム……20
5　意図的な社会的行為の予期せざる結果……24
6　自殺的予言（自己破壊的予言）……25
7　潜在的機能……28
8　「機能」概念による分析……29
第2章のまとめ……32

第3章 社会的ジレンマと社会学……34
　1　社会的ジレンマとは……34
　2　囚人のジレンマ……37
　3　共有地の悲劇……41
　4　社会的ジレンマの解決のために……43
　　第3章のまとめ……46

第4章 アイデンティティの社会学……49
　1　〈わたし〉とは何か……49
　2　自我の社会性……51
　3　アイとミー……52
　4　アイデンティティ……53
　5　アイデンティティ・クライシス……56
　6　役割とドラマトゥルギー……57
　7　着飾る自分，質素な自分……59
　　第4章のまとめ……61

第2部　社会学の道具箱——社会学の基礎概念——……65

第5章 行為と相互作用……66
　1　はじめに行動があった……66
　2　行為と行動……67
　3　社会的行為の類型……68
　4　社会的行為と相互作用……70
　5　相互作用の特徴と安定化の条件……71
　6　社会（対人）関係の発展と変化……74
　7　対人関係における匿名性……75

8　ジンメルの二人関係・三人関係の考察……77
  第5章のまとめ……79

第6章　地位と役割……………………………………………………81
  1　社会学の基礎概念としての地位と役割……81
  2　社会的地位概念から見えるもの……84
  3　人生劇場と社会的役割……90
  4　社会的地位と社会的役割と自我関与……92
  5　役割葛藤と役割の安定化……94
  第6章のまとめ……99

第7章　価値と文化……………………………………………………101
  1　社会学における文化の理解……101
  2　文化資本……107
  3　カルチュラル・スタディーズ……108
  第7章のまとめ……111

第8章　集団と組織……………………………………………………114
  1　集団，組織とは……114
  2　未組織集団……115
  3　集団の二分法……116
  4　組織と官僚制……120
  5　組織と集団の関係……122
  6　準拠集団……124
  7　集団と組織の総括……126
  第8章のまとめ……128

第9章　消費社会と社会的性格……130
1　前近代と近代の画期……130
2　資本主義の精神……131
3　産業社会と消費社会……133
4　フォーディズムにみる産業社会の特徴……134
5　消費社会とは何か……135
6　記号消費……136
7　消費社会と社会的性格……137
8　消費社会における企業……139
第9章のまとめ……142

第3部　社会学の諸相──現代社会へのアプローチ── 145

第10章　支援される存在としての家族……146
1　子どもと家族を応援する日本……146
2　現実の家族の捉え方……148
3　現実の家族は今……152
4　少子化は大問題……155
5　非婚化・晩婚化とすべての家族に援助が必要な時代……157
第10章のまとめ……161

第11章　地域社会の現在……163
1　はじめに……163
2　戦後の都市化過程……164
3　都市的生活様式……165
4　伝統的住民組織の解体と再編成……167
5　住民による地域福祉活動と地域社会の再編成……168

第11章のまとめ……175

第12章　若者と働くことの意味…………………………………………………… 178
　　1　はじめに……178
　　2　若者をめぐる雇用情勢……179
　　3　揺らぐ日本人の自画像……181
　　4　距離化する若者と労働の間……186
　　5　近代的労働とその意味構造……189
　　6　現代の労働現象と意味の変容……192
　　7　おわりに──生活と労働の乖離── ……194
　　第12章のまとめ……196

第13章　情報社会の陥穽………………………………………………………… 201
　　1　マスコミがつくる情報環境……201
　　2　造られるニュースの現実……203
　　3　メディアイベントとしてのスポーツ……207
　　4　メディアの犯罪報道と体感治安……210
　　5　メディア・リテラシーのために……212
　　第13章のまとめ……216

第14章　国際化と日本の大学生…………………………………………………… 219
　　1　高等教育の国際化とその意味……219
　　2　大学の歴史と学生文化……225
　　3　在日留学生と日本人学生……227
　　4　何が留学交流を阻害しているか……231
　　5　国際比較から見た日本人学生の特徴……238

6　在豪日本人学生……240
   7　おわりに──社会人基礎力の育成と海外留学──　……245
   第14章のまとめ……247

付録──実践的レポートの書き方・卒業論文の作成事例集── …………251
   付録1　実践的レポートの書き方……252
   付録2　卒業論文の作成事例集……259

第1部
社会学入門
―― 社会学への誘い ――

　われわれは社会のなかで生まれ，社会のなかで育ち，社会のなかで働き，社会のなかで遊び，社会のなかで死んでいきます．社会はわれわれにとってたいへん身近ですが，同時につかみ所がない世界のようにも見えます．身近な友人や家族に囲まれた社会は，直接，顔が見えるし肌で感じられる社会ですが，その向こうにひろがる社会，それはメディアを通して知る社会がほとんどでしょう．それは映画のスクリーンのように，キラキラ輝いていたり，面白かったり，刺激的な風景でもありますが，夢まぼろしのようにつかみどころがないのも実感でしょう．

　はじめて社会学を学ぶ人たちに，このつかみどころがない社会をどのように伝えるか．社会学はいうまでもなく社会を対象とする学問ですが，社会学は社会をどんな風景として捉えているのでしょう．第1部「社会学入門――社会学への誘い――」として語る各章は，社会学が捉える社会の風景の一端と，それが自分にとってどんな意味をもっているかについて，なるべく読者のみなさんに引き寄せて語ろうしています．

　人生と社会経験，社会現象の不思議，社会問題の見方，社会的人間のあり方など，身近な視点から語る「第1部　社会学入門――社会学への誘い――」からあなたの社会に対する見方を大きく拓いてください．

　あなたが生きている土俵である社会を知ることは，あなたの選択肢が広がり，あなたが自由に生きることにつながります．

第1章　社会経験と社会学
第2章　社会現象の不思議
第3章　社会的ジレンマと社会学
第4章　アイデンティティの社会学

第1章
社会経験と社会学

1 社会学とは何か　What is Sociology？

　社会学についてあなたはどんなイメージを抱いているだろうか．はじめて社会学の授業を受けることになり，この本を手にしているあなたは，以前に社会学者が書いた書物を読んで具体的なイメージをもって授業に臨んでいるかもしれないが，必修科目のために仕方なく，または選択科目ではあるが消去法によって残った科目が社会学だったということかもしれない．しかし，積極的にせよ消極的にせよ，社会学に対して漠然としたイメージを抱きつつ社会学という科目を選択して受講していることは確かだろう．

　「社会学とは何か」と問われることは，社会学にとって最も不幸なことのひとつである．近接する学問である経済学，政治学，歴史学，心理学などでは，その学問がどんなことをする学問かと問われることは滅多にない．その学問の知識体系を知らなくても，経済，政治，歴史，心理などその学問が何を対象にした学問か容易に理解できるからである．しかし，社会学の対象たる「社会」は身近ではあるが，経済や政治ほどイメージがハッキリしない．せいぜい新聞の「経済面」や「政治面」ではなく，「社会面」の記事が社会学の学問対象か

と思える程度である.

　社会学の研究対象が,いわゆる「社会」であることには違いないが,新聞の「社会面」に限定されるわけではない.では「社会とは何か」ということが問題になるが,社会学の歴史はいわば〈社会とは何か〉を解明するために努力してきた歴史といっても過言ではない.それが「社会とは何か」と問われて,すぐにこうだといえるほど簡単に答えられない理由でもある.しかし,社会学者がこれまで二百数十年間,社会とは何かを解明するために取り組んできたのも確かであるので,それを前提にして社会学とは何かということはできる.

　「社会学は,我々の社会経験を理解するための知的原理の一つである.」(Berger, P. L.)

　上記の言葉は,アメリカの社会学者ピーター・バーガーによる社会学の営みを言い表した言葉である.われわれは日々「社会経験」(social experience)をしている.人生を通じて多くの社会経験をしてきたといってもいいだろうし,歴史を通じて人類は多くの社会経験をしてきたといってもいいであろう.バーガーの表現は,そうしたわれわれの社会経験を理解するための知的原理のひとつだという訳である.

　われわれは多くの社会経験をしてきているが,同じ過ちを何度も犯している.その最たるものは戦争による殺し合いである.人類の歴史は戦争の歴史と言っても過言ではない.戦争か平和かと問われて,戦争が好ましいという人はよほどの変わり者であろう.大多数の人は平和な世界が望ましいというであろう.にもかかわらず人類は戦争という人類最大の病を未だに克服できずにいる.この事実は,戦争を経験することはできてもその戦争の根本原因を発見(理解)し,それを駆逐することの難しさを示している.「社会学は,我々の社会経験を理解するための知的原理のひとつである」という言葉は,そうした社会の社会経験がどうして起こるか,その法則性を解明し理解する学問であるということを言い表そうとしている.

2　社会経験の仕組み

　ところでわれわれの社会経験はどんな仕組みになっているだろうか．バーガーによると，われわれの社会経験のほとんどは他者との出会いの物語によって成り立っているという．確かに個人史の過程を思い浮かべてみても，最初は父母の家庭に生まれ，家族や親族，近隣の人たちとの出会いに始まり，保育所や幼稚園の遊び友達や小中高の学校時代に多くの友達や先生と出会い，多くの喜怒哀楽の社会経験を積み重ねてきている．

　こうした他者との出会いには2つの側面がある．ひとつはかけがえのない個人としての出会いであり，その同じ他者が社会の仕組みの代理人として現れるということである．あなたの周りの他者，つまり父母も友達も先生もすべてこの2つの側面をもってあなたの前にいる．あなたを慈しみ最も良き理解者（かけがえのない個人）である母親が，時にあなたにとって最も厳しくあなたの生き方を諭す人生の師を演ずることがある．それは，あなたを社会人として立派に育てたいという母親（社会の代理人）の使命感を体現した姿でもある．仲の良い友人がある日突然，自分によそよそしくなることもあるだろう．それは別の仲間にあなたと「付き合うな」と脅され，その仲間集団の圧力に負けたのかもしれない．

　〈かけがえのない個人は，同時に複雑な社会の仕組みを背負っている〉つまり，仲良しの友達もその背後に複雑な社会の仕組みを背負っていると共に，あなたも同じように別の社会の仕組み（家族の事情・仲間集団の圧力など）を背負っている．通学電車に乗ってもふだん気にもとめない隣の乗客が，ある日の電車事故がきっかけで，重症を負ったあなたに応急処置をして助け出してくれる命の恩人となるかもしれない．単なる隣りの乗客は，同時に救命医療の専門家でもあったというわけである．

　大学に入学して親しい友人ができたあなたは，偶然に同じ大学の同じ学部で同じ社会学の授業を受講する学生であったことを背景に，無二の親友になる出

会いが生まれたということができる．もしあなたが親友と同じ時期にこの大学に入らなければ，この親友とは出会えなかった．すべての個人的な出会いの背後には，こうした社会の仕組みの「編み目」が横たわっているのである．

　「一人の人間の生活と，1つの社会の歴史とは，両者を共に理解することなしには，そのどちらの一つをも理解することが出来ない．」(Mills, C. W., 1965 : 4)

この言葉は，米国の社会学者ライト・ミルズの言葉であるが，彼はこの言葉の前にこんなふうにいっている．

　「……一つの社会が産業化されるとき，農民は労働者となり，封建領主は破産したり企業家になったりする．諸階級が興亡するとき，人は雇われたり失業したりする．資本投下率の上昇下降につれて，人は新たな勇気を得たり，落胆したりする．戦争が起こると，保険のセールスマンはロケット発射兵になり，商店の事務員はレーダー兵になり，妻はひとり暮しをはじめ，子どもは父親なしで育っていく．……」(Mills, C. W., 1965 : 3-4)

われわれが社会のなかで経験する個人的な出来事は，こうした大きな歴史の一コマを彩る具体的事実として現れているということができる．したがって，われわれが享受している幸福も不幸もこうした大きな社会の流れの中に置いて，はじめてその意味を十分に理解することができるのである．しかし，ミルズはこうもいう．

　「……けれども普通の人びとは，自分たちが耐えている苦難を，歴史的変化や制度的矛盾という文脈の中で把握していない．自分たちが享受している安楽を，そこで生きている社会の巨視的な変化には，結びつけて考えないのが普通である．」(Mills, C. W., 1965 : 4)

それは社会の仕組み自体が，われわれの経験世界から見えにくく複雑な仕組みになっているからである．社会的経験の世界は，大きく分けると直接的な経験世界と間接的な経験世界で成り立っている．家族，近隣，学校，職場などで日々接する直接的な経験世界も近代交通の発達で大きく拡大しているが，新聞，雑誌，テレビ，インターネットなどによるメディアの発達による間接的に経験する情報世界はもっと拡大している．

そんな日々流される情報洪水のなかで，われわれは新しい情報を獲得するための競争に巻き込まれ，情報を正しく評価するための道徳的エネルギーが奪われている．ミルズは次のようにいっている．

「彼らに必要なものは，……情報を駆使し，理性を発達させることによって，かれら自身の内部や世界に起こることがらを，明確に総括出来る<u>精神の資質</u>にほかならない．」（下線は引用者. Mills, C. W., 1965：6）

彼は，この〈精神の資質〉こそ，社会学的想像力（sociological imagination）にほかならないという．

3 社会経験の2つの側面

ところでわれわれの社会経験には2つの側面がある．ひとつは経験の対象「どんな経験をするか」ということである．それは経験の機会であり，どんな経験をするかの選択に関わる問題である．大学に進学するか，何を専攻するかという問題でもある．

もうひとつは，経験の仕方「どのように経験するか」という経験の質，経験の意味づけの問題でもある．これはある意味事後的な経験の解釈，まとめ方でもある．大学に入学した経験をどう意味づけるか，専攻した学問を自分の人生にどう活かすかということでもある．

われわれは生活史の過程で多くの人と出会い多くの社会経験をしている．その経験を集約し反省し意味づけ，次の新しい経験に活かして，また集約し反省し意味づけてステップアップして，次の経験に活かし人間として成長しているということができる．これは個人の生活史の過程であるが，社会の歴史の過程でもおなじことがいえる．人類はそれぞれの時代の経験を集約して次の時代に活かしステップアップしている．

たとえば，広島・長崎の原爆の惨禍，つまり原爆の経験から学んだことは，核兵器の使用は人類を滅ぼすという命題，経験の集約であり意味づけである．

それが核兵器の使用をためらわせている理由でもあるが，まだ核兵器の廃絶に至っていない．しかし，核実験でさえ放射能を地球上にばらまき，次の世代にも及ぶ健康被害をもたらすことを経験から学んだ結果，大気圏内の核実験禁止条約を結ぶことになったことは，人類の経験から学び，一歩前進である．

しかし，人生の経験でも社会の歴史でも，過去の経験が現在や将来の経験に十分活かされているかといえば，必ずしもそうではない．われわれはよく同じ過ちを繰り返す．先に述べたように，人間がもっと賢明ならとっくの昔に戦争はなくなっているだろう．なぜそうならないのだろうか．その理由は一言でいえば「社会経験すること」はやさしいが，「社会経験を理解すること」，つまり次の経験に生かすことは大変難しいということである．

4　社会経験と社会学の経験

社会学は，個人が日常生活のさまざまな経験の中で行っていることを，より組織的・体系的に，そして公的に行っているといえる．したがって，社会学的見方の第一歩は，個人の「私的問題」を「公的問題」として捉え直すことである．

たとえば，自殺という問題は，個人の私的問題のように見えるが，自殺者が多くなったり少なくなったりする背景には，社会の仕組みや社会変動が大きく関わっている．200余年前，フランスの社会学者エミール・デュルケーム (Durkheim, É.) は，自殺の社会学的分析をした名著『自殺論』(1897) を著している．彼は〈自殺率は社会的統合の度合に反比例する〉という命題を立てたが，彼の命題に従えば，自殺という個人的な営みを防止するには，孤独な人びとをなくして社会的に支えあうシステムを作れば防止できるということになる．つまり自殺という「私的問題」は社会学的な「公的問題」として捉えることによって，防止できるということになる．

われわれの経験世界に起こる多くの問題，失恋，不仲，失業，離婚，不合

格，病気などの私的問題を公的問題として捉え直すことは，今までと異なった新たな見方（世界），広角度の社会的見方（社会的世界）を拓いてくれるだろう．

5　自明性を疑う社会学

　われわれの社会経験は，多くの場合ルーティン化される性質をもっている．つまり「当たり前」として自明化され意識の対象にならない傾向がある．それは不都合でも好都合でもある．ルーティン化された社会経験が多ければ多いほど社会は構造化され，安定した社会秩序が保たれるということでもある．たとえば封建時代は士農工商の身分秩序が当たり前だった．それが当たり前のこととされ，自明化されて意識の対象になかった時代には，封建社会を変える必要もない．変える必要がなければ今も続いていたはずである．

　社会学は，こうした経験的世界の自明性（当たり前）を疑うことから始まった．社会の自明性を維持するための工夫は「正当性」によって与えられた．そして歴史的に見て，社会の正当性の根拠は一貫して「宗教」によって与えられてきたといっていいだろう．

　社会学の誕生地は西欧であるが，社会学は中世ヨーロッパの宗教的正当性秩序が崩壊したことによって生まれたといえる．つまり，中世ヨーロッパでは，社会はキリスト教の神によって正当性が与えられた神学的世界観に支配されていた．社会は宇宙と同じように自然に存在するもので人間が作ったものだとは見なされていなかった．しかし，14世紀から16世紀にかけて起こったルネッサンスや宗教改革によって，宗教的正当性が崩壊し，社会は神に依存せず積極的にその存在を説明されるべき対象として立ち現れた．

　トマス・ホッブズ（Hobbes, T.）ら近代自然法の哲学者は個人間の社会契約関係によって国家を説明した．彼は『リヴァイアサン』（1651）を著し，「万人の万人に対する戦い」という架空の自然状態を前提にして国家（社会）の成立を説明しているが，この時代の知的な反応を示す代表的な思想だといえる．

社会学はこうした「社会とは何か」という問いから始まっているが，われわれはもっと身近な経験世界への疑問からはじめてもいいだろう．自明性（当たり前）の世界からは社会学は生まれない．社会学はそうした意味では社会秩序を自明視する道徳の学ではない．われわれの経験的世界，社会秩序そのものを解きほぐし理解するための学問だといえる．あなたが当たり前だと思っている「自明性を疑え！」，それが社会学のモットーである．

しかし，ホッブズの掲起した思想は社会学成立の前史に過ぎない．社会学という学問が成立するためにはもう一つ，科学的な社会認識の方法が必要であった．

6　社会経験の理解の仕方
——科学としての社会学の方法——

われわれが社会経験を理解するための方法には，大きく分けて2つある．

ひとつは，未組織的・断片的理解の方法である．ことわざ，格言のたぐいがそうである．〈急がば回れ〉〈時は金なり〉などは，先人が経験した事実を簡潔な命題に凝縮したものであるが，断片的な真理を言い当てている．しかし，一面の真理であるので矛盾する格言やことわざも多く含まれているし，それぞれの適応条件も不明確であるので，社会生活上の心構えの指針程度にしかならない．

もうひとつは，組織的・体系的理解の方法である．具体的には宗教や哲学，社会科学が含まれている．宗教はいうまでもなくわれわれの世界や自然を独自の宗教的世界観や自然観で説明している．哲学も思弁的論理を展開して説明している．先の社会契約説などは哲学的説明方法だといえる．経済学や社会学などの社会科学は，「科学」といわれるように社会的事実を観察し分類し理解するという経験科学の方法を使用して経済理論や社会理論を展開している．

社会学の始祖といわれるフランスのオーギュスト・コント（Comte, A.）は，

経験的事実にのみ認識の根拠を認める学問上の立場である実証主義哲学者であった．現在の社会学は，事実認識の方法に関してはコントの時代ほど実証主義に限定されないが，実証主義に代表される経験的社会認識の方法は社会学の誕生の方法論的基礎になっている．

7 社会学の本質——社会学の概念による理解——

　経済学や政治学と同じ社会科学のひとつに数えられる社会学であるが，他の社会科学とは違う社会学の独自性，社会学の本質は何か．それは次のように言うことができる．「社会学の本質的部分は，対象となる社会の経験的事実そのものではなく，対象を認識し理解し記述するための概念枠組みにある」ということである．具体的には次のようなたとえ話で言い表すとわかりやすいかもしれない．

> 　君達の先生の椅子のことを考えてみ給え．物理学の一部門である力学の専門家がこれを研究しようとした場合，彼はそれを重量とバランスの結合として見るだろう．…（中略）…経済学者ならマスプロの生産物とか，コストや値段の一単位と見るかもしれない．心理学者ならそれを生徒の知覚の枠の一部として，社会学者なら地位の象徴として見るかもしれない．どの専門分野でもそうするように，社会学もその問題の取りあげ方において独自の選択を行うのである．（Zetterberg, H. L., 1973：25）

　ここで椅子を〈地位の象徴〉として見る見方は，社会学独自の見方である．なぜなら「地位」は社会学独自の概念だからである．社会学の概念で対象を捉えることで社会学の学問対象はクローズアップされる．社会学の独自性は，対象となる経験的事実，この場合は〈椅子〉であるが，椅子そのものではなく，椅子を「認識し理解し記述するための概念枠組み」，ここでいえば〈地位の象徴〉として見る見方にこそ，社会学の本質部分があるということになる．

　このように考えると，社会学にとって基礎概念を学ぶことが大切だということがわかるであろう．社会学の基礎概念を学び，それを用いて社会を分析する

多様な方法を学んでいただきたい．そうすればあなたが今生きている社会を見る見方が格段に広がり，あなたはより自由に世界を認識できるようになり，より自由な気持ちで生きられるようになるであろう．

「自明性を疑え」．社会学は社会の在り方への疑問から始まった．社会への問いが社会学の出発点である．社会学のことを常識破りの学問だという人もいるが，是非，あなたも社会学の面白さ，今まで考えても見なかった社会の新しい見方を味わってもらいたい．

コラム1：社会学の先駆者たち

オーギュスト・コント（Auguste Comte 1798-1857）
フランスの実証主義哲学者．社会学の名付け親であり社会学の創始者．代表作『実証哲学講義』で社会学という新しい実証的学問の必要性を提唱した．彼によれば人間精神は神学的，形而上学的，実証的という3段階で発展する（「3段階の法則」）が，実証的段階における学問として「予見せんがために見る」実証科学としての社会学の確立を主張した．しかし，彼は実証科学としての社会学の必要性を唱えたが，実際には実証的研究の成果は残していない．

エミール・デュルケーム（Émile Durkheim 1858-1917）
フランスの社会学者．彼は社会学独自の研究対象を「社会的事実」と呼び，社会的事実に基づく実証的な研究で社会学研究の独自性を示し，同時代の心理学的社会学者タルドの立場に反対して社会学主義を提唱した．『自殺論』（1897）はそうした社会学的研究の独自性を示す代表作であり，個人心理的要因に還元して自殺を説明するのではなく，社会的事実（社会的要因）に基づいて実証的に分析して，自殺の社会学的原因を明らかにした好例である．

トマス・ホッブズ（Thomas Hobbes 1588-1679）
イギリスの哲学者であり，近代自然法によって政治思想を基礎付けた人物．『リヴァイアサン』（1651）は彼の代表作．自然状態では人間は闘争状態にあるとし，各人の自然権を制限し，自然法に従い社会契約論によって国王に国家理性を委託することで国家を形成する．彼の考え方は絶対王政に理論的根拠を与えたが，同時に平等な個人間の社会契約による国家形成という民主主義的国家理論の萌芽にもなった．しかし，社会契約説にもとづく国家理論

は，自然権を先験的に措定した架空の理論では，形而上学的段階の理論であり，コントのいう実証的段階の科学的な理論になっていない．

第1章のまとめ

1　社会学とは何か

「社会学は，我々の社会経験を理解するための知的原理の一つである」(Berger P. L.)

2　社会経験と社会学の仕組み

人間の2面性：① かけがえのない個人，② 社会の代理人．個人と社会の関係の理解〈社会学的想像力〉「一人の人間の生活と，ひとつの社会の歴史とは，両者を共に理解することなしには，そのどちらのひとつをも理解することが出来ない」(ミルズ)．

3　社会経験の2つの側面

社会経験の2つの側面：① 経験の対象「どんな経験をするか」② 経験の仕方「どのように経験するか」．個人の生活史と歴史は，個人の経験と社会の経験という違いで，両者は前の経験を次の時代（経験）に活かそうとしている点で同じである．

4　社会経験と社会学の経験

社会学的見方の第一歩は，個人の「私的問題」を「公的問題」として捉え直すこと．

5　自明性を疑う社会学

社会経験はルーティン化され自明化される．社会学は経験的世界の自明性（当たり前）を疑うことから始まる．

6　社会経験の理解の仕方

① 未組織的・断片的理解（ことわざ・格言），② 組織的・体系的理解（宗教・

哲学・社会科学）．実証主義社会学の誕生：社会学の始祖オーギュスト・コント．「社会学の本質的部分は，対象となる社会の経験的事実そのものではなく，対象を認識し理解し記述するための概念枠組みにある」〈社会学は常識破りの学問である〉

7　社会学の本質

社会学の本質的部分は，対象となる社会の経験的事実そのものではなく，対象を認識し理解し記述するための概念枠組みにある．

《読書案内》
1）バーガー，P. L. & B.（安江孝司・鎌田彰仁・樋口祐子訳）『バーガー社会学』学習研究社　1979 年
   この章で論じたように人生の社会経験に照らし合わせて社会学を論じる入門書．誕生から死まで人生のライフステージに対応させて様々な社会現象をとりあげ，社会学の考え方を解いていく．既に絶版なので図書館で読んでもらいたい．
2）ミルズ，C. W.（鈴木広訳）『社会学的想像力』紀伊國屋書店　1965 年
   「社会学的想像力」（Sociological imagination）は，人間と社会，生活史と歴史，自己と世界を関連づけて理解することができる能力のことであるが，ミルズはそうした社会学的見方のエッセンスを魅惑的な文章で語る．古典的書物だが今も色あせていない．価値ある一冊である．
3）新睦人・大村英昭・宝月誠・中野正大・中野秀一郎『社会学のあゆみ』有斐閣新書　1979 年
   コントから現代に至る社会学のあゆみのエッセンスをわかりやすくまとめた新書本．社会学をはじめて学ぶ人が，社会学の潮流にあわせて代表的学者と社会学理論の全体像を知る好書である．続編に『社会学のあゆみ　パート 2』がある．
4）高根正昭『創造の方法学』講談社現代新書　1979 年
   情報洪水のなかで，知的創造はいかにしたら可能か，著者の体験を通して語る読み物的に書かれた類書を見ない社会学研究の方法論である．初学者向きではないかもしれないがけっして難しく語ってはいない．社会現象の科学的見方を身につけるには最良の本である．

《参考文献》
ミルズ，C. W.（鈴木広訳）『社会学的想像力』紀伊國屋書店　1965 年
バーガー，P. L. & B.（安江孝司・鎌田彰仁・樋口祐子訳）『バーガー社会学』学習

研究社　1979 年
坪井健「科学としての社会学」坂田義教編『現代への社会学的視点』法律文化社
　　1985 年
高根正昭『創造の方法学』講談社現代新書　1979 年
ゼターバーグ, H. L.（安積仰也・金丸由雄訳）『社会学的思考法』ミネルヴァ書房
　　1973 年

第2章
社会現象の不思議

1 イメージがつくる現実

　われわれが世界をどう捉えているか，改めて考えたことがあるだろうか．もし，今あなたが大学の教室で社会学の講義を聴いているとしたら，他の学生や教師の姿が見えているはずである．壁と窓のある四角い空間に，机と椅子が整然と並んでいる．正面には教卓があり，その背後に黒板（ホワイトボードかもしれない）がある．それが一般的な教室の風景である．他にAV機器と格納式スクリーンやディスプレイが設置されているかもしれない．授業がない時は無人の殺風景な空間にすぎないが，講義時間になると，教師の声が響き，多くの学生が熱心に聞いている光景が毎度繰り広げられる．午前の授業が終わりお昼休みになると，教室から退出していく学生，友達としばし談笑する学生，教室に居残って弁当を開く学生などさまざまな光景が繰り広げられる．客観的には教室としての構造は同じでも，時間によって風景は変わるし，個々人の心象風景も必ずしも一様ではない．

　われわれの暮らしている社会的世界は，物理的構造物としての教室（客観的世界）が，時間や人によってさまざまな意味をもつ世界（主観的世界）に色づけられている．われわれは単に客観的な世界に住んでいるだけでなく，主観意的

に意味づけられた世界に住んでいる．人が状況に応じてどう行動するかは，この主観的に捉えられた意味にしたがっている．講義中は講義室として教室を捉え，休憩時間には談笑室や食事室として主観的に捉えていることになる．

こうした主観的世界は，多くの場合共同の主観として定義される．講義中の教室は静寂を保たねばならない神聖な空間として一般にイメージされるが，同じ教室が大学祭の会場になると大音響がこだますライブハウスに変貌するかもしれない．教室という状況の主観的意味づけが変わったわけである．

「人々が状況をどのように捉えているか」は，社会学的考察にとっては最も大切な見方である．これは「トーマスの公理」と呼ばれる．トーマス (Thomas, W.) は「もし人が状況を真実であると決めれば，その状況は結果においても真実である」と述べている．この公理は「状況の定義」(definition of situation) ともよばれるが，社会現象を理解するためには最も重要な考え方である．

講義室としての教室が，談話室や食事室，時にはライブハウスになるのは，教室に対する「状況の定義」が，講義室から談話室や食事室に変わったわけである．トーマスの定義にしたがえば，人が「教室」(状況) を「ライブハウス」(真実) であると決めれば，その「教室」(状況) は結果においても「ライブハウス」(真実) なのであるということになる．

2　自然現象と社会現象の違い

人びとの状況の定義が，人びとの行動を変えるという現象は社会現象特有である．次の2種類の予言の違いがわかるだろうか．ひとつめの予言は「〇月〇日に大型台風が日本に上陸する」．もうひとつの予言は「△月△日に株が暴落する」．前者は台風という自然現象に関する予言（将来予測）である．後者は株という社会現象に関する予言（将来予測）である．

自然現象である台風の進路は人びとの反応とは無関係である．しかし，社会

現象はそうはいかない．株の暴落という社会現象では，たとえ虚偽情報であっても暴落を真実と思い込んだ人びとは当然，株が暴落する前に売り逃げようとする．そうすれば結果的に株は否応なく暴落する．つまり，株の暴落が虚偽であってもその「状況を真実と決めれば，その状況は結果においても真実になる」．

この社会現象の予言（予測）の特徴は，予言（予測）された状況に対する人びとの反応（行動）が当初の予言（予測）の真偽を左右する．台風の場合のように自然現象では，人びとの反応が当初の予言（予測）の真偽を左右することはあり得ない．

こうした社会現象はマートン（Merton, R. K.）によって「予言の自己成就」（自己成就的予言）と呼ばれる．マートンは社会学的寓話として，1932年旧ナショナル銀行の取り付け騒ぎの話を例示している．健全な経営をしていたナショナル銀行が，「支払い不能になる」という噂が流れ，それを真実として受け入れた人びとの行動によって，結果として支払い不能になり，当初の偽りの予言，支払い不能になるという予言が，真実になってしまうという話である．

3 実際にあった取り付け騒ぎの話

マートンの旧ナショナル銀行の取り付け騒ぎ話は単なる寓話であるが，1973年，日本で実際にこの寓話を地で行くような取り付け騒ぎが発生した．

その事件は，1973年12月13日，愛知県豊川市に本店を置く豊川信用金庫の小坂井支店（宝飯郡小坂井町）という小さな町で発生した．原因は「豊川信用金庫があぶない」「つぶれる」という根拠のない噂話からだった．このデマで多くの預金者が小坂井支店に殺到し，他の支点にも波及してパニック状態になった．取り付け騒ぎは，マスコミのキャンペーン，大蔵省（当時），警察などの努力によって数日で沈静化したが，13日から17日までに異常に引き出された預金額は20億円，延べ人数（口座数）にして6,600に達した．

もし，故意・悪意にもとづいてこうしたデマ情報を流したのであれば，「偽計業務妨害」にあたるため，警察が本格的に聞き込み捜査に乗り出した．幸運にも小さな町で発生した事件だったために，すぐにデマ伝達の全過程が明らかになった．それによると，取り付け騒ぎの発端は，女子高校生の通学電車の中でのとりとめのない会話であり，意図的な業務妨害ではなかった．その事件の経過は，以下の通りである．

　12月8日朝の電車の中で，3人の女子高校生の一人Aが信用金庫に就職が内定したことをめぐって，友人のBが「信用金庫は危ないわよ」という冗談を言う．もう一人の友人Cが，この冗談を真に受けて帰宅後「信用金庫が危ないという話は本当？」と寄宿先のおばさんDに尋ねた．これがうわさの原点になる．
　おばさんDは豊川信用金庫に預金をしていたために，豊信本店近くに住む親戚Eに「うわさが本当かどうか調べてほしい」と頼む．この時「信用金庫」は「豊川信用金庫」に特定されている．Eは翌9日近くの美容院女主人Fにそのうわさ話をする．Fは妹のGにこの話をする．10日，妹Gは実家に戻った際，親との茶飲み話にこのうわさ話をする．そこにたまたま来ていたクリーニング店主Hがその話を聞いて帰り，妻Iに話す．ここまではまだ単なるうわさ話であり，誰も真実とは思っていない．
　しかし，13日になって事態が急変する．11時半頃，このクリーニング店に電話を借りに来た知人が自宅に電話して「豊川信用金庫から120万円おろすように」指示した．それを何気なく聞いていた妻Iは，夫が聞いてきたうわさ話と結びつけて「あの話は本当だったのか」と早合点する．この知人の120万円引きおろしの指示は，うわさ話と関係ない純粋な商用のものだった．知人はうわさ話自体知らなかった．妻Iは急遽出先の夫を呼び戻し，HとIは豊川信用金庫から自分たちの預金180万円を引き出した．これがうわさ話を真実と思い込んで引き出した最初のケースになる．
　それから彼らはお得意様へのお礼の意味も含めてこの真実化したうわさ話を知らせた．ご近所には直接出向いて伝えた．これらはすべて善意からしたことであった．12時頃には預金の全額引き下ろしや解約を求める客が何時になく多いことに職員も気づく．しかし，その理由を尋ねても「とにかくおろさせてほしい」の一点張りで，金を引き出してそそくさと帰っていく．銀行側がこのうわさ話を知ったのは，かなり多くの客が殺到するようになってからだった．
　この13日だけでも，小坂井支店から59人が約5,000万円の預金を引き出した．
　翌14日には，開店前から行列ができ銀行側も本店から役員を派遣して，店には次のような貼り紙も出した．「当金庫の経営にご不審のある方は，常務理事が説明

するので，2階までご足労ください」という内容である．説明担当の常務理事（大蔵省出身）が客観的立場から信頼できる説明をするはずだったが，この掲示もわずか10分後には取りはずことになる．この張り紙が「今，お宅の2階で倒産整理についての説明会をやっていると聞きましたが…」という電話での問い合わせの原因になったからである．

　この時点で銀行側の取った対策のほとんどは，誤解され，曲解され，逆効果になった．たとえば，短時間に多くの客の払い戻しに応じるため万円単位の返金額にすると，「一万円以下は切り捨てになるそうだ」と曲解され，利子計算が面倒なのでとりあえず元金だけの返却にしてもらおうとすると「利子が払えないのはやっぱり経営がおかしい」と誤解を生んだ．また，雑踏整理のために派遣された警官を見て「銀行の立ち入り捜査が行われているそうだ」とうわさされた．

　閉店時間になっても途絶えない払い戻しの行列に，銀行側は整理券を発行し「明日もこの整理券の順番に払い戻しますから…」というと，「倒産する銀行にこんなものもらって何になるのか」と怒鳴り付けられた．結局，夜10時過ぎまで払い戻し請求に応じ，小坂井支店だけで1,650件，4億9,000万円（通常の払い戻し分を除く）の払い戻しに応じたのである（徳岡，1987：3-8参照）．

　この取り付け騒ぎも警察発表を機に次第に沈静化したが，22日の時点でも，警察発表を認めない町の古老の中には「たった3人の子どものうわさ話で町中があんなになるはずがない．この裏には，必ずもっと組織的な陰謀がある．しかし，警察も日銀も大蔵省もデマを早く押さえたくて，きれいごとで済ませることにしたのだ」といった見方をする者もいたという（徳岡，1987：8）．

　もちろん，この取り付け騒ぎは，複雑な社会的要因が絡み合って発生したのであって，デマを流せばすぐにこうした事態が生ずるという訳ではない．通常は社会に関する安定した「状況の定義」がこうしたうわさを打ち消すよう作用するが，この1973年秋は「石油危機」を背景に社会不安が蔓延し，11月には「トイレットペーパー騒動」も発生した．つまり「何が起こっても不思議でない」という不安定な状況の社会背景があったため，通常は否定されるようなデマ情報が受け入れられやすい状況だったといえる．つまり，社会の状況の定義がゆらいでいたのである．

　いったん誤った情報を信じて行動に移すと，今度は信じた情報の真実化のために行動をする．最初に豊信が危ないというデマ（予言）を真実として行動したのはクリーニング店夫妻であったが，彼らは自身の行動の真実化のために，

善意でこの情報を知人に積極的に知らせた．「豊信が危ない」という情報は単なるうわさ話でなく，現実に払い戻しのリスクを負った行動になり，その払い戻しの行動は事実であるために，うわさ話の真実らしさが強まり，説得力は強化される．同調者が出てくると「みんなが同じ行動をしている」となり，真実らしさは雪だるま式に増幅される．

予言の自己成就とは，最初の誤った状況の定義が原因になって新しい行動を呼び起こし，その行動自体が当初の誤った予言を真実なものとすることである．その効力は「やっぱり予言は正しかった」と当初の誤った予言を真実化させ，誤謬の支配を永続化させるので，当初の予測の虚偽の証明がしにくいという困難さがある．この取り付け騒ぎでも，銀行側がさまざまな説得や対策を試みたが，誤解され，曲解され，逆効果にしかならなかったのは，こうした予言の自己成就における虚偽の証明の難しさを示している．沈静化した後も町の古老たちが「たった3人の子どものうわさ話で町中があんなことになるはずがない」というのも，いったん真実らしさを確保した予言の虚偽性がいかに証明しにくいかを示している．

4　予言の自己成就の強化メカニズム

マートンは，予言の自己成就の例としてアメリカの人種的偏見についても言及している．つまり，労働組合から黒人を排斥する政策を支持する白人労働者の意見は「黒人は組合運動に無知で，スト破りをするから排斥する」という理由であるが，彼らはスト破りをする黒人（労働階級の裏切り者）の姿を現に見てきているので，その事実だけ見ればあながちウソだ，偏見だと言い難い．

しかし，マートンは，白人労働者による黒人排斥の言い分は，当初の誤った予言（黒人はスト破り）を真実化させた予言の自己成就の結果だと見なす．つまり，当初の黒人への偏見が「黒人はスト破り」という予言を産み出し，その予言に基づく行動としての組合からの排斥が，黒人を正規の労働から閉め出すこ

とになり，結果として組合のスト権に敵対する行動（スト破り）を産み出している．

　この場合「黒人のスト破り」は予言の自己成就の結果であるが，当初の誤った予言を「やっぱり黒人はスト破りだ」という事実によって真実化させるために，当初の誤謬は一層強化され，悪循環となって永続化される．黒人差別の人種的偏見の根絶が難しいのは，こうした予言の自己成就の強化プロセスがあるからということができる．

　「銀行が危ない」という場合の予言は，予言→人びとの反応→結果が取り付け騒ぎの発生という一時的現象で終結するが，「黒人のスト破り」という場合の予言は，人びとの反応→結果→予言の強化という循環のメカニズムが長期にわたって働く．したがってこうした負の循環のプロセスに巻き込まれると，予言は真実らしさを強化し，なかなか疑問視されることが難しくなる．それが，偏見や差別がなくならない理由でもある．

　社会現象の中には，予言の自己成就だとは意識されずに，そのメカニズムに組み込まれている場合がある．したがって，たとえそれが事実であっても，事実の背後に隠れている原因に遡及することが必要である．つまり，予言の自己成就のメカニズムで事実がそのように見えるのではないかと，捉え直す視点をもつことが社会学的思考には大切である．

　たとえば，敵対する二国間の戦争は不可避であると信じられている場合を考えてみよう．お互いに相手国を仮想敵国（予言）化して戦力増強し，現実的な戦争を準備した場合，その信念（予測）が逆に一触即発の戦争の可能性を高め，戦争を現実化する場合がある．当初の信念（予言）が虚偽だったとしても，それを信じて戦力増強したことが原因となって，その後の戦争行為を現実化する．戦争は不可避であるという信念は，現実主義的判断であるように見えるが，逆に戦争を誘発する信念（予言）にもなりうるのである．逆に，平和共存に対する絶対的信念（予言）をもつものだけが，平和を現実化することができるということもできる．

日本人は集団主義的であるという信念も，こうした論理構造を持っている．日本人の全行動の中から集団主義的行動を日本人らしい行動として評価し，反集団主義的行動を日本人らしくないと非難すると，日本人はより集団主義的になるだろう．しかし，実際の研究では日本人は他の諸国の人びとと比べて集団主義的であるという確かな実証的証拠はないので，日本人は集団主義的であるという信念は，単なる刷り込みに過ぎず，われわれが日本人を見て集団主義的だと見なしているのは，われわれは日本人の全行動の中から，集団主義的行動に選択的に着目している結果かもしれない．これは確証バイアスといわれる．

　社会学で予言の自己成就といわれる社会現象は，教育学では「ピグマリオン効果」，政治学では「バンドワゴン効果」や「アナウンス効果」という用語で注目される現象でもある．

　ピグマリオン効果とは，「期待された子どもの学力は伸びる」という期待の効果である．これを実証した次のような実験がある．小学校のクラスで知能テストを実施し，その後，テスト結果から，担任の教師だけに，特定の子どもの学習能力だけが将来伸びることを伝える．実際には，テスト結果とは無関係に選ばれていたが，8ヵ月後に再度の知能テストを実施すると，選ばれた特定の子どもの得点が伸びていた．

　予言は的中したわけであるが，教師がこれらの子どもに特別指導するなど意図的に接触を強化した結果ではない．教師の無意図的な期待が特定の子どもの学習への動機づけを高めたと解釈されるが，学習能力が伸びるという予言が結果としてそれを実現させたのであり，こうしたピグマリオン効果は，予言の自己成就の一例といえる．

　ピグマリオン効果は，他者の期待が期待された結果を実現させるという現象であるが，これを自己遡及的にいうと，自己暗示効果にも当てはめることができる．スポーツ選手が試合前の緊張を解きほぐし，最高のパフォーマンスをするために，「絶対勝つ，大丈夫だ」と自己暗示をかけることがあるが，これも自己遡及的なピグマリオン効果をねらったものであるし，逆に，入学試験前の

不安から「落ちたらどうしよう」と考えすぎ，金縛り状態になって実力が発揮できず不合格になる場合も，負の自己暗示効果であり，これも予言の自己成就の一例である．

　予言の自己成就は，社会現象の意図せざる結果のひとつのパターンであるが，意図的に社会現象の操作に利用する場合がある．

　たとえば流行現象である．われわれは「今何がはやっているか」という流行をあたかも自然現象のように捉えているが，ある種の流行は意図的に作られた社会現象であるといって差し支えない場合がある．その典型はファッションの世界である．ファッションの世界では，流行は意図的に作り出されるものであり，いかに流行させるかに業界の関係者は日々腐心している．とくに流行色は流行の基本情報である．街にパープル系のファッションが多く見られるようになってから，パープル系の洋服を作ったのでは遅れを取ってしまう．

　実際に，流行色を決めているのは，国際流行色委員会（インターカラー）であり，国内では流行色情報センター（JAFCA）である．国際流行色委員会（インターカラー）は，実シーズンの2年前に世界的な共通認識に立ってトレンドカラーを選定して発表する．それに基づいて日本の流行色情報センター（JAFCA）が，1年半前にトレンドカラーを発表して業界関係者に流している．国際的なトレンドカラーを参考にしつつ，日本国内の生活意識やそのライフスタイルに調和するカラー，色彩調査による動向なども勘案して，流行色情報センターの専門委員会による色選定会議が流行色を決定する．

　実シーズンの1年半前に業界関係者に情報発信し，各業者はこれを元に，商品企画を行い商品化して新作として発表する．その後ファッションリーダーのアイドルやモデルが流行色のファッションを身につけて，ファッション雑誌を飾る．それと同時にそれらの服が店頭に並び，われわれは新しいシーズンの流行色を知ることになる．一般の生活者はこれらのファッションリーダーに追随して流行の服を取り入れ，流行色をはやらせることになる．したがって，流行色は意図的に作られたものであり，「予言の自己成就」の意図的利用であると

いえる．

　もし，逆に流行色が流行しなかったら業者は大損害を受けることになる．1年半前から流行色を取り入れているファッション企画に入っているので，流行した色がはずれると，売れない在庫を抱えることになるからである．したがって，国際的には，流行色は自己成就することを前提に，2年先の流行を予言していることになる．ファッション業界では，ファッションの流行は自然現象でない．意図的な社会現象として成り立っている．

5　意図的な社会的行為の予期せざる結果／3つの型

　予言の自己成就は，意図的な社会的行為の予期せざる結果である．結果として生じた銀行の取り付け騒ぎは，個々の行為者が意図したものではない．行為者の意図はあくまでも預金者としての自己利益の確保であり，自分の預金を保護するための意図的行為が，結果として取り付け騒ぎを生じさせたのであり，それは行為者の意図とは別の結果であり，意図せざる結果といわなければならない．

　自然現象とは違う不思議な社会現象である意図的な社会的行為の予期せざる結果（意図せざる結果）について，マートンは，予言の自己成就の他に2つの型を挙げている．3つの型をまとめて簡潔に表現すると，図表2−1のようにまとめることができる．

　当初は真実ではない虚偽の予言が，人びとの反応によって結果として真実になるのが「予言の自己成就」であり，反対に真実の予言が，それを信じた人びとの反応によってその予言を虚偽にしてしまうのが「自殺的予言」（または自己破壊予言）という．第3の型は，上記2つの型とは違い，予言（A）を信じた人びとの反応によって，Aとはまったく違うBという結果をもたらす場合であり，「潜在的機能」という．具体的な事例を思いつきにくいかもしれないが，順次説明していきたい．

図表2—1　意図的な社会的行為の予期せざる結果／3つの型

「予言の自己成就（自己成就的予言）」	予言（虚偽）	→人々の反応（行動）	→結果（真実）
「自殺的予言（自己破壊的予言）」	予言（真実）	→人々の反応（行動）	→結果（虚偽）
「潜在的機能」	予言（A）	→人々の反応（行動）	→結果（B）

6　自殺的予言（自己破壊的予言）

「自殺的予言」の具体的例示として，マートンはマルクスの教説を挙げる．資本主義経済の矛盾によって，資本家への富の集中と労働者階級の絶対的窮乏化によって資本家と労働者階級の対立が激化し，社会主義革命が必然的に起こるというマルクスの予言は，この予言自体が資本家に与えた影響によって修正資本主義を産み出し，予言の実現を阻止することに寄与した．つまり，この予言が機縁になって，労働者階級の組織化が進展しただけでなく，資本家側も労働者の権利も尊重し，自由行動を制限して，富の集中を排して労働者階級にも分配して絶対的窮乏化を回避したことで，社会主義革命の必然性という予言の実現を阻止したという見方である．

したがって，多くの先進資本主義国でマルクスの予言がはずれたのは，資本家の側が労働者に譲歩して「予言破り」に積極的に努力した結果である．もし，マルクスの予言がなければ，その通り社会主義革命が起こっていたかもしれないが……という歴史的仮定は検証の方法がないので，「自殺的予言」の一例としては論理的可能性にすぎない．また資本家は「予言」を信じて，その実現を阻止するために意図的に行動したのであり，マルクスの予言は，こうした意図的な「予言破り」のために，結果的に意図せざる結果になったケースである．

意図せざる結果のもっと身近な例は，人びとが予言を信じて行動したために，結果として予言破りをしてしまう例である．たとえば「穴場情報」の場合

がそれにあたる.「ある山奥の温泉地は, ほとんど人が訪れない究極の秘湯であり, 誰にもじゃまされずにすばらしい自然を堪能できる」という穴場情報は, 雑誌やテレビなどのマスコミによって紹介されると, 大勢の秘湯愛好家が訪れ, 結果として秘湯ではなくなってしまう. 当初の秘湯という情報は, その情報を流した時点では真実の情報 (予言) であったが, その予言を信じて行動した人びとの反応が, 当初真実であった予言を虚偽にしたのである. これは当初の予言の「予言破り」を意図した結果ではないので, 意図せざる結果としての自殺的予言になる.

　高速道路の渋滞情報の場合にも, こうした自殺的予言のケースが見られる. たとえば, 東名高速道路の下り線で大井松田から御殿場に至る道路は2車線の左右ルートが選べる区間がある. この分岐区間に入る手前には, ドライバー向けに渋滞表示板があり, この渋滞表示版が右ルート渋滞という表示になっていれば, ドライバーは当然渋滞を避けて左ルートを選択する. ドライバーには親切な表示板であるが, この渋滞表示板が逆に反対ルートの渋滞を引き起こすという. つまり,「右ルート渋滞表示」は, 大多数のドライバーに左ルートの選択を促す. そうすると左ルートに交通が集中し左ルートが渋滞する. 次に「左ルート渋滞表示」になると, 大多数のドライバーは右ルートを選択し, 右ルートの渋滞を引き起こす. 渋滞情報が反対ルートの渋滞を引き起こす自殺的予言になっており, 意図せざる結果である. こうした現象を交通関係者は「ハンチング現象」と呼んでいるが, 交通情報の功罪を示す現象である (『JAF Mate』2003.6 : 46).

　自殺的予言は, 選挙予測でも生じる. 当選確実という予測情報を信じたために, その候補者に投票しようとしていた支持者が, 次に当選させたい候補者に投票行動を変える. そのために当初, 当選確実とされた候補者が落選してしまうという例である. こうした行動は, アンダードッグ効果 (判官びいき) と呼ばれるが, 先のバンドワゴン効果 (勝ち馬に乗る) と逆のケースである. これらはアナウンス効果といわれるが, アナウンス効果には, 予言の自己成就と自

殺的予言の両方のケースが生じる可能性がある．

　予言を信じた人びとの予言自体の破壊を目的とした「予言破り」によって当初の意図が虚偽化される例は，農産物の「生産過剰予測」のケースが当てはまる．専門家が今年のキャベツは生産過剰になりそうだという予測（予言）情報を流すと，キャベツの価格暴落を恐れて生産者が収穫前にキャベツをつぶし出荷調整して価格暴落を押さえ，生産過剰という予言を外してしまうことがある．この場合は，予言者の意図とは別に，結果として「予言破り」が実現したといえる．

　一般に社会問題に対するキャンペーン効果は，こうした自殺的予言になることが意図的に期待されているといえる．ゴミ問題を例に取れば，次のようにプロセスを辿ろう．① ゴミ問題の深刻さ（専門家の認知）→ ② 将来予測の公表（数年後には町にゴミがあふれる）→危機意識の喚起（早急なゴミ対策が必要）→ ③ キャンペーン（ゴミ削減のキャンペーン）→ ④「状況の定義」の変更（町の緊急事態だ）→ ⑤ 多数意見の形成（みんなでゴミ削減しよう）→ ⑥ 政策変更（ゴミ削減の新しいシステムの構築）→ ⑦ 市民の協力（全員一致して協力しよう）→ ⑧ ゴミ問題の解決へと向かう．

　このようなプロセスを辿って，深刻なゴミ問題は，当初の予言（数年後にはゴミが町にあふれる）が破られ，自殺的予言は成功したことになる．

　もちろん，すべての社会問題がこれほど上手に進むことはないが，こうした意図的な「予言破り」はあらゆる社会問題の喚起に使われている．

　たとえば地球温暖化は，1980 年代にはほとんど問題にされなかった．むしろ「地球は寒冷化しつつある」というのが専門家の意見であったが，1980 年代末から専門家の間でも「地球温暖化説」が有力な学説となり始めた．1992 年地球サミットが開催され，気候変動枠組み条約が採択されて，定期的な会議（COP）が開催されるようになった．その結果，地球温暖化説と人類の排出した温室効果ガスがその主要な要因であることが，国際的に認知された合意になっていく．

1997年京都議定書が議決され，政治的に世界的な削減義務が決められた．京都議定書にはアメリカと中国が参加していなかったが，2009年国連気象サミットでは，アメリカ，中国を含む世界の主要国の積極的協力体制が確認された．地球温暖化議論は世界の主要国が協力を確認する新しい段階に入った．

1980年代後半の科学者の地球温暖化への警笛は，30年後の今日，人類共通の課題として問題を共有したことになる．今後主要な温暖化ガス排出国が協力して「予言破り」（自殺的予言）が達成されるかどうかは予断を許さない．

貧困の問題，格差問題など社会問題も同じである．いずれも解決すべき問題として提起され，「現状のまま推移するとわれわれの社会は……になる」という注意を人びとに喚起する．社会問題としての予言（予測）は，多くの場合それが達成されないことを期待されて問題化されており，自殺的予言の一例として予言破りが期待されているのである．

7　潜在的機能

意図的な社会的行為であっても，当初予期（予言）した通りにはならず，当初考えもしなかった結果が生じることがある．それは虚偽を真実にしてしまう予言の自己成就とも，真実を虚偽にしてしまう自殺的予言とも異なる．それが「潜在的機能」である．

社会学では，主観的意図とそれが引き起こす客観的結果としての機能を区別して考える．

「機能」（function）とは，辞書的には「働き，作用，効用，役目」などと言い換えることができるが，社会学では，部分（個人，集団，部門）が，全体（組織，社会，国家）の維持・存続に果たしている作用ないし働きの効果を指す言葉として「社会的機能」と呼ぶ．個人の「社会的行為の意図」とその結果である「社会的機能」を区別する考え方は，基本的な社会学的見方である．こうした部分が全体に対してどういう働き方をするかを重視した社会学的見方は，一般

に「機能主義的社会学」ないし「構造—機能主義」とよばれる．

ところで，「潜在的機能」に着目した社会学者としてデュルケームをあげることができる．彼は「犯罪の潜在的機能」という考え方を示して，われわれが考えもしない犯罪の隠れた機能（潜在的機能）に着目した．つまり，デュルケームは「社会的悪」としかいいようのない犯罪が，社会的に有用な知られざる機能をもっているという．

なぜそんなことがいえるのか，デュルケームの論理はこうである．犯罪が発生すると，人びとがこの行為を非難する．こうした犯罪行為への憤りこそが，デュルケームは犯罪の本質であるという．つまり，社会秩序（犯すべからざる聖なるもの）を乱した犯罪（たとえば，人殺しなど）への集合的憤怒によって，社会秩序（その聖なるもの：人命尊重）に新たなエネルギーが充填され，社会全体の連帯感が更新され活性化される．もし，犯罪がなければ，集合的沸騰のチャンスがなく道徳的連帯も緩んでくる．犯罪は，その被害者には気の毒だが，人びとに何が犯してはならない聖なるものかを再認識させ，人びとの道徳的連帯意識を高める．そうした集合的憤怒を喚起する限り，どんな凶悪犯罪でも，凶悪であればあるほど社会全体にとっては有用な潜在的機能をもつというのがデュルケームの犯罪の見方である．

犯罪が社会的に有用であるという考え方は，にわかに受け入れ難いかもしれないが，デュルケームは，社会全体への機能という視点から，一定の犯罪は正常現象であるという．犯罪のない社会は集合的感情が史上例を見ないほどの強度に達していることを前提にしてのみ成り立つ，社会統制の集合的圧力が過度に強力な社会ということになる．これは，正常な社会とは言い難いという．

8　「機能」概念による分析——4つの機能——

潜在的機能という捉え方は，われわれの社会に対する見方を多角的に拡げてくれる社会学的な見方である．われわれは携帯電話は便利だとか，犯罪は良く

ないことだとか，顕在的に良い機能，悪い機能としてしか見ていない．潜在的機能は水面下に隠れた機能である．デュルケームが犯罪の潜在的機能で語ったことは，顕在的機能としての犯罪は「負機能」（悪）だが，潜在的機能としては，犯罪が「正機能」（有用性）をもっていることを示したことになる．

　正負（順逆）機能と顕在的，潜在的機能を組み合わせると，図表2―2のようになる．

　Aは「顕在的正機能」である．これは一般に社会的に良いとされる働きを指している．携帯電話は便利だという場合がこれにあたる．Bは「顕在的負機能」である．犯罪に対する一般的見方がこれである．Cは「潜在的正機能」である．先ほどの犯罪の潜在的機能はこれにあたる．Dは「潜在的負機能」である．便利な携帯電話も匿名性を犯罪に利用されると，潜在的に負の機能をもっていることになる．

　社会現象を顕在的機能ばかりでなく潜在的機能の面から眺めると，社会の複雑な仕組みがより一層理解できるしより深い分析が可能になる．

　たとえば，一般に戦争は文明を破壊する悪として見なされるが，過去の歴史を見ると戦争が科学技術を進化させることも確かである．火薬，飛行機，コンピュータ，ロケット，原子力の発達も戦争による軍事技術の進化が貢献している．また，自動車社会の発展は，高速輸送や大量輸送を可能にし，便利で効率的であるが，交通事故を発生させ，排出ガスによる大気汚染，酸性雨による森林破壊，ゆとりのない高速社会を生み出している悪影響（潜在的負機能）も指摘しなければならない．物事を顕在・潜在，正・悪のそれぞれ二面性で捉えることは，よかれと思ったことが悪い結果を生む社会現象を理解する重要な視点である．

　こうした見方を拡大すると，「風が吹けば桶屋が儲かる」式の因果連鎖の話にも繋がるが，株式投資にはこうした因果連鎖による予測効果が働いている場合がある．たとえば昭和の終わり頃「天皇の死期が近づくと印刷株が上昇する」という話があった．天皇が亡くなると昭和の年号が変わる．印刷済みの年

図表2－2　4つの機能概念

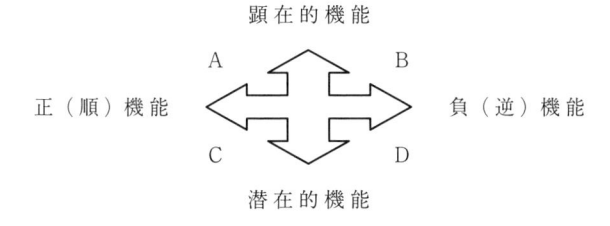

```
         顕在的機能
           A     B
正（順）機能 ⇔ 負（逆）機能
           C     D
         潜在的機能
```

号入りのカレンダーや手帳などの印刷物は刷り直しをせざるを得ない．印刷屋が儲かり印刷景気で印刷株が上昇するという因果連鎖である．実際の結果はわからないが，こうした意図せざる結果はいずれも潜在的機能の一例として捉えられる．

コラム2：「風が吹けば桶屋が儲かる」——因果連鎖の話——

大風が吹くと土ぼこりがたち，それが目に入って盲人が増える．盲人は三味線弾きで生計をたてようとするので，三味線の需要が増える．三味線には猫皮が使われるので猫が殺される．猫が殺されて減るとネズミが増える．ネズミが増えると桶をかじる．桶がかじられると桶の需要が伸びて桶屋が儲かる．

この話は江戸時代浮世草子に由来することわざであり，個々の因果関係ではあり得なくはない話を，その出現の確率を無視して結びつけて，意外な影響が現れる現象をおもしろおかしく表現した因果連鎖の話である．この話は自然現象の思考実験「バタフライ効果」の話と類似している．バタフライ効果は当初の無視しうる小さな差が，時間が経つにつれてどんどん大きくなり，結果として大きな違いになる現象をいい，誤差が避けられない以上，長期予測が不可能であることを示す表現として「北京でチョウが羽ばたくと，ニューヨークで嵐が起こる」というたとえ話がある．また，社会現象では「中世のカトリックの退廃が日本で殉教者を産んだ」「モータリゼーションの発達が成人病を増大させた」という因果連鎖の話は確率論的にはより現実性がある話である．現実性の有無や程度は別にして，いずれもこうした因果連鎖の話は意図せざる結果を示す現象である．

第2章のまとめ

1 イメージがつくる現実
われわれの社会的世界＝「客観的世界」＋「主観的世界」（「状況の定義」）〈トーマスの公理（状況の定義）〉とは，「もし人が状況を真実であると決めれば，その状況は結果においても真実である．」

2 自然現象と社会現象の違い
自然現象（台風が上陸する）は人びとの反応に関係なく結果が生起（真偽）するが，社会現象（株が暴落する）は人びとの反応が結果の生起（真偽）を左右する．

3 実際にあった取り付け騒ぎの話
うわさ話がほんとうになる．

4 予言の自己成就の強化メカニズム
「銀行が危ない」「株が暴落する」（一回起的現象），「黒人はスト破り」「戦争は不可避だ」「日本人は集団主義だ」（予言の強化メカニズム→悪循環：偏見・信念の強化）．類似概念「ピグマリオン効果」（期待の効果），「バンドワゴン効果」（勝馬に乗る効果），「アナウンス効果」（虚偽化効果と真実化効果）

5 意図的な社会的行為の予期せざる結果／3つの型
①予言の自己成就（予言〈虚偽〉→人びとの反応〈行動〉→結果〈真実〉），②自殺的予言（予言〈真実〉→人びとの反応〈行動〉→結果〈虚偽〉），③潜在的機能（予言A→人びとの反応→結果B）．

6 自殺的予言（自己破壊的予言）
例．「ハンチング現象」（交通情報による渋滞），社会問題のキャンペーン効果，（地球温暖化問題）

7 潜在的機能
機能と意図の区別．例．デュルケームの「犯罪の潜在的機能」

8 「機能」概念による分析——4つの機能——
顕在的機能—潜在的機能，正（順）機能—負（逆）機能，因果連鎖の話

《読書案内》
1) 森下伸也・君塚大学・宮本孝二『パラドックスの社会学（パワーアップ版）』新曜社　1998年
  社会生活のあらゆる側面にひそむパラドックスの発見を通して，社会学の逆説的発想の面白さ，切れ味を楽しんでもらいたいという著者の思いが伝わってくる社会学入門書．
2) 長谷川正人『悪循環の現象学—「行為の意図せざる結果」をめぐって—』ハーベスト社　1991年
  副題が示すように「行為の意図せざる結果」に焦点を当てた本であるが，身近な個人的現象から近代社会の病理現象まで意図せざる結果のメカニズムを寓話で論じるユニークな社会学の本である．
3) 小林淳一・木村邦博編著『考える社会学』ミネルヴァ書房　1991年
  入門書とはいえないが，本章で論じた意図せざる結果について興味関心を深めてさらに深く考察したい人には，この本は役立つであろう．社会学の面白さもこうして問題を深く探求することでさらに社会学は味わい深くなる．
4) マートン，R. K.（森東吾他訳）『社会理論と社会構造』みすず書房　1961年
  本章で論じた意図せざる結果の原典ともいえる本である．予言の自己成就に関してマートン自身の捉え方やその語り口が聞こえてくるような著作であり，原典としての味わい深さがある．是非，こうした原典にも接してほしい．

《参考文献》
徳岡秀雄『社会病理の分析視角』東大出版会　1987年
小林淳一・木村邦博『考える社会学』ミネルヴァ書房　1991年
マートン，R. K.（森東吾他訳）『社会理論と社会構造』みすず書房　1961年

第3章
社会的ジレンマと社会学

1 社会的ジレンマとは
——社会的行為の「意図せざる結果」のひとつ——

　個人的には最も良いと思われる行動をする．その個人的行動をみんながする．そうした個人的行動の累積が社会的には最悪の結果をもたらすことになり，その結果，当の個人にも最悪の結果をもたらすことになる．こうした論理構造をもつ問題状況を「社会的ジレンマ」という．それは次のような具体例を見るとよくわかる．

　　　　　　　図表3—1　社会的ジレンマの具体例〈釣りの話〉

▼海に潜るのを趣味とするダイバー達が嘆いている．「最近の海の汚れ方はひどい．ほっておいたらどういうことになるかを考えたらぞっとします」▼南房総の海に潜ってまわった知人は，釣り場の磯の水面下で，岩がセメントを吹き付けたように白くなっているのを見たという．釣り人が魚を寄せるためにまくミンチ状の寄せ餌（え）が数ミリから1センチ以上の厚さに固まってはりついているのだ．空きかん，ビニール袋，えさをまくひしゃく，バケツまでころがっている．切れた糸が海草に絡みつき，海草をしばりあげている．▼西伊豆の海に潜った知人は，海底のくぼみに，ヘドロと化したえさがどす黒い筋を描いているのを見た．つつくと，腐ったガスがぶくぶくとたちのぼる．
▼釣り人口は，数百万人とも一千万を超すともいわれる．いきおい，獲物争いが激しくなり，釣果をあげるために，イワシやサバをミンチ状にしたえさを，むやみに使うようになった．▼めいめいが勝手に，大量の寄せ餌をまくから，魚は食べきれない．残りが底に沈み，岩にへばりつくか，ヘドロになる．岩に生えている海草は，酸素を断たれて

死ぬ．▼海草のない岩に，魚は寄りつかない．釣り人は，釣れなくなったところを見捨てて別の場所に移り，そこをまた荒らしたあげく，次に移動する．釣り場は離島へ，外国へと移って行く．
▼事態をよく知っているはずの釣り宿の主人も，自粛を求めるどころか，寄せ餌付き釣り船を売り物にしている．みなが自分で自分の首を絞めている．万事水に流せばきれいになるという信仰が私たちにはあるが，水に流しても消えないものは消えない．▼釣り界の長老でもある桧山義夫東大名誉教授が戒めている．「釣り師は，もっと視野を広め，水やその底も見なくてはならない」(『魚釣るこころ』)．むろんこれは，釣りだけの話ではない．
(『朝日新聞』「天声人語」1982年7月26日)

　この釣りの話は，釣り人が釣果を最大化しようとして，各自がそれぞれ寄せ餌を勝手にまく．個々の釣り人の立場で判断すると，それは最良の意志決定であるが，みんなが同じ行動をすることで，過剰に寄せ餌がまかれ魚は食べきれない．その残渣がヘドロ化して，海藻の育たない岩場にして釣り場を荒らす．その結果，身近な良い釣り場はなくなり，遠くに行かないと良い釣り場がなくなる．それは個々の釣り人にとっても最悪の結果である．つまり，当初，個人的には最良の意志決定のはずが，みんなが同じ行動を取るために，全体としては最悪の結果を招き，結果として個人的にも最悪の結果になるという論理構造である．

　もっと簡単にいうと，社会的ジレンマの論理構造は，自己利益の最大化→社会的同調→社会的被害の拡大→自己利益の最小化という論理的流れになっている．

　みんなが勝手に行動することなく，協力して行動すれば，こうした事態は避けられるが，行動選択の自由を許容している限り，こうした社会的ジレンマは避けられない．こうした事例は身近にいくらでもある．たとえば，駅前の放置自転車は，各自が電車に乗るのに便利なようになるべく駅に近い空地や通路に自転車を放置するから生じる問題である．個人的には最良の選択であるが，その放置自転車の集積の結果，歩行者の通路をふさぎ，駅の乗降客の通行の妨げになるし，自転車を放置した人も歩きにくくなる．駅に近い人はなるべく自転車を使わず徒歩を心がけ，自転車で来る必要のある遠くの人は，所定の自転車

駐輪場におくように協力すれば，こうした問題は解決する．

　みんなが協力すればよい結果が得られるのに，個人が勝手に行動するから悪い結果にしかならない．こうした問題が社会的ジレンマである．たとえば，放課後の掃除当番などみんなで協力すれば早く終わるのに，みんな嫌がってさぼったり，ダラダラやるのでなかなか終わらず，みんな早く帰れない．ゴミのポイ捨ても同じである．ゴミ箱に入れればいいのだが，めんどくさいので道ばたにゴミを捨てる．みんなが同じようにめんどくさがって道ばたに捨てるようになると，道は汚くなり，ゴミを捨てた自分も含めてみんなが迷惑することになる．

　こうした身近な問題だけでなく，世界の軍拡競争や核兵器がなぜなくならないかといった国際問題，社会主義経済がなぜ失敗したか，社会主義的国営工場の非効率の問題，大気汚染，公害問題などの環境破壊の問題なども，社会的ジレンマ問題として論じることができる．したがって，社会問題を社会的ジレンマ問題として理解することは，社会問題の構造を深く理解し，その解決のための手がかりを得るのに役立つことになる．

　自由な個人的意志決定とその社会的帰結が多くの社会問題を生み出し，その解決への一般的な道筋を明らかにしてくれる．したがって，社会的ジレンマ問題は，国内問題に限れば，各個人の意志決定の自由を前提にしており，社会統制の厳しい全体主義の社会では起こりえない問題である．そのために，社会的ジレンマ研究は，自由な個人と社会秩序の両立を可能にする研究として，1960年代にゲームの理論をベースにした社会心理学の研究に始まり，今日では社会学，心理学，経済学，政治学，哲学など多くの学問領域での研究課題になっている．社会的ジレンマをうまく解決できる方法が見つかれば，多くの社会問題の解決に役立つと考えられるからである．

2　囚人のジレンマ

　ところで，社会的ジレンマ構造の最も単純な構造を持つジレンマ状況は，2者間のジレンマである．これは一般に「囚人のジレンマ」問題として論じられている．

　ある重大犯罪の容疑者，たとえば銀行強盗をして捕まった容疑者AとBの2人が，別々に警察の取り調べを受けている場面を想定して欲しい．警察も容疑者として捕らえたものの確たる証拠がなく，このままでは微罪で刑期2年程度の罪しか問えない．自白によって証拠を得たいと考えて，ABの容疑者に自白を促そうとして，次のような条件を提示する．

　「このまま2人共に黙秘し続けたら2年程度の刑にしか問えないが，もし，お前だけが自白すればお前は不起訴にしよう．しかし，お前がどこまでも黙秘し続け相手が自白したらお前は無期懲役刑になることは確かだ．運悪くお前も相手も自白したら共に10年程度の刑に処せられることになるが，さあ，どうするか…」と．

　その2人の囚人に示された利得行列は，図表3－2のようなものである．Aにとって最も利得が大きい1番の選択肢は自分だけ自白した場合の不起訴であり，2番目は共に協力して黙秘をした場合の2年である．3番目は共に自白した場合は10年になるが，最悪の選択肢は自分だけ黙秘を続けた場合の無期刑である．しかし，これはBにとっても同じであり，一番利得の大きい選択肢は自分だけ自白した場合の不起訴である．しかし，これは相手が黙秘してくれる

図表3－2　囚人のジレンマ利得行列

Bの行動	Aの行動	
	黙秘（AB協力）	自白（AB非協力）
黙秘 （AB協力）	A：2年 B：2年	A：不起訴 B：無期
自白 （AB非協力）	A：無期 B：不起訴	A：10年 B：10年

ことが前提であり，別々に取り調べを受けていて話し合うことができない状況では確証は得られない．お互いに最大の利得を得ようとして非協力に自白すれば，10年の刑は免れない．しかし，お互いに協力して黙秘を続ければ，最善ではないが2番目に利得の大きい2年程度の刑ですむことになる．2人全体の利得を考えれば，最善手はお互いに協力しあって黙秘を続けることである．しかし，個人的利得の最善手だけを考えて非協力を貫けば，両者共に10年の刑に処せられることになる．

囚人のジレンマは，個人的には非協力の方が有利だが，お互いに非協力の場合よりお互いに協力しあった方が，結果的には個人的に有利な結果をもたらすという社会的ジレンマ構造を端的に示している．

こうした2者間の非協力による囚人のジレンマ構造をもつ事例には，冷戦時代の米ソの軍拡競争も当てはまる．お互いに相手に対する不信から軍備を増強し多大な軍備費をつぎ込むことになったが，もし，協力しあえば過大な軍備費を必要としなかった．旧ソ連の崩壊は，相互非協力の囚人のジレンマ状況に陥った軍拡競争の結果でもあった．

身近な例としては，隣同士店を並べたスーパーの安売り合戦の場合にも当てはまる．A店が客寄せにトイレットペーパーを78円に値引きして売り出した．それを見た隣のB店も負けてなるものかと76円の値札を付けてトイレットペーパーを売り出しした．A店はさらに値引きして74円にする．こうした値引き合戦の結果，とうとう両者は1円で販売することになり，AB両店共に他店に対抗した客寄せ効果が薄れ，原価割れの赤字だけが膨らむ．スーパーの値引き合戦は，消費者には有り難いが，当事者同士は共倒れである．

もし，社会全体が値引き合戦になると社会的なデフレ状態になって，消費者としては安い買い物ができるが，消費者は同時に生産者でもある．生産者にとってデフレ状態は，収益の悪化をもたらし生産者自身の収入減につながり，結果的に社会経済的な損失が大きくなる．

買い占めのジレンマ――囚人のジレンマから――

　1973年第四次中東戦争をきっかけに石油危機が発生し，物がなくなるかも知れないという不安心理からトイレットペーパーの買い占め騒動が全国各地に起こった．水洗トイレが普及してトイレットペーパーが生活必需品になりつつあった頃の話である．皆が日頃の購買行動をせずに，必要以上の買い占めに走ればトイレットペーパーがお店からなくなるのは必然である．物がなくなるかも知れないという不安心理を背景とした自己利益的に有利な買い占め行動が，結果としていかに自己にとって不利な選択行動になっているか．それをこの囚人のジレンマから説明しよう．

　話を簡単にするために，ＡＢ２人の買い占めに置き換えて考えてみよう．つまり，２人の客が２つのトイレットペーパーを買い占める状況である．お互いに既存行動をすると，２人はひとつずつのトイレットペーパーを手に入ることができる．しかし，互いに非協力の買い占め行動に走ったらどうなるか．Ａが買い占めに走りＢが既存行動を続けると，Ａは２個入手できるがＢは０個になる．Ｂが買い占めに走り，Ａが既存行動のままだとその逆である．

　しかし，ＡＢが共に買い占めに走るとどうなるか．その場合は，ＡＢは，３つの可能性が生まれる．つまり，運よく２個とも買い占める場合，運悪く相手に買い占められて０個になってしまう場合．今ひとつは，ＡＢが共に１個ずつの痛み分けの場合，この場合は日常の既存行動と同じ結果である．

　つまり，買い占めをせず，既存行動をしていれば確実に１個ずつ手に入るトイレットペーパーは，ＡＢが買い占め行動に走ることで，３回に１回の確率で０個になる危険性が生まれる．

　先の囚人のジレンマの利得構造と同じ表を買い占めの場合に変えると，次のようになる（図表３―３を参照）．

　こうして考えると，買い占めが危険率の高い行動であることがわかる．現実の買い占めは２人だけが買い占めに参加しているわけではない．もっと多くの人が参加している．たとえば，３人参加した場合はどうなるか考えてみよう．

3人が3個のトイレットペーパーを奪い合う状況では,その利得状況は次の図表3—4のように10通りの組み合わせになる(図表3—4を参照).

3人の場合,トイレットペーパーをひとつも入手ができない可能性は,4回になっている.10分の4,つまり5分の2,40%の可能性である.2人の場合の危険率は3分の1,つまり33%の可能性であったから,危険率は3人の方が大きくなっている.この人数を4人,5人と増やし,無限大までいくと限りなく2分の1に近づくことになる(宮崎,1975:30-50).

いずれにしても買い占めは,日常行動をしていると確実に手に入るものが一切手に入らなくなる危険性を高めることにしかならないことが,この計算によってわかる.つまり,社会的ジレンマ状況は利得状況であり,利得計算によって非協力行動が得にならないことを数学的に示している.これが囚人のジレンマがゲームの理論として発達したゆえんである.

図表3—3 AB2人の買い占めの利得行列

Bの行動	Aの行動	
	既存行動(AB協力)	買い占め行動(AB非協力)
既存行動 (AB協力)	A:1個 B:1個	A:2個 B:0個
買い占め行動 (AB非協力)	A:0個 B:2個	A:0個, 1個, 2個 B:0個, 1個, 2個

図表3—4 ABC3人の買い占めの利得行列

回数	1	2	3	4	5	6	7	8	9	10
Aの場合	1	2	2	1	0	1	0	3	0	0
Bの場合	1	1	0	2	2	0	1	0	3	0
Cの場合	1	0	1	0	1	2	2	0	0	3
合計	3	3	3	3	3	3	3	3	3	3

3 共有地の悲劇——地球環境問題への示唆——

　社会的ジレンマの例として，最も有名なのはイギリスの古い寓話にヒントを得た「共有地の悲劇」の話である．これは公共財の問題であり，今日の地球環境問題にも通じる話である．多少話をアレンジして紹介しよう．

　村の共有地に放牧する牛の数は，共有地の広さ，牧草の量で決まる．その限界数を100頭としよう．その100頭を10人の牧場主が10頭ずつ放牧して牛を生産している．この数で肥育すると出荷時に一頭100万円で牛を売ることができるとしよう．10人の牧場主は10頭×100万円で，それぞれ1,000万円の収入を得ることになる．村全体では1億円の収入になる．

　しかし，1人の欲深い牧場主が個人的利益を大きくしたいと考えて，勝手に1頭余計に放牧しはじめた．村全体では100頭から101頭になったが，1頭増えただけということもあり黙認することにした．しかし，100頭が限界の牧草地は1頭増えたことで，少し牧草が足りなくなり，1頭100万円で売れていた牛が99万円になってしまった．10頭飼っている真面目な牧場主は，99万円×10頭で990万円の収入になり，10万円の損失になった．1頭増やした欲深い牧場主は99万円×11頭＝1,089万円となり，89万円の収入増になった．村全体では99万円×101頭＝9,999万円で1万円の損失にしかなっていない．

　そこで10万円の損失を出した他の牧場主も，みんな1頭ずつ増やして損失を補おうと考えた．その結果，村全体では110頭に増えてしまった．ますます牧草が不足して牛を肥やすことができず，以前にもまして痩せた牛を出荷することになって1頭90万円でしか売れなくなってしまった．各牧場主は1人90万円×11頭＝990万円であり，誰も収入増にならなかった．また，村全体でも90万円×110頭＝9,900万円で当初の1億円からは100万円も損になってしまった．1人の牧場者の抜け駆けを黙認したことで，他の牧場主も自分の損失を大きくしないためには頭数を増やさざるを得ず，結果的にみんな損をするような選択的誘因のループにはまり込んでいくという話である．

もし，ひとりで牧草地を管理していれば，このような過剰な放牧はしないはずであるが，各自がめいめいに意志決定できる状況にあると，他者を出し抜いて自分だけ利益を上げようとして過剰な放牧が生じることになる．その結果，全体の利益を損ない，ひいては自己利益も損なってしまう．

実際の共有地の悲劇

こうした過放牧の話は，実際にモンゴルの草原で生じている．社会主義国だったモンゴルは，中国同様に1992年市場経済に移行し各自が家畜を自由に増やせるようになった．そのために高収入が得られ「繊維の宝石」といわれるカシミヤ原毛が採れる山羊の過放牧が進み，モンゴル草原の砂漠化が進んでいるという（『朝日新聞』2005年5月24日朝刊）．

クジラやマグロなどの海産物資源の減少問題も，「共有地」である海の資源管理の難しさを示している．しかし，もっと難しく大きな問題は地球大気の環境管理である．地球環境温暖化問題は，化石燃料を大量に使い，温室効果ガスを大量に排出する各国の工業活動と密接に結びついている．世界的な気温の上昇は人為的起源の温室効果ガスの増加によることが「気候変動に関する政府間パネル」（IPCC）によって明らかにされて以来，地球環境の温暖化は，最も緊急を要する国際問題になっている．そのために各国は「気候変動枠組条約」を結び，毎年国際会議（COP）を開催して対策を話し合っている．

しかし，先進国と途上国が互いに熾烈な経済競争にあり，各国が地球環境全体より自国の経済的利益を優先するために，足並みを揃え一致協力した行動を取ることが難しくなっている．先の共有地の悲劇の寓話は，地球環境という「共有地」を食いつぶす各国のエゴイズムによって単なる寓話ではなくなっているのである．

今日，地球環境温暖化問題は人類の未来の生存をかけた最大の社会的ジレンマ問題であるといえよう．

4 社会的ジレンマの解決のために

 では，社会的ジレンマ問題は解決できるのだろうか．もし，こうした問題を一気に解決できる〈魔法の杖〉のようなものがあれば，世界の社会問題の大半は解決するだろうが，残念ながらそんな〈魔法の杖〉は今のところ見あたらない．

 しかしながら考えておくべきは，社会的ジレンマが発生する土壌は，個人的意志決定が許される自由な社会が前提である．社会統制が厳格に実施されていて個人的選択の余地がまったく許されない全体主義社会では社会的ジレンマ問題は生じない．つまり，個人的意志決定の自由を確保しながら社会全体の利益をいかに保つかというのが，社会的ジレンマ回避の命題である．

 こうした社会的ジレンマ状況を回避する方法は2つある．ひとつは「個人的方法」であり，もうひとつは「構造的方法」である．個人的方法とは，各自が自発的に協力行動をするように人びとの意識を変えることである．もうひとつの構造的方法は，社会的ジレンマに陥らないように，利得構造そのものを変えてしまうことである．

1．個人的方法

 個人的方法について，もう少し詳しく見てみよう．社会的ジレンマ状況におかれた人びとが，お互いにジレンマ状況について，コミュニケーションして情報を提供し合い議論することができれば，協力行動が起こりやすいことが知られている．たとえば，トイレットペーパーの買い占め騒動も大都会の団地など匿名的関係が支配している地域で発生し，顔見知りの人びとで成り立っている昔ながらの商店街では買い占め騒動は起きなかったといわれる．これらの商店街では日頃の助け合いによって協力行動が生まれる土壌があるので，自由な行動が許容されていても自分勝手な行動は取りにくいし，お互い信頼関係があり出し抜かれるという心配をしなくてよいから，買い占め行動は抑制される．

つまり，①親密な顔の見えるコミュニケーションが交わされる状況では，相手の利益も大切にするようにお互いに同調する圧力が強まる．②コミュニケーションによって，お互いが何を考えているかわかり相互の信頼感が高まる．そして相手に協力した行動をしても，出し抜かれて自分が損をするという恐れが弱まる．③顔の見えるコミュニケーションは，みんなに全体の利益が大切だという社会的価値が共有される．④結果として，集団としてのまとまり・凝集性が高まり，自己利益の行動選択が可能な場合でも，全体の利益を考慮するようになる．したがって，個人的方法は，人びとの意識を変えることであるが，それはすなわち，相互コミュニケーションによって，集団全体の共有意識を醸成し，個人的利益と全体的利益を一致させるように意識変革することである．

しかし，環境問題などのように地球規模の社会的ジレンマを考えるとわかるように，コミュニケーションによる信頼感の増幅は，地球規模の問題では不可能である．全世界の人びと同士で話し合うことはできない．もしそれが可能であっても，大規模の集団では非協力行動が発生する可能性は高いといわざるを得ないので，これはけっして万能の方法ではない．

2．構造的方法

次に構造的方法について考えてみよう．人びとが協力よりも非協力を選択するのは，非協力の方が，個人的利得が大きいと認知される構造があるからである．したがって，この利得構造を変えることで，つまり，非協力より協力した方が利得が大きいことが明確に認知できれば，人びとは進んで協力行動をとる．アメとムチの選択的誘因とよばれるものである．

具体的には，ゴミのポイ捨てに罰則を課したり，飲酒運転の厳罰化，喫煙規制のためのタバコ税の増額などは，「ムチ」の施策で，協力行動を取りやすくしている具体例である．空きビンを回収して再利用するために，みんなが回収に協力行動を取りやすくするために事前に，回収予定のビンに少額の課金をし

て販売し，回収時に課金したお金を返還するというデポジット制度もこうした一例といえる．実際，ビールビンやコーラビンなどで実施されている．

　構造的方法には，この他に意志決定単位の縮小化という方法がある．つまり，地球規模の問題では意志決定単位があまりに大きすぎて協力行動が得にくいが，集団規模を小さくすると協力行動が得やすくなる．ゴミ問題などで，分別収集に協力を求める場合，市町村単位ではなかなか協力が得にくいが，近隣数件の班組織にすると誰が非協力だったかがわかるので協力行動が得やすくなる．朝のラッシュ時の混雑緩和のために，会社単位で時差出勤への協力要請をした方が個人単位の協力要請より協力が得やすくなる．それは，会社単位の方が，意志決定の数が少なくなるからである．

　極論すれば，ひとりで環境や資源を管理することになれば社会的ジレンマは起こらない．自分の利益行動の結果は，直接自分がその被害も負うことにならざるを得ないからである．一般に国営農場や共同農場より個人農場の方が，生産性が高まる．社会主義経済の生産性が低かったのはこうした理由からである．先に見た「共有地の悲劇」では，共有地を分割して個人管理にしてしまうと，共有地の悲劇は起こり得なくなる．

　しかし，こうした解決策がすべてに当てはまるわけではない．海洋資源の管理はある程度「漁業専管水域」によって区分管理は可能であるが，大気や温暖化のような地球規模の環境は，大空に境界を設けることもできないので，各国の区分管理に委ねることができないという問題がある．

　社会的ジレンマの解決に万能薬はないが，状況に応じて個人的方法であるコミュニケーションによる意識改革を粘り強く行うことや社会的ジレンマを発生させている利得構造そのものを改変し，アメとムチを上手に使い分けることが必要である．しかし，注意しなければならないのは，社会的ジレンマは個人的意志決定の自由がある状況で生じるということである．個人的意志決定ができない全体主義的な統制社会では生じない．したがって，社会的ジレンマを解決するには，全体主義的な統制社会にすることだという極端な考え方に従うとし

たら，社会的ジレンマは解決するかもしれないが，それより大きな問題，つまり個人の自由という大きな問題が発生することになる．

コラム3：社会的ジレンマのいろいろ

社会的ジレンマの例．「駅前の放置自転車」なるべく歩きたくないので，駅の近くに自転車を置こうとする．みんな同じ思いで，駅前の近い場所に放置自転車が増える．駅への通路を自転車がふさぎ歩行のじゃまになりみんな迷惑する．「コンサートの席取り」自由席でより良い席を入手したいので早くから並ぶ．そう考える人がいそうだと思うと，もっと早くに並ぶことが必要になる．それが繰り返されると何日も前から行列しなければ良い席が取れなくなる．「バスのだんご運転」ある事情でバスが遅れる．遅れたバスにみんなが殺到する．そのためにそのバスはさらに遅れ，後続バスとだんご運転状態になる．「電波の混信」電波法のできる前の話，放送局同士が同じ周波数帯で相手より強力な電波を出して相手より聞きやすくしようとする．結局混信がますますひどくなり共に聞き取れなくなる．「富士山のゴミ」ゴミを持ち帰りたくない．みんな山にゴミをポイ捨てして帰る．富士山はゴミの山になり景観を悪化させ，結局，世界一美しい富士山は世界遺産になれない．「賢者の贈り物」オーヘンリー作：貧しい夫妻が相手にクリスマスプレゼントを買うお金を工面しようとする．妻のデラは，夫の金の懐中時計を吊るす鎖を買うために，自慢の髪を売ってしまう．一方，夫のジムはデラが欲しがっていたべっ甲のクシを買うために，自慢の懐中時計を質に入れた．2人はそれぞれ一番大切な宝物を最もかしこくない方法でお互い犠牲にした．社会的ジレンマが自己利益の最大化なら，一見愚かな行き違いは，最も賢明な行為であったというべきであろう．

第3章のまとめ

1　社会的ジレンマとは

「自己利益を最大化しようとした行動が，他の人に社会的同調をもたらし社会的被害が拡大する．その結果自己利益も最小化してしまうような行動」．そうした論理構造をもつ社会現象を社会的ジレンマという．釣りの話，掃除当番

など．社会的ジレンマは個人の意思決定の自由を前提とした社会的秩序の問題．自由な個人と社会問題の多くは社会的ジレンマ構造をもつ．

2　囚人のジレンマ

2人の共犯者が囚人になり話し合いによる協力行動ができない状態で自白を迫られる．個々の最良の選択が全体の最良の結果にならないジレンマの代表例．具体例：米ソの軍拡競争，安売り競争など．「買い占め行動」の利得計算：2者間では3回に1回手に入らない危険率，3者間では5回に2回の危険率になる．不特定多数が参加する買い占め行動の危険率はさらに上がり，結果として買い占めは既存行動より損な選択となる．

3　共有地の悲劇

共有地に過放牧することによって生まれる悲劇の寓話．モンゴルの砂漠化，環境問題は共有地の悲劇の代表例．

4　社会的ジレンマの解決のために

「個人的方法」各自が自発的に協力できるようコミュニケーションを良くして人びとの意識を協力的に変える．「構造的方法」利得構造を変える．協力は得，非協力は損というように利得構造を変える．空き缶のデポジット制．意思決定単位の縮小（個人に分割）など．

《読書案内》
1）山岸俊男『社会的ジレンマ―「環境破壊」から「いじめ」まで―』PHP新書　2000年
    社会的ジレンマの入門書．違法駐車，いじめ，環境破壊など「自分一人ぐらいは」という心理が集団全体にとっての不利益を引き起こす社会的ジレンマ問題．数々の社会心理学的実験から人間行動の本質を考える著者．わかりやすい言葉で社会問題や教育の効果を考える一冊である．
2）山岸俊男『社会的ジレンマのしくみ　「自分1人ぐらいの心理」の招くもの』（セレクション社会心理学15）サイエンス社　1990年
    個人の意図とは別に生じる社会現象の解決に関心をもつ著者は，社会的ジレンマ問題として違法駐車，ゴミ問題，受験戦争からオゾン層破壊，地球温暖化まで考える社会心理学の社会的ジレンマ研究の第一人者である．この書物を導きの糸に

して丁寧な文献案内を利用して，さらに人間社会のジレンマ問題に関心を深めてもらいたい．

3）宮崎義一『新しい価格革命―試練に立つ現代資本手具―』岩波新書　1975 年
1975 年，昭和 50 年に出版された本書は，三部に分かれており，第一部が 1973 年石油ショック後に起こったパニックを取り扱っている．不安心理を背景とした買いだめの経済学的消費行動の分析が興味深い．本書ではその一部分を紹介しているが，興味ある人は，さらにこの本で認識を深めてほしい．

《参考文献》
小林淳一・木村邦博『考える社会学』ミネルヴァ書房　1991 年
山岸俊男『社会的ジレンマ―「環境破壊」から「いじめ」まで―』PHP 新書　2000 年
盛山和夫・海野道郎『秩序問題と社会的ジレンマ』ハーベスト社　1991 年
宮崎義一『新しい価格革命―試練に立つ現代資本手具―』岩波新書　1975 年

第4章
アイデンティティの社会学

1 〈わたし〉とは何か

　自我 (self) とは，自分または自己を意味する言葉であるが，少しだけ難しく定義するなら，〈わたし〉およびそれに同一視されるものであるといえる．フロイト (Freud, S.) の自我心理学の中心概念である ego の翻訳語としても自我という言葉があてられるが，ここでは self の翻訳語，つまり「自ら考え，自らの意志で行動する主体」を意味する概念に限定して，自我という言葉を用いることにする．

　さて，人間には生まれつき自我がある訳ではない．赤ちゃんは自ら考え，行動することができない．なぜなら，生まれたばかりの子どもには自我がないからである．後述するが，人間の自我は社会化の過程のなかで形成される（と社会学者たちは考えている）．親の真似をし，言いつけを守っていた子どもは，やがて親の意のままに動かされる存在であることをやめ，自ら考え，自らの意志で行動するようになる．子どもが自我をもつようになることは，一般に「自我のめざめ」という美しい言葉で表現されている．

　金城一紀の直木賞受賞作品である小説『GO』は，絶えず〈在日〉というアイデンティティ（※アイデンティティについては後述する）を暴力的に問いかけら

れる在日コリアン三世（杉原）を主人公としている．それゆえに『GO』は一貫して自我（あるいはアイデンティティ）の問題を主題とする物語であるともいえるが，次の引用部分では，主人公杉原（僕）の自我のめざめが鮮やかに描き出されている．

　僕は，民族学校で小中一環教育を受けた．民族学校で教わったのは，朝鮮語と朝鮮の歴史と，北朝鮮の伝説的な指導者，《偉大なる首領様》金日成のことと，あとは日本学校でも教わるような日本語（国語），数学，物理，などなど．／《偉大なる首領様》／民族学校のことを語る上で，この人物を避けて通ることはできない，絶対に．…金日成への盲信的な忠誠心を押しつけられるのを，「なんかおかしい」と思いながらも，それが当たり前のこととして受け入れていた．…でも小学3年生のある日，僕はあることに気づいた．／それは『金日成元帥の少年時代』という授業を受けている最中のことだった．…簡単に言ってしまえば，「金日成元帥は子供の頃からすごかった」ということなのだが，僕はこう思った．／「俺たちの物語のほうがすごい」（金城，2003：57-60）

『GO』の杉原（僕）は，学校で教師たちに金日成元帥は偉大であると教えられ，そのことに対して微かな違和感を抱きもするが，おおむねではそれを諒承していた．親や先生の言うことを無批判のまま受け入れることができるのは，その人に主体性，すなわち自我がないからであるといえる．ところが，ある日の授業で「幼い頃の金日成が，抗日運動の闘士である父親の逮捕のために自分の家にやってきた官憲を，お手製のパチンコに小石をこめて狙撃する」というエピソードを聞くに及んで，杉原はあることに気づく．「なんだ，俺たちのほうがすごいじゃん」と．なぜなら，杉原とその仲間たちは，小学校2年生にしてミニパトを風船爆弾で襲撃し，婦警を泣かせるというような悪事をはたらいていたからである．それにくらべれば，金日成の偉業などは子どもじみている．「俺たちの物語のほうがすごい」．そのように，自分で主体的に考えることができるようになったということは，杉原（僕）の自我がめざめた証拠なのだ．この場面は，少年たちの自我のめざめを描いているのだと読むこともでき

る．

2　自我の社会性

　ところで，自我とは行動や意識の主体，つまり〈わたし〉，自分のことであるという説明をしたのはよいが，その〈わたし〉という問題がなぜ社会学のテキストで取り上げられなければならないのだろうか．自我の社会学的な意義をわかりやすく説明してくれるのが，社会心理学者クーリー（Cooley, C. H.）の鏡に映った自我（looking-glass self）という概念である．クーリーは，まず自分というものがあって他者とかかわりあうのではなく，他者とのかかわりあいのなかで自分というものが築き上げられていくのだと説明している．たとえば，自分の容姿が他人の目からはどう見えているのか自分にはわからない．われわれは，他人の自分に対する反応を通じて，自分がイケてるのか（自分を前にした女性たちからキャーッという歓声があがる…），それとも残念ながらそうではないのか（女性たちからブーイングがわきおこる…）をハッキリと知らされることになる．ここで他者はまるで自分を映し出す鏡のような存在になる．われわれは他者が自分に対して抱いている（と思われる）そのイメージを受け入れ，時にそれに反発したり精神的なダメージを受けたりしながら，心のなかに自分像を築き上げていくのだ．

　感情ですらその例外ではない．われわれは嬉しいあるいは悲しいといった感情が自分の内部，心の奥底から自然に湧き上がってくるものだと思っている．しかし，本当にそうなのだろうか？　先日，何気なく深夜番組をみていたら，お笑い芸人が女性タレントを泣かせてしまう場面に遭遇した．お笑い芸人にきびしいツッコミを入れられた後，その女性タレントはしばらくの間キョトンとしていたが，周りにいた誰かが「あっ，泣くぞ」とつぶやいた数秒後に大粒の涙を流し泣きはじめた．すなわち，女性タレントは他者から「あなたは今悲しい感情なんですよ」という示唆を受けてはじめて自分の感情に気づき，その感

情を面に出したことになる．哲学者の鷲田清一が指摘するように，「自分では自分の心が見えない」のだ．だから，われわれは他者という鏡を通じて，自分の心を形づくっていくのである．

3　アイとミー

　自我が社会的なものであることを示唆するもうひとつの重要な概念に，ミード（Mead, G. H.）のアイとミーがある．ミードは，自我を自らのうちで進行する「アイ（I）」と「ミー（Me）」の相互作用としてとらえている．

　ミードによれば，人間の自我は役割取得（role-taking）の過程を通じて形成されるという．子どもは喋れるようになる頃，ままごとやお店屋さんごっこのようなごっこ遊び（play）に興じるようになる．ままごとでお母さんやお父さんの，お店屋さんごっこで魚屋さんやお客さんの真似をすることを通じて，子どもはお母さんやお客さんといった複数の他者の態度や行動パターンを自らのなかにインプットしていく（taking role the others）．他者の態度や行動パターンを自分のなかに取り入れることができれば，「自分が妹をいじめればママはわたしを叱るだろう」というように，他者の自分に対する反応があらかじめ予測できるようになるのと同時に，自分，わたしという行動の主体が分化されてゆく．

　さらに子どもは学校に上がる年齢になると，野球など集団で規則にしたがって行う遊びに興じるようになる．このゲーム遊び（game）において，子どもは多数の人びとの多様な期待に応えることを要求されるが，それらを同時に受け入れることは難しい．たとえば，野球のピッチャーは，バッテリーを組むキャッチャー，自分のチームの三塁手，監督，相手チームのバッターおよび二塁走者，球審といった，ゲームに参加するすべての人びとの自分に対する期待を同時に受けとめなくてはならないが，ゲームのなかでその一つひとつに思いを及ぼすのはまず不可能であろう．そこで，子どもは複数の他者の多様な期待を組

織化し一般化することを学んでいく（この局面なら相手はこう動くだろうから自分はとりあえずこうしておけばオッケー）．

　ごっこ遊びで特定の他者の態度を取り入れることによって「自分が妹をいじめればママはわたしを叱るだろう」という予測ができるようになった子どもは，ゲーム遊びにおける訓練を通じて，「（妹のように）弱いものをいじめてはいけない」などのような，社会における他者の一般的な反応である一般化された他者（generalized others）を内面化してゆく．ミードは，一般化された他者の期待をそのまま受け入れた自我の側面を「ミー（Me，客我）」と呼んでいる．それは，弱いものをいじめてはいけない，目上の人は敬わなければならない，式典にはフォーマルな服装でのぞまなければならないなど，自己のうちに取り込まれた，共同体におけるあるべき態度を示すコードである．しかし，われわれは必ずしもその共同体のコードに粛々と従う訳ではない．われわれは時に，目上の者にあからさまに反抗したり，卒業式で奇抜な服装をしてみたくなったりする．それはわれわれのなかに客我に対して働きかけ，それを変容させ，新しいものを生み出そうとする創発的内省性が備わっているからだ．そのような客我に対する自我の反応を，ミードは「アイ（I，主我）」とよぶ（Mead, 1973）．

　ミードによれば，自我とは自分のうちで進行するミーとアイの間の内的な相互作用なのである．船津衛の言葉を借りるなら，人間の自我とは，真空のなかで生まれるわけではなく，孤立した形で存在するものでもない．自我は他者との関係によって社会的に形成される．また，一般化された他者あるいはその期待を受け入れたミーという形であらかじめ自我のなかに社会性が確保されているのである（船津，2000）．

4　アイデンティティ

　〈わたし〉をめぐるもうひとつの重要な概念としてアイデンティティ（identity）がある．アイデンティティは頻繁に使用されるキーワードでありな

がら，その概念説明が最も難しい社会学用語のひとつである．アイデンティティを説明するのが難しい最大の理由として，このカタカナ語が同時にいくつもの日本語に言い換え可能だからという点が指摘できる．

　国立国語研究所では2003年から「最近よく使われるのに意味がわかりにくい」外来語の言い換え案を順次発表しているが，そこではアイデンティティを「独自性」あるいは「自己認識」と言い換えることが提案されている．また，アイデンティティはフロイト派の社会心理学者エリクソン（Erikson, E. H.）が使用した概念でもあり，学術的には「同一性」と訳されるのが一般的である．

　アイデンティティとは何かを理解してもらうために最も簡単な方法は，「あなたはどんな人ですか？」という問いに答えてもらうことである．結論を先取りすれば，そのような問いに対する「私は○○です」というあなたの答えが，あなた自身のアイデンティティとなる．「どんな人？」と問えば，おそらく「私は頑固な人間です」とか「私は少し太めです」という答えが返ってくるだろう．頑固である，あるいは少し太めであるというのはその人が想う自分像であり，そのような意味でアイデンティティとは「自己認識」なのだ．また，頑固である，少し太めであるという答えは，自分の周囲にいるすべての人に共通する特徴ではなく，その人が自分固有のものとして捉えた特徴を指していると考えられる．そのような意味でアイデンティティとは「独自性」でもあるのだ．

　アイデンティティという言葉の由来から考えれば，「同一性」と学術的に訳すのがアイデンティティの原義を最もよくあらわすことになる．アイデンティティは，同一化すること，あるいは同定することという意味をもつidentificationからきている（identificationはラテン語で「同じであること」を意味するidentitasに由来する）．同一性としてのアイデンティティとは，自分が状況によって変わらず自分であるという感覚（不変性；sameness），あるいは時間を通じて連続しているという感覚（連続性；continuity）のことである（Erikson, 1973）．上の質問で「私が頑固である」と回答した人は，いかなる立場に置か

れても，たとえば，会社に行って同僚と一緒に働いていても，家庭で父親として子どもに接していても自分のことを「頑固である」と思っているはずである（不変性）．また，自分が頑固であるという現在の認識は，昨日も数ヶ月前も，一年前もあったし，そして来月も来年もその点には変わりないと本人は確信しているはずである（連続性）．そのような感覚が同一性としてのアイデンティティである．

先にもふれたが，在日コリアン三世である杉原（僕）を主人公にした金城一紀『GO』は，僕あるいは俺のアイデンティティをめぐる物語として読むこともできる．

> 僕はある日を境に，《在日朝鮮人》から《在日韓国人》に変わった．でも僕自身は何も変わってなかった．変わらなかった．つまらなかった．（金城, 2003：18）

> 「俺は何者だ？」…言っとくけどな，俺は《在日》でも，韓国人でも，朝鮮人でも，モンゴロイドでもねえんだ．俺を狭いところに押し込めるのはやめてくれ．俺は俺なんだ．（金城, 2003：245-246）

杉原は朝鮮籍から韓国籍へという国籍の変更を体験するが，自分を取り巻く環境は激変してもそこに何も変わらない「自分」がいることに気づく．また，いわゆる一般の「日本人」は何の疑問も抱かず，杉原を「在日」というカテゴリーに押し込もうとするが，杉原は自分のなかに，「息子」，「高校生」，「彼氏」，そして「在日」といったようなあらゆる属性を超越して存在する「俺」を感じている（俺は俺なんだ）．その感覚が同一性としてのアイデンティティなのである．

アイデンティティを確立するためには，〈わたし〉が自分の不変性や連続性を感じるだけでは十分ではない．それを他者（あるいは社会）が認めてくれる，受け入れてくれると感じるにいたって，はじめてアイデンティティは安定するとエリクソンは主張している．たとえば，「私はカワイイ」と思っている女の

子は，家族や彼氏，周囲にいる友達などが「カワイイね」と言って褒めてくれるから自分のことをカワイイと思い込めるのであって，自分の容姿について褒めてくれる人が周りにひとりもいない場合は，自分のことをカワイイだなんて思ったりできないだろう．

5 アイデンティティ・クライシス

しかし，自分が何者であるかについての自己定義と，他者，とりわけ重要な他者によるその承認の間に齟齬が生じた場合，その人のアイデンティティは不安定なものになり（自分が本当はどういう人間かわからなくなる），その結果としてアイデンティティの危機が起きる．それをアイデンティティ・クライシス (identity crisis) という．

> 僕は桜井に気づかれるほどの深呼吸をして，言った．／「俺は——，僕は日本人じゃないんだ」／それはきっと十秒とかそこらの沈黙だったはずだけれど，僕にはひどく長いものに思えた．／「…どういうこと？」と桜井は訊いた．／「言った通りだよ．僕の国籍は日本じゃない」／「…それじゃどこなの？」／「韓国」…沈黙．沈黙．沈黙．沈黙．…「お父さんに…，子供の頃からずっとお父さんに，韓国とか中国の男とつきあっちゃダメだ，って言われてたの…」／「…お父さんは韓国とか中国の人は血が汚いんだって言ってた」／ショックはなかった．それはただ単に無知と無教養と偏見と差別によって吐かれた言葉だったからだ．（金城，2003：186-188）

『GO』の杉原は桜井という女子高生と交際しているが，「もし自分の素性を打ち明けて嫌われたら」というおそれから，自分が在日コリアンであることを固く秘密にしていた．しかし，ある日ついに杉原は桜井に自分が日本人じゃないことを打ち明ける．「俺が俺である」ことを桜井が受け入れてくれることを期待して．だが，杉原にとって「重要な他者」である桜井から返ってきたのは，杉原のルーツを真っ向から否定する偏見に満ちた言葉だった．それは同時

に，俺は「在日」などではない，俺は俺であるという杉原のアイデンティティを深く傷つけることになる．このケースのように，自分に対する自己定義と他者による定義との不一致によってアイデンティティ・クライシスが起きるとエリクソンはいう．

　また，アイデンティティ・クライシスは青年期（adolescence）に起きやすいことが指摘されている．前近代社会では，子どもから大人への転換は通過儀礼の経過等によって一気に行われる．たとえば，ある部族社会では，つい先ほどまで「子ども」であった人が，バンジージャンプという儀式に成功したその瞬間から「大人」として処遇される．ところが近代社会においては職業の分化などを理由として，子どもから大人への移行期が長期化するようになった．十代から二十代にかけての青年期とよばれるその移行期において，若者たちは安定したアイデンティティを獲得すべく試行錯誤を繰り返す．エリクソンは青年期が大人としての義務を免除される時期でもあることに着目し，その時期をモラトリアム（moratorium）の時代とよんだ．しかし，大人としての義務を免除された若者は「大人でもなく子どもでもない」というどっちつかずの状態におかれ，その状態がアイデンティティ・クライシスを引き起こしたりもするのである．若者は青年期におけるアイデンティティ・クライシスを乗り越えて，自己定義と他者による定義を一致させることにより，安定したアイデンティティを獲得するとエリクソンは主張している．

6　役割とドラマトゥルギー

　アイデンティティの確立によって，人は（自我はといってもよいかもしれない）社会の中に安定した居場所を発見する．また，自我は役割（role）を通じて社会制度の中に組み込まれているともいえる．『GO』の杉原が「俺は俺である」と感じていたとしても，「俺は俺である」ことを徹底して貫き通すなら，おそらく現実社会を生き抜くことは難しいだろう．杉原は実際には在日コリアン家

庭の息子として，高校生として，あるいは桜井の彼氏としてリアルな日常を生きている．役割とは，息子や高校生といったある社会的な立場にいる者に対して，社会が期待する望ましい行動様式である．杉原は（やや親子関係の常識から逸脱してはいるものの）父親に対して息子としての振舞いをしてみせるし，また，時には桜井の彼氏として男らしく彼女をリードする．同じように，教師は教師として教師らしく，母親は母親として母親らしく，病人は病人として病人らしく振舞うことが周囲から期待され，われわれの多くはその期待に粛々と従うことで，社会制度の中にきれいにはめ込まれる（と社会学では伝統的に考えられてきた）．

しかし，われわれが期待される役割をそのまま遂行するだけの存在であるならば，社会において人間の主体性，すなわち自我〈わたし〉などはどこにも見当たらないのではなかろうかという疑問が生じてくる．社会学がモデルとして示す人間，まるで操り人形のように社会の役割期待通りに行動する人間を，ダーレンドルフ（Dahrendorf, R.）はホモ・ソシオロジクスと揶揄するが，われわれは社会から期待されている役割を必ずしもそのまま遂行するわけではない．役割を遂行することと，それを遂行する演技をするのは別のこと．こう指摘するのはゴフマン（Goffman, E.）である．

ゴフマンのドラマトゥルギーというアプローチは，人間の相互行為を，役割遂行を演技するパフォーマーとその演技を観るオーディエンスが，舞台の上で繰り広げるドラマとして記述する方法である．たとえば，ある教室でいつも私（教師）を熱心に見つめている学生がいるとする．彼（あるいは彼女）は常に私を凝視し，私が語る一言一句に相槌を打ち，微笑み，そして考え込む．しかし，私はその学生のテスト答案を見て唖然とする．彼（彼女）が私のこの半年の講義内容を少しも理解していないことがわかったからだ．おそらく彼（彼女）は，勉強をしています，あなたの話を注意深く聞いていますという演技（役割遂行の演技）をすることに忙殺されて，肝心の教師の話を聞くこと（役割遂行）の方がおろそかになっていたのである（ここでは学生がパフォーマー，教師

がオーディエンスである）．

　自分がよく話を聞く学生であることを教師にアピールしようとしている学生のように，パフォーマーが自分の演技の管理を通じて，意図する印象（「私はこんな人間ですっ！」）をオーディエンスに植えつけようとすることを，ゴフマンは「印象操作（impression management）」とよぶ．われわれは社会から期待される規格的な役割を演じながらも，〈わたし〉自身のアイデンティティを相手に伝えようと試みるのである（Goffman, 1974）．

　また，われわれは，役割遂行のなかで，自分は現在成り行き上この役割を演じていますが，「本当の私」はまた別なのですということを周囲にアピールしたりもする．たとえば，小学校3〜4年生位の子どもは，遊園地のメリーゴーランドをもっと小さい子どものようには楽しめないだろう．たまたま弟妹とメリーゴーランドに乗るはめになったが，自分はおつきあいで乗っているだけで心からメリーゴーランドを楽しんでいるわけではないのですということをオーディエンスに示すため，少年はわざと大げさにおどけてみせたり，反対に無表情で通したりする．ゴフマンは，このパフォーマンスを通じてあらわになる役割と本当の私との距離のことを役割距離（role distance）とよぶ（Goffman, 1985）．

7　着飾る自分，質素な自分

　学生の頃は制服を着るのが嫌いだった．制服は自分にとって個人から個性を奪ってしまう不自由の象徴に他ならなかった．ところが現在，勤め人の制服であるスーツを着るのが妙に心地よくなってしまっている．職業柄，とくにスーツを着る必要に迫られないのであるが，仕事がうまくいかなくなった時，心に平穏を取り戻したい場合は，スーツを着て仕事に出かける．スーツを着ると決めれば，今日はどんな服にしようかと迷いが解消されるという実利的な理由もあるが，それ以上にスーツ（というか制服全般）の記号性や匿名性が，〈わたし〉

を「勤め人一般」というカテゴリーのなかに埋没させてくれるのが何よりも心地良いのである．

80年代とは，誰もが「〈わたし〉探しゲーム」に夢中になった時代であったと哲学者の鷲田清一は指摘する．〈わたし〉探しゲームとは，「じぶんにはまだじぶんの知らないじぶんがある，その真のじぶんに出会わねばならない…」といった強迫的な物語を生きることである．しかし，「個性的でなければならない」あるいは「自分らしくあらねばならない」という観念，すなわちアイデンティティの確立ということに囚われて生きるのはやっぱり疲れてしまう．そんなときに個人をアイデンティティという枠組みから外し，「人格としての固有性をゆるめ…そのなかに隠れることができる服」が制服なのだと鷲田はいう（鷲田，1995：76-77）．職場における服装のコードは年々緩くなっているにもかかわらず，通勤電車の中にはスーツ姿の男性が，オフィス街には制服姿の女性があふれかえっているのは，〈わたし〉を探し当てるのが存外に大変だという一つの証拠であるのかもしれない．

―――――――― コラム4：脱アイデンティティ ――――――――

　上野千鶴子は，人はアイデンティティなしでは生きられないとか，アイデンティティを確立した人はそうでない人よりも成熟しているなどのアイデンティティにまつわる仮説を「アイデンティティ強迫（Identity Obsession）」とよび，アイデンティティが特定の歴史的社会現象を説明・記述するためのツールであることを強調する．特定の歴史的現象を説明するツールである以上，その現象が変われば概念の賞味期限も切れる．アイデンティティもこの有効期限切れの概念のひとつであるという．実際のところ，現代を生きる多くの人びとは，アイデンティティの統合を欠いても逸脱的な存在になることなく社会生活を送っている．いや，むしろ，たとえばテレビでニュースを観ながらPCのメールを確認し，同時に携帯電話で友人と語るというような生活において，「多重人格」とか「解離性人格障害」はポストモダン的な通常な個人のあり方ではないだろうか．上野は，「断片化されたアイデンティティのあいだを，一貫性を欠いたまま横断して暮らす」ことの方が現代社会において適合的ではなかろうかと指摘し，「脱アイデンティティ」という志向

を示している（上野，2005）．

第4章のまとめ

1 自我
　自我とは行動や意識の主体のことであり，自分あるいは〈わたし〉を意味する．人間には生まれつき自我があるのではなく，社会化の過程のなかで自我が形成される．子どもが自我をもつようになることを「自我のめざめ」という．

2 自我の社会性
　自我は社会から孤立して単独で存在するのではなく，C. H. クーリーのいう「鏡に映った自我」が示すように，他者との関係によって社会的に形成される．また，G. H. ミードの「ミー」の概念に従えば，自我のなかにすでに社会性が確保されているともいえる．

3 アイデンティティ
　E. H. エリクソンによれば，アイデンティティとは自我の同一性を意味する．すなわち，〈わたし〉あるいは自分の不変性や連続性をあらわす概念がアイデンティティである．

4 アイデンティティ・クライシス
　アイデンティティもまた自我と同様に社会性をもつ．アイデンティティは重要な他者の承認によって維持され，これを欠く場合，人はアイデンティティ・クライシスという心理的危機に陥る．その意味でも，自分とは社会的な存在であるといえる．アイデンティティ・クライシスは「モラトリアム」の時代である青年期に起きやすい．若者は，自己定義と他者による定義を一致させることでアイデンティティ・クライシスを乗り越え，安定したアイデンティティを確立するのだとエリクソンはいう．

5　ドラマトゥルギー

　自我は「役割」を通じて社会制度のなかに組み込まれるが，われわれは社会からの要請である役割遂行を粛々として受け入れているのではない．E. ゴフマンによればわれわれは役割演技者（パフォーマー）として，「印象操作」を通じて自らの印象を主体的に管理するのである．時に自分が遂行する役割との間にわざと距離をとることで（「役割距離」），本当の〈わたし〉の存在をほのめかしたりもするのである．

《読書案内》
1）上野千鶴子編『脱アイデンティティ』勁草書房　2005年
　　アイデンティティ＝一貫性のある自己は賞味期限切れの概念なのではないかという問いかけに対し，セクシュアル・マイノリティ，「物語アイデンティティ」，自分らしさと消費，解離など，執筆者それぞれの得意とする各テーマから脱アイデンティティの時代を考察する論集である．とりわけ，上野が序章で展開する「脱アイデンティティの理論」が，アイデンティティという概念の全貌を明解に示している．
2）鷲田清一（別冊課外授業ようこそ先輩 NHK「課外授業ようこそ先輩」製作グループ＋KTC中央出版編）『着飾る自分，質素な自分』KTC中央出版　2004年
　　現象学，とりわけファッション・モード論の第一人者である鷲田清一が故郷の母校小学校に戻って，小学生に対して「自分とは何か」を講義した番組の講義録．「服を着る」ことの意味を問うことで，小学生に自我の社会性をわかりやすく説いている．
3）野口祐二『ナラティブの臨床社会学』勁草書房　2005年
　　ナラティブ（語り・物語）・アプローチの社会学的方法としての可能性を検討することを目的とする著作．臨床における自我の社会的言語的構成の可能性について示唆する刺激的一冊である．

《参考文献》
Erikson, E. H.（小此木啓吾訳）『自我同一性』誠信書房　1973年
船津衛『ジョージ・H・ミード―社会的自我論の展開―』東信堂　2000年
Goffman, E.（石黒毅訳）『行為と演技―日常生活における自己呈示』誠信書房　1974年
Goffman, E.（佐藤毅・折橋徹彦訳）『出会い―相互行為の社会学』誠信書房　1985

年
金城一紀『GO』講談社（講談社文庫）　2003 年
Mead, G. H.（稲葉三千男・滝沢正樹・中野収訳）『精神・自我・社会』青木書店
　1973 年
上野千鶴子編『脱アイデンティティ』勁草書房　2005 年
鷲田清一『ちぐはぐな身体』筑摩書房　1995 年

第2部

社会学の道具箱
──社会学の基礎概念──

　第1章の末尾で，社会学の本質的部分は，対象となる社会の経験的事実そのものではなく，対象を認識し理解し記述するための概念枠組みにある，と話しました．

　では，社会学にはどんな概念があり，どのように使って社会学の世界を切り開いているのか，ということを明らかにしなければなりません．

　第2部「社会学の道具箱──社会学の基礎概念──」の各章では，そうした社会学の概念（道具）を少しだけ紹介します．その概念を使って分析するとどんな社会が広がるのでしょう．それはあなたにこれまでと違った新しい社会の見方を提供するはずです．

　第2部で紹介する社会学の道具（概念）はほんの一部です．社会学の基礎概念が日常用語とよく似ているので，区別しにくいかもしれませんが，社会学の専門用語ですから，その概念的意味（定義）もしっかり理解しておいてください．その意味の探求が，社会的世界の分析の鋭さにもなります．

　そして，あなた自身，この道具（概念）を使って社会分析の実習をやってみてください．最初は上手にできないでしょうが，その内，少しずつうまくできるようになるはずです．知らない間にあなたの社会的世界は広がり，以前より自由に世界を眺められるようになっているはずです．そんな社会学の世界を楽しんでみてください．

第5章　行為と相互作用
第6章　地位と役割
第7章　価値と文化
第8章　集団と組織
第9章　消費社会と社会的性格

第5章
行為と相互作用

1 はじめに行動があった

　社会学の第一の基礎概念は何かと問われると，やはり「行為」の概念をあげざるを得ないだろう．その理由は3つある．

　第一の理由は，社会の存立根拠に関わることである．「社会は人間の行為とその所産から成り立っている」といえるからである．つまり，社会を構成している家族，地域社会，会社，繁華街，何れもそれは人間の行為とその所産から成り立っている．社会は人間の行為と行為の所産から成り立っているから，行為が社会の成立根拠を構成していることになる．したがって，社会学は人間の行為を分析することからはじめることになる．それが第一の理由である．

　第二の理由は，社会学の目的に関わることである．社会学の目的は「社会を知り，よりよき社会に変える」ことである．しかし，人間の行為がなければ社会は変わらない．そうした社会学の目的からして最も大きなテーマは，「人間はどのように行為すべきか」ということである．それが行為を分析対象とする第二の理由である．

　第三の理由は，経験科学としての社会学の方法に関わるものである．「社会を知る」際に，観察可能な最小単位は何かと問えばそれは人間の行為である．

「なぜ戦争をするか？」「なぜ大学に行くか？」「なぜ流行を追うか？」それらはすべて人間の行為の所産である．人間の行為を観察し，なぜそうするか解釈することによって，はじめて社会現象を説明できる．行為は社会現象を分析する際の「観察可能な最小単位」である．それが第三の理由である．

こうした3つの理由によって，社会学にとって最も大切な概念が行為だということができる．

「初めに行動があった」．これはフランスの文芸批評家アンドレ・モロワの言葉あるが，彼はその著書『初めに行動があった』（1967）の冒頭で次のように述べている．

〈行動することは，身ぶりや言葉によって，外部世界を自発的に変えることである．大臣が呼鈴を押すと，電流が通じ，ベルが鳴り，人々が駆けつけて来る．彼は命令を与える．すると，街路は遮断され，井戸が掘られ，軍隊が動員されるであろう．大臣とその命令の実行者たちとは行動したわけである．変化は行動するものの肉体そのものに作用することもある．走者(ランナー)が練習すると，その筋力は強固になる．病人が箱をあけ，くすりを一服すると，痛みは消え去る．絶望した人が引き金をひくと，弾丸は彼を殺す．人々は，多くの場合，行動する前に熟考した．しかし熟考は行動ではなかった．それは何一つ変えるものではなく，何一つ創造するものではなかった〉（アンドレ・モロワ『初めに行動があった』1967：2）．

確かに行動がなければ世界は変わらないし，行動によってわれわれは自身と外部世界を変えることができる．個人の生活史にとって，また社会の歴史にとって，行動することがいかに大切であるかをアンドレ・モロワの言葉は，具体的にそして力強くわれわれに語ってくれる．

2 行為と行動 (behavior)

ところでここで行為（action）と行動（behavior）という似通った2つの言葉を使ったが，この両者は概念的にどのように違うのか考えたことがあるだろ

か．

　結論を述べるなら，行為とは意図的人間行動であり，行動は行為を含む広義の概念である．動物の場合，動物の行動とはいうが動物の行為とはいわない．行為は人間の行動，それも意図的な行動を指す言葉である．概念的には行動の方が広義の概念である．したがって，人間の行為も客観的に外部から観察する際には行動というし，意図しない反射的行動は人間の行動であっても行為とはいわない．行為と行動は大ざっぱに同じような意味で使われる場合もあるが，厳密に区別すれば，以上のように概念的に区別される．

　また，「社会的行為」という場合はもっと限定的である．ドイツの社会学者マックス・ウェーバーは社会的行為を次のように定義している．〈単数或いは複数の行為者の考えている意味が他の人々の行動と関係を持ち，その過程がこれに左右されるような行為を指す．〉(Weber『社会学の根本問題』1953：8) つまり，簡単にいうと，他者関連的行為，他者指向的行為を社会的行為とよんでいる．

　マックス・ウェーバーは，19世紀末に活躍した社会学者であるが，社会的行為を社会学的分析で最も重視した．かれは「社会学」を次のように定義している．〈…社会的行為を解釈によって理解するという方法で社会的行為の過程および結果を因果的に説明しようとする科学を指す〉(Weber『社会学の根本問題』1953：8)．

　この〈社会的行為を理解する方法〉のウェーバー社会学は「理解社会学」ともいわれる．彼の理解社会学の方法を駆使して分析した『プロテスタンティズムの倫理と資本主義の精神』(1904)はウェーバーの主著であり，社会学の最も重要な古典のひとつである．

3　社会的行為の類型

　ウェーバーは，社会的行為を解釈する場合の基礎になる主観的意図（動機）

の種類によって社会的行為を4つに類型している．最も意図的で計算可能な行為を「目的合理的行為」とよび，目的達成のために合理的に手段を考慮する場合を指している．金儲けのために合理的計算された経済的行為などがその典型である．もうひとつ意図的な合理的行為の類型として「価値合理的行為」をあげている．価値合理的行為は目的合理的行為と違って目的達成という結果を意図していない．結果を度外視し，一定の行為そのものに固有の価値を信ずる行為である．結果が死だとわかっていても，その行為自体に最高の価値を置く殉教者の宗教的行為などがその典型である．それに比べて「感情的行為」には合理的意図は見られない．その時々の直接の感情や気分に左右される行為であり，ある意味，自己の覚醒された意図による選択的行為ではなく，その時々の欲求や衝動などの感情状態に支配された選択的行動といった方が正しいかもしれない．最後にあげる行為類型は「伝統的行為」である．これは最も意図的でない行為であり，自分の行為選択をただ身に付いた習慣による行為としか説明できないような習慣的行為である．なぜ毎朝顔を洗うのか改めて尋ねられるとうまく説明できない．それは習慣だからとしか答えようがない，そんな習慣的行為である．

　現実のわれわれの社会的行為はこれら4つの類型の複合であろう．大学進学という，その目的が「高度な専門知識を修得する」という目的合理的行為の結果のように見える行為も，「大学ぐらい出ておかないと恥ずかしい」という感情的行為の要素が含まれているだろうし，「大学卒業すること」自体に価値があるという価値合理的要素が含まれているかもしれない．また「みんなが大学に行くのが当たり前になっているから」という伝統的行為の要素も含まれているだろう．社会的行為の動機としてどの要素がどの程度強いかという割合の問題かもしれない．

　いずれにしても「目的合理的行為」が最も計算可能で予測可能な合理的行為であり基本型である．希望の大学に入ることが目的なら，そのためにはどうすればいいか．目的達成のためにどんな行為選択をすべきか合理的に計算するこ

とが可能であり，予測可能である．過去の入試問題の傾向から，志望大学に入学するには，どんな知識をどの程度獲得しておけば合格できるか，事前に予測することができる．しかし，現実にはその通り目的合理的に完全に行為することができない．だからなかなか第1志望の大学に入れないのだが，勉強する気分にならない（感情的行為）とか，遊びぐせで勉強できない（伝統的行為）などの，他の要素に左右されているからであり，現実の行為は目的合理的行為の基本型からの偏差（バイアス）として考えることができる．

4　社会的行為と相互作用

社会的行為に続く社会学の基礎概念は，「相互作用」(interaction) である．相互作用（相互行為）は，インタラクションというように，行為の相互性を示す概念である．定義でも「相互作用は2人以上の行為者の間で社会的行為のやりとり」を指していう．

しかし，社会学的分析単位としては，社会的行為は分析単位が単数（1人）であるのに，相互作用（相互行為）は分析単位が複数（2人以上）である．単数の社会的行為では社会は成り立たないが，複数の相互作用だったら，社会が成立する．したがって相互作用の体系は「社会体系」(social system) といわれる．

2人の相互作用を考えてみるとわかりやすいが，「相互作用」にもいろいろな種類がある．直接的（対面）な相互作用もあれば間接的（電話・メールなど）相互作用もある．旅先の出会いのような一回起的相互作用もあれば，親子や友人同士のような反復的相互作用もある．また，同時的相互作用（電話）と交互的相互作用（手紙・メール），一方向的相互作用（マスメディア）と双方向的相互作用（手紙・メール）を区別することもできる．

また「コミュニケーション」と「相互作用」はどのように違うのか．確かにコミュニケーションも相互作用の一種であり，現実の相互作用はコミュニケー

ションと区別しがたい面があるが，あえて概念的に区別すると，コミュニケーションは記号（身振り，言葉，映像）を媒介とした情報（知識，態度，要求）伝達に主眼を置いた概念であるのに対して，「相互作用」の場合は，行為のもつ資源・エネルギーのやりとりに注目した概念であり，情報に限定しないやりとりに注目した概念であるといえる．

比喩的に「喧嘩」を例にとると，コミュニケーションは，情報のやりとりに限定されていて，口げんかなどののしりあいの中身に注目し，相互作用は，情報のやりとりのみならず，エネルギー消費のやりとり，殴り合いなどにも注目した概念といえよう．

これまで行為，社会的行為，相互作用と論じて来たが，その次に来る概念は「社会関係」(social relation) である．誤解を恐れず，大胆に例示すると「片思い」が行為（これも本来は社会的行為なのだが）なら，「告白」（社会的行為）をして，「好意的反応のやりとり」（相互作用）によって「恋人同士」（社会関係）になる．この恋人同士が社会関係である．つまり，社会関係は，相互作用が反復的に行われることが期待される関係であり，相互作用の潜在的可能性を示す抽象的レベルの可能態としての関係概念である．それまでの行為，社会的行為，相互作用のような現実的レベルの行為概念ではない．

具体的には，親子関係，兄弟関係，夫婦関係，ライバル関係，師弟関係，労使関係，国際関係に至る関係概念はすべて反復可能な社会関係を示す概念である．

5 相互作用の特徴と安定化の条件

ところで，行為のやりとりである相互作用の体系が社会体系を成立させると述べたが，相互作用には単独の社会的行為には見られない重要な特徴がある．それが「二重の条件依存性」(double contingency) とよばれるものである．二重の条件依存性とは何かを説明すると「自己の欲求充足が他者の社会的行為の選

択に依存する」ということになるが，これだけでは判りづらいので，単独の社会的行為による欲求充足と相互作用（AさんとB君の）による欲求充足を例にあげて説明しよう．

　Aさんの欲求が「次の休みにB君とミュージカルを見に行きたい」であったとしよう．ところがB君の欲求は「次の休みにAさんとサッカーの試合を見に行きたい」であったならば，相互の欲求が異なっており，お互いに自己の欲求充足は叶えられないことになる．もちろん，単独の社会的行為であればAさんはミュージカルを見に行き，B君はサッカーの試合を見に行けばいいのだが，一緒に行きたいなら，自己の欲求充足が他者の社会的行為の選択に依存しているので，いずれかの欲求充足を断念するしかない．その妥協策が「サッカーの試合は次の休みの日だけなので，次の休日はサッカーの試合を見に行き，その次の週もやっているミュージカルはその次の休みの日に見に行く」という妥協案も考えられる．

　相互作用では，相手の社会的行為の選択が自己の欲求充足の可否を左右するが，相手の欲求充足を無視して自己の欲求充足だけを優先するなら，それはいわゆる「自己チュー」である．一方的な好意を相手に押しつけるストーカー行為は，まさに相互作用のルールである二重の条件依存性を無視した行為ということになる．身近な対人関係のトラブルや社会的事件の多くはこうした相互作用のルールを無視した行為によって生じている．

　明治の文豪夏目漱石がこんな文章を書いている．

　　〈山路を登りながら，こう考えた．知に働けば角が立つ．情に棹させば流される．意地を通せば窮屈だ．とかくに人の世は住みにくい．住みにくさ高じると，安い所へ引き越したくなる．どこへ越しても住みにくいと悟った時，詩が生まれて，画ができる．人の世を作ったものは神でもなければ鬼でもない．やはり向こう三軒両隣にちらちらする唯の人である．唯の人が作った人の世が住みにくいからとて，越す国はあるまい．あれば人でなしの国へ行くばかりだ．人でなしの国は人の世よりもなお住みにくかろう．〉（夏目漱石『草枕』冒頭）

夏目漱石は〈人の世を作ったものは神でもなければ鬼でもない，やはり向こう三軒両隣にちらちらする唯の人である〉という．その通りである．

どうやってわれわれは相互作用をトラブルなく安定化させるか，米国の社会学者パーソンズは考えた．彼は相互作用安定化の条件として「期待の相補性」(complementarily of role expectation) の必要性をあげている．むずかしい言い方だが，要は「互いに期待されている行為を互いに行っていると相互に認識している状態」が期待の相補性である．

つまり，Ａさん，Ｂ君が行っている社会的行為が，それぞれ相手の気持ち（期待・欲求）を考えて行っているだけでは不十分であり，お互いに相手が自分の気持ちを考えて行動してくれていると知っていること．そういう相互の認知が大切だというのである．

たとえば先の例でいえば，ＡさんはＢ君がサッカーファンで，次の休みにひいきのチームの試合が地元で行われることを知ったうえで，次の休みにはサッカーの試合を見にいこうとＢ君に提案し，Ｂ君は次の休みにひいきのサッカーチームの試合を見たがっている自分の欲求を知ったうえで，Ａさんが提案をしてきたことを知る．そこで同じように，Ｂ君は，その次はミュージカルを見に行こうとＡさんに提案する．Ａさんがミュージカルを見たがっていることを知ったうえで，ミュージカルを見に行こうとＢ君が自分に提案していることをＡさんは知っている．こうした期待の相補性が成立すると，２人の関係はいい関係として安定化するというわけである．

「期待の相補性」は，お互いに相手が自分に対する思いやり（期待・欲求）を理解（認識）したうえで提案していることを知っていることが大切である．単に「Ａさんもサッカーを見たいから」とＢ君に思われたのでは，期待の相補性は成り立たない．友人関係であれ，夫婦関係であれ，近隣関係であれ，相互作用の安定化のためには，こうした期待の相補性が成立していることが必要である．

しかし，相互作用場面でどうしたら「期待の相補性」が成立するか．その条

件は何かといえば，それはお互いが重要だという価値を共有していることであり，さらにそのためにはどうすべきか，という規範を共有していることである．つまり，お互いに重要だと思う「価値・規範の共有」をしていることが大切になる．

まとめていうと，お互いに共通の価値を内面化することで，期待の相補性が成立し，相互作用が安定化するということになる．逆にいえば，友達同士のケンカや不仲，夫婦の離婚や国際紛争は，個人間であれ，集団間であれ，国家間であれ，こうした「価値規範の共有」が成立していないといえるのである．環境問題や人命の尊重などの価値の優先順位が共有されていないことが，環境問題の国際協力を困難にし，地域紛争による戦争や飢餓の根絶を難しくしている原因であるといってよいだろう．それでは「価値規範」をすべての構成員で共有すればいいと思われるが，それを行うことは必ずしも簡単ではない．

価値の多様性，自由な価値観を認めようという考え方（価値）が現代社会の主要な潮流である．価値の優先順位を一元的に決定することは，ファシズムのような全体主義なら可能だが，それは価値の選択の自由，考え方の自由を制限することになる．理想をいえば，自由な価値の選択の結果，ある価値を優先的に重視することが社会全体で合意するようになることが望ましいのである．

6　社会（対人）関係の発展と変化

相互作用の可能態である社会関係のレベルで見ると，現代社会の社会関係はそれ以前の社会関係とは大きく変化している．近代以前の社会関係は帰属主義的関係，つまり家族・親族など出自による相互作用の取り結び方が重視された．江戸時代なら士農工商という身分が社会の人間関係，相互作用の取り結び方の基本を規定していた．しかし，近代産業社会の社会関係は業績主義的関係，つまり個人の能力や意思など個人が達成した業績が社会の人間関係，相互作用の取り結び方の基本を規定するようになった．大学卒という学歴も教育達

成という個人業績であるが，産業社会では出世も家柄などの出自ではなく，本人の能力や業績が評価されて社会関係を取り結ぶようになる．このように社会の近代化は「属性主義的社会」から「業績主義的社会」への社会関係の基本的変化として理解することができる．

　また，伝統的社会から近代社会の社会関係の変化は，固定的・安定的・人格的・長期的関係から流動的・不安定的・匿名的・短期的関係への変化として捉えることもできよう．封建時代のように一生を共同体社会に埋没した人生なら，人間（社会）関係は，生涯同じ村人と生活を共にすることになり，固定的・安定的・人格的・長期的関係になるが，近代都市の住民の場合は，多様な他者との出会いと別れの経験を日常的に繰り返す流動的・不安定的・匿名的・短期的関係が多くなっている．それだけに近代社会は，対人関係の信頼形成において個人が引き受けるリスクが大きな「リスク社会」になっており，U. ベックは「リスク社会」という観点から，それが産業社会の基盤を揺るがす事態に至っていると警笛を鳴らしている．

7　対人関係における匿名性

　社会関係の変化は，身近な友人関係の変化にも現れており，全人格的な親密な交わりを基本とする古典的な「全人格的親友」というより，メル友に象徴される特定の関心と機能的に限定された部分的親密性を共有する「機能的親友」に変化している．

　メールを介した対人関係は，これまで考えられなかった新しい関係性を生み出している．それは「匿名的親密性」というべき関係性である．

　対人関係の親密化プロセスには，必ず対面的接触が介在しているので，親密化過程で対人関係の匿名性を維持することは困難である．学校の友人や旅先での出会いもそうであるが，親密化過程では何度か出会うことになるので，住所，電話，所属などある程度開示することになり，顔などの身体的特徴を含め

て個人情報の完全な秘匿は困難であったが，Webサイトを経由するメール環境では親密化プロセスに対面的接触を必要とせず，匿名性が高度に保持されたままで交流が可能である．そうした技術的要因によって，従来考えられなかった匿名性を維持したままで，親密な関係性を築くことが可能になった．

個人情報の真偽の検証なしに，親密な自己開示を行うことを可能にするメールは，仮想空間における匿名的親密化を可能にする．それがメール上の仮想空間だけに限定されたやりとりならば楽しいゲームに過ぎず，現実空間の対人関係には何の影響も与えない．しかし，仮想空間で親密化した対人関係を，現実空間と同様に信頼できる関係と錯覚して，会いたいという衝動に駆られて一歩現実世界に踏み出すと，相手が何者か確証がないままに，親密な関係性を演じるという現実世界ではあり得ない危険なワナに陥ることになる．

「仮想のメル友，会えば現実」という信頼の錯誤が，メル友犯罪の温床になっていることは，近年のWebサイトに絡んだ事件を見ると明らかである．これらの事実はこうした匿名的親密性という社会空間が従来の対人関係になかったため，われわれ自身それに対する適切な防御反応がインプットされていない

図表5—1　匿名的親密性の社会空間

	対面的（空間の共有）	
われわれ関係	現前している家族・友人 恋人・旅先で出会った人	現前している スーパー店員
	シュッツでは空白	現前していない人格的類型 現前していない機能の担い手 マスメディアで知っている俳優
	非対面的（空間の非共有）	彼ら関係

出典）山崎哲哉「もう一つの社会空間―匿名的親密性という視点から―」『情況』1999年12月号別冊，p.235

からであるといえよう．

　なお，匿名的親密性の社会空間について，山嵜哲哉（1999）は図表5―1のように図示しているので参考になる．

8　ジンメルの二人関係・三人関係の考察

　ところで，こうした相互作用の形式を社会学固有の研究対象だと考えた社会学者がいた．19世紀末のドイツの社会学者G.ジンメル（Sinmel, G.）である．彼は心的相互作用の形式（彼自身は社会化の形式ともいうが），それを社会学の研究対象とする形式社会学を提唱した．「本来の社会は，相互共存，対立などの結合と分離の諸形式から成り立っている」というのが彼の社会観であり，そうした視点から社会学的分析をしている．彼の形式社会学への追随者は必ずしも多くなかったが，彼は示唆に富む社会学的分析をしているので少し紹介しておこう．

　たとえば「二人関係」に3人以上関係と決定的に異なる「終焉の表象」を読み取る彼の洞察は興味深いものがある．

　　〈…二人関係は個々の成員の純粋な個性に依存しており，…終焉の表象がつきまとっている．というのは，他の結合についてはそのどの成員も，彼が離脱したりあるいは死亡した後にも，それがなお存在し続けることを知っているからである．〉（Sinmel：52）

　ジンメルは，二人関係には，共通の運命，秘密，企てといった人格的親密さがあり，その統一体は彼らを越えた集合体ではない．常に「終り」の表象を伴っており，個性の堕落が陳腐という感情を生む．また，非人格的集合体に責任転嫁できないという特徴をもっているという．ジンメルは〈二人結合は，一方では社会学的な悲劇と他方では感傷と悲哀の問題との固有の場となるのである〉という．二人関係がこうした終わりの表象を伴う不安定な関係であるため

に，永遠の愛を誓うという恋人同士の感傷が有意味になるといえるだろう．

「三人関係」について，ジンメルは3通りの集団化形式を生むと述べている．1つめは，第三者が「中立者と媒介者」に立つ場合であり，この場合は〈子はかすがい〉といわれるような場合であり，集団統一を分裂の危機から救う．2つめは，第三者が「漁夫の利」の立場に立ち，二者の間の相互作用を自己目的の手段とする場合である．3つめは，第三者が「分割支配」する場合であり，この場合は支配的地位を獲得するために二者の不和を作り出すようになる．

ジンメルの二人関係や三人関係の分析は，われわれの身近な事例に置き換えて見ると，いろいろと思い当たる場合があり想像力が広がるであろう．

コラム5：リスク社会（Riskogesellschaft：risk society）

現代を「リスク社会」と名付けたのはドイツの社会学者ウルリヒ・ベック（Ulrich Beck）であるが，彼のいうリスク（危険）は，自然災害のように人間活動に関連しない天災は含まない．科学技術の発展によって「つくり出されたリスク」，人間の行為による予期できないマイナスの影響，たとえば原発，食品添加物，遺伝子組み換え食品，電子金融システム，保険管理，これらすべての産業活動にリスクは蔓延している．リスク社会は近代化の過程の連続線上に現れたものであり，人びとが選択的に拒絶できるものではない．産業社会の発展による自然の終焉は，近代社会の基盤を破壊する脅威を潜在的に累積して生み出している．つまりリスク社会は産業社会の負の側面として蓄積されたものであり，産業社会が生み出した不可避の遺産ということになる．

　ウルリヒ・ベック　東廉，伊藤美登里訳『危険社会―新しい近代への道―』法政大学出版局　1998年

第5章のまとめ

1　はじめに行動があった

社会学の基礎概念，① 社会現象は人間行為の所産，② 社会学の目的はどう行為し社会を変えるか，③ 社会分析の最小単位としての行為．

2　行為と行動

行為とは「人間の意図的行動」．社会的行為は「他者関連的行為」「他者指向的行為」．「社会学は社会的行為を理解しその過程と結果を因果的に説明しようとする科学」（ウェーバーの「理解社会学」）

3　社会的行為の類型

4つの類型（動機による分類）．①「目的合理的行為」（最も意図的で計算可能な行為，金儲けを意図した経済的行為など），②「価値合理的行為」（その行為自体に価値を置くことを目的とした殉教者の宗教的行為など），③「感情的行為」（その時々の気分や感情の状態に左右される行為），④「伝統的行為」（最も意図的でない行為，これまでに身についた習慣や伝統に従った行為）．

4　社会的行為と相互作用

相互作用とは「2人以上の行為者の間で社会的行為のやりとり」．社会的行為→分析単位は単数（1人）．相互作用→分析単位は複数（2人以上）．相互作用の体系＝社会システム．コミュニケーションは情報のやりとり，相互作用は資源・エネルギーのやりとり．

5　相互作用の特徴と安定化の条件

特徴：「二重の条件依存性」（相互に自己の欲求充足が他者の選択に依存する状態）．相互作用の安定化：「期待の相補性」（お互いに期待されている行為をお互いに行っているとお互いに認識していること）．期待の相補性の成立条件：価値・規範の共有．

6　関連概念としての社会関係

社会関係とは，相互作用が期待される人間関係．社会関係の変化：前近代か

ら近代への移行：「帰属主義的関係」から「業績主義的関係」へ．固定的・安定的・人格的・長期的関係から流動的・不安定的・匿名的・短期的関係へ．「産業社会」から「リスク社会」へ．

7 対人関係の匿名性

「全人格的親友」から「機能的親友」へ，新しい関係性としての「匿名的親密性」の出現

8 ジンメルの二人関係・三人関係の考察

二人関係は常に「終焉の表象」が伴う．三人関係の3通りの集団化形式：①「中立者と媒介者」，②「漁夫の利」，③「分割支配」

《読書案内》

1) ウェーバー，M.（清水幾太郎訳）『社会学の根本概念』岩波文庫　1953年
   ウェーバーが晩年，彼の社会学の基礎概念を整理した論文．100頁足らずの薄い本なので手に取りやすいが，社会学の概念説明に終始しているので面白い本という訳ではない．しかしウェーバー社会学の基礎概念を理解するには最適の本である．

2) ジンメル，G.（阿閉吉男訳）『集団の社会学』ミネルヴァ書房　1978年
   ジンメルの主著『社会学』の一部抜粋であるが，二人関係・三人関係の分析など，ジンメル社会学のエッセンスが詰まっている．読みやすい本とは言いにくいが，彼の社会関係に対する洞察の鋭さを是非味わってもらいたい．

3) 安田三郎・塩原勉・富永健一・吉田民人『社会的行為』（基礎社会学，第1巻）『社会過程』（第2巻）東洋経済新報社　1980年
   社会学の基礎概念に特化した書物は最近見かけなくなった．「基礎社会学」（全5巻）はそういう意味で，社会学の基礎概念を丁寧に概説している．やや古いが紹介しておこう．第1巻（行為），第2巻（相互作用）でこの章に関連した概念について論じているので，参考になろう．

《参考文献》

Weber, M.（清水幾太郎訳）『社会学の根本概念』岩波文庫　1953年
アンドレ・モロワ（大塚幸男訳）『初めに行動があった』岩波新書　1967年
安田三郎・塩原勉・富永健一・吉田民人『社会的行為』（基礎社会学，第1巻）東洋経済新報社　1980年
Simmel, G.（阿閉吉男訳）『集団の社会学』ミネルヴァ書房　1978年

第6章
地位と役割

1 社会学の基礎概念としての地位と役割

〈朝起きて電車に乗って学校に行く．教室に入ると，仲良しの友達に会う．その内，先生が入ってきて講義が始まる．〉われわれはこんな日常行動を当たり前のように繰り返しているが，この日々の行為と友達や先生との相互作用は，何の前提もない無地の空間で行われている訳ではない．それぞれの地位と役割に彩られた空間で遂行されているから，大きなトラブルなく日々営まれているといって差し支えない．

たとえば，電車は毎日ほぼ定時に最寄りの駅にやってきていつもの時間に学校に到着する．これを当たり前のように受け止めているが，運転手が寝坊して電車が運休したという話もあまり聞かないし，駅に停車するのを忘れて通過してしまったという話もあまり聞かない．もちろん，こうした事故が皆無ではないし，規律正しく運行されていない国の列車ならこうした事故も時々見かける．

しかし，日本の鉄道文化は規律正しいことで有名である．われわれは鉄道会社が定時運行に心がけていること，運転手が十分な運転技術を持っていることを疑ったことがない．われわれは毎日，命を預けている運転手の顔も名前も人

柄もほとんど何も知らないのが普通である．電車の運転手はその地位に相応しい役割行動してくれることに，暗黙の信頼を寄せているからである．時間になると，所定の教室では先生の講義が始まる．先生は前回の授業の続きを話し始め，学生はノートを取りながら耳を傾けて聞いている．一定の時間になればその講義が終わり，それまで机に座って講義を聞いていた学生は，各々立ち上がり教室を出て行ったり，顔見知りの友達と話をはじめる．これらはすべて学生の地位とその地位にもとづく役割行動である．顔見知りの友達とは親しげに会話するが，それは，先ほど先生に質問していた時の話し方とは自ずと異なっている．友達には友達役割に相応しい話し方があるし，先生に対する質問の時には，先生と学生という地位関係を背景として丁寧な言葉遣いで質問するからである．

　われわれの社会的行為の多くが，こうした地位と役割にもとづいて行われていることがわかる．

　社会システムは，何の前提もない無地の空間における人間の行為で成り立っているのではなく，社会的地位とそれに応じた役割行動をする人びとのネットワークによって成り立っていると考えてよい．最近は，社会学の基礎概念として地位や役割についてしっかり書かれた社会学のテキストが少なくなっているが，地位・役割が社会学の大切な基礎概念であることに変わりはない．

　なぜ地位・役割が社会学の基礎概念として大切であるか，それには次の2つの理由がある．ひとつは，先ほどもいったが，社会的相互作用をしている人は，たいてい地位と役割の上に立って行っている．親として，会社員として，学生として，サークル部員として，アルバイト店員として，この「…として」というのが，地位であり役割である．「親として」の地位にもとづいて，子どもに説教をするという行為が役割行動である．なぜ説教するか，それは親としての社会的責任から，つまり，子どもを養育する立場（地位）は社会的責任があるので，わが子が悪の道に進まないようにとか，犯罪の被害にあわないようにとかを考えてのことである．つまり社会のシステムの代理人としての行動で

ある．こうした社会システムの代理人のネットワークが社会の仕組みを形づくっている．つまり，地位と役割は社会の仕組み，社会構造を形づくるレンガのような物である．社会構造の基礎単位が地位と役割である．

　もし，社会の仕組みを形づくっている「地位と役割」から外れるとどうなるか．たとえばホームレスがそうであるが，ホームレスとよばれる人たちは家を失った人という意味だけではない．住むための家，居場所である住所がないと現在の日本では正規の就職をするのが難しくなる．職業はその人が何者であるかを示す重要な社会的地位である．こうした社会的地位の喪失者がホームレスであり，社会構造の網の目の狭間に落ち込んだ人ということになる．地位と役割の喪失はホームレスだけではない．定年退職したサラリーマンや独居老人が家庭内の役割もなく地域社会にとけ込めずに過ごすことになると，自分は社会から取り残された存在，または見捨てられた存在になったように感じ，社会構造の狭間に落ち込んでしまうことになる．

　人間は社会的動物である．こうした地位・役割が喪失した状態におちいって，始めて人間は他者との関係を必要とする社会的存在であることに気づく．人間が社会に組み入れられるのは，こうした地位・役割関係を取り結ぶことで始めて可能になる．

　地位・役割が社会学の基礎概念になる第二の理由は，地位・役割が個人と社会をつなぐ媒介概念であることによる．つまり，社会に参加する通路が，地位であり役割である．個人は地位と役割を通して社会構造に結びついている．個人は社会的地位を得て，始めて社会と繋がっている．会社員も学生も，親も同じである．「…として」社会的行為をすることで，社会構造に結びつけられている．

　こうしたことは当たり前のように思われるかもしれない．実際，この当たり前の事実が，社会の仕組みを分析する際の基礎的事実となるので，この章では地位と役割についてしっかり考察して，この基礎的な事実から何が見えてくるかを考えていきたい．

2　社会的地位概念から見えるもの

ところでこれまで地位・役割をセットにして話してきたが，地位と役割が概念的にどのように区別されるか，この概念の詳細は後ほど考察するが，始めに基本的な区別を確認しておくと，「地位は相互作用場の位置，役割は地位の動的側面」（Lintin, R.）というのが最も基礎的な捉え方である．社長，母親，学生が相互作用場の位置であり，その地位に付随する行為，「社長として」会社の方針を決定する，「母親として」子どもの面倒をみる，「学生として」授業に出席する，それらの行為が役割である．

まず，地位概念からみて置こう．地位（status）概念は２つの捉え方がある．ひとつは，先ほどの「相互作用場の位置（position）としての地位」であり，母親，学生，顧客，社員などを，上下，優劣関係でなく単に相互作用上の位置として対等な水平関係で捉えると，positionとして地位概念になる．しかし，一般に地位を社会的地位（social status）として捉えた場合，優劣関係や上下関係で地位を眺めている場合が多い．「今度，会社で昇進して地位が上がった」とか「あの人は社会的に偉い地位の人だから…」という場合は，明らかに上下関係や優劣関係で地位を眺めている．これらは「ランク（rank）としての地位」ということになる．大統領，社長，高額所得者，横綱，ランキング王，エリート官僚，有名人などは，地位の高い人といわれる．職業でも医師，弁護士，タレント，パイロット，客室乗務員などは花形職業で，あこがれの職業的地位になる．また，中流とか下流という階層的序列で社会的地位の上下を表現する場合もある．

「ランクとしての地位」は，特定の基準にもとづく相対的評価，つまり「位

図表６－１　社会と個人の媒介概念としての地位・役割

個人　⇔　役割　⇔　地位　⇔　社会（社会構造）

階」のことである．ランクとしての地位には，何を基準にするかによって3つの種類がある．まず第一に相対的評価の基準が中流意識など主観的基準に基づく場合が「主観的地位」である．第二に収入，財産，学歴など客観的指標に基づく場合が「客観的地位」である．第三に裁判官，医師，パイロット，タレント，女子アナなど職業威信にもとづく場合が「認定的地位」である．

　主観的地位概念として語られる中流，下流意識は，「生活程度」を尋ねた世論調査で国民の階層意識がどんな状態かを知ることができる．代表的な調査は，内閣府の世論調査であり，そこでは5段階の回答で「中の上」「中の中」「中の下」と回答した割合が1970年代には9割を越えていたことから，「一億総中流化」などといわれたが，90年代のバブル崩壊以降，若年層の非正規雇用の拡大，成果主義の導入，リストラによる失職などの影響もあり，2000年には「中の中」が50％台に減少し，「中の下」と「下」を合わせた割合が増大したことで，「下流社会」が注目されるようになっている．「下流社会」は三浦展の造語であるが，彼によれば「下流」とは，単に所得が低いということでなく，コミュニケーション能力，生活能力，働く意欲，学ぶ意欲もつまり総じて人生への意欲が低い人であり，その結果所得が上がらず，未婚のままの確率が高い人である．階層帰属意識が低い彼らは自分らしさ志向が強く，非活動的であり，1人でいることを好む傾向があるという．そうした新たな階層集団を彼は「下流社会」とよんでいる．

　生活意欲の低い人びとは，将来に希望をもてず，その結果，自殺率の上昇やホームレス，生活保護世帯数が増加し，学卒無業者が増大する．さらにニートや引きこもりになって社会問題化する．山田昌弘は，個人の努力が報われる人と報われない人に分裂する社会を「希望格差社会」とよんでいる．頑張れば昇進できる正規雇用の人と，頑張っても昇進できない非正規雇用の人に分裂した社会が現在の状態である．

　地位概念から，こうした現代社会の様子が見えてくる．客観的地位概念である地位格差，所得格差，主観的地位概念である中流意識や下流意識は密接に関

連しているが，概念的にはその基準となる指標が異なっている．

　主観的な希望の有無を基準にした「希望格差社会」とは別に，客観的地位である所得を基準にした「格差社会」がいわれることがある．社会全体の所得格差の大きさを示す指標「ジニ係数」は，社会的不平等の度合いを測定する指標である．値はゼロから1の間の数値で示され，1に近づくほど不平等度が高い．

　橘木俊詔は1990年代のジニ係数の増大から経済的な所得格差の増大を指摘した．実際，1981年0.3491から1999年には0.472と0.1229ポイント上昇している．また，生活保護受給世帯数も1995年60万世帯から2010年には2倍以上の130万世帯に達している．これらの客観的地位の格差が示す数字は，かつて日本が所得の不平等度が小さく，みんなが平等に豊かに暮らせる国だといわれていた「平等神話の崩壊」によって，所得の階層分化が進んでいることを示している．

　社会的地位の上昇志向が，まず，有利な学歴的地位を求める進学競争となる．

　次に，その学歴的地位を基盤として，より魅力的職業を求めて花形職業の獲得競争になるとともに，より高収入を求めての経済的地位の競争を行うことになる．つまり，われわれは学校に通い勉強してより良い成績を獲得しながら，就職をして仕事に励み昇進競争をする．こうした社会的地位の獲得競争をしながら人びとは日々の生活を営んでおり，それが社会の活力になっている．

　より良い豊かな生活を求めて，みんな子どもに高い学歴を付けさせようとした．明治以来の日本の近代化の推進役は学歴競争から生み出されたといって過言ではない．

　明治44（1911）年，今日の専門学校・大学レベルの高等教育の学歴所有者は24.5％だった（図表6-2参照）．近代的学校制度が発足してまだ40年も経っていないこの時期の学歴レベルとしては非常に高いといえる．もちろん，下層の小作農の子弟は高等教育を受けるチャンスは極端に少なかったと思われるが，

図表6－2　エリートの高等教育学歴の時代的変化

年　　度	高等教育学歴所有者	非所有者	計
1911（明治44）	24.5	75.5	100
1915（大正4）	25.5	74.5	100
1921（　　10）	21.0	79.0	100
1928（昭和3）	39.0	61.0	100
1934（　　9）	39.5	60.5	100
1941（　　16）	50.3	49.7	100
1948（　　23）	74.0	26.0	100
1953（　　28）	74.0	26.0	100
1957（　　32）	80.5	19.5	100
1964（　　39）	83.0	17.0	100
1973（　　48）	76.5	23.5	100

出典）苅谷・濱名・木村・酒井『教育の社会学』有斐閣，2000年，p.163

勉強のできる子どもを何とか上級学校に進学させ大成させようとする人びとの連帯意識もあった時代である．学歴が成功への王道であることは共通認識になっていた．たとえば，明治時代の偉人野口英世は，会津の貧しい農民出身であり地域の素封家の支援を受けて上京し，たゆまぬ努力を重ねて医者になり，アメリカに渡って細菌学者として大成したが，こうした立身出世の物語は学歴を積むことの大切さを教えてくれる．

　明治11年高等教育の学歴非所有は75.5％あったが，1973年に23.5％まで少なくなり，逆に高等教育の学歴所有者が76.5％と逆転している．社会的成功のために学歴が必要であるという観念は，近代社会において揺るぎない地位を占めていることがわかる．今日，日本社会は高学歴が飽和状態で学歴価値の有用性を実感しにくくなっているが，世界の教育事情を見ると，とくに発展途上国においては，勉強することが貧困から抜け出す唯一のパスポートになっていることは疑う余地がない．国境を越えた留学移動も基本的には高度な学問や経歴を求めての移動であり，学歴価値はグローバルな能力評価の国際基準として機能しており，国際的に重要な仕事に就くチャンスを可能にする．

その意味で学歴競争は最初の地位競争であり，その勝利者が威信のある職業に就き，高収入を得る．学歴競争に負けた人は，卑しい職業に追いやられ，低収入の職業に甘んじることになれば，社会は勝ち組と負け組が学歴によって固定化されることになる．このように学歴，威信，所得が一致することを「地位の一貫性」と呼び，地位一貫性が高く，勝者と敗者が固定化する社会は，非流動的社会ということになる．学歴敗者にとっては希望のない不満の鬱積する不安定な社会になる．その逆に学歴，威信，地位が必ずしも一致せず，交互に入れ替わることを「地位の非一貫性」とよぶが，この場合，社会的地位の勝者と敗者は固定化せず，敗者復活戦が可能な社会になる．学歴敗者もその後の頑張り次第では，高い威信の職業や高収入を得られる職業に就ける希望のある社会になる．

日本は高学歴で威信のある職業に就けるが収入はそれほど高くない人びとと，低学歴でも威信はないが頑張れば高い収入が得られる職業に就く人びとがいて，その結果地位一貫性が高くならず，それゆえに社会の不満が少なく安定した社会であるといわれていた．しかし，今日では，勝ち組と負け組が固定化される傾向が指摘されており，それが「希望格差社会」として問題化される理由でもある．

これまで社会的地位概念で現代社会を捉えると，社会がどのように見えてくるかについて論じてきたが，現代社会の地位連関のあり方が個人の幸・不幸に如何に絡んでいるかがよくわかるだろう．

学歴が社会のシステムに人材を配置する決め手になる社会は，けっして悪い社会ではない．「学歴社会」の負の側面，たとえば高学歴者が高学歴という理由だけで高威信，高収入の地位にとどまり続けられるシステムは望ましいとはいいにくい．しかし，生まれた家柄で社会的地位が決まる社会，つまり社長の息子が社長になるというように，個人の努力とは別の「生得的地位」によって社会的地位が決まる社会より，学歴で社会的地位が決まる社会の方が良いことは確かである．一生懸命勉強して優秀な成績を修めた人が，その努力によって

得た学歴で，社会のなかでより重要な地位に就くことは，誰もが納得するだろうし，とくに問題視することはできない．この学歴は個人の努力による「獲得的地位」だからである．

　個人の努力が評価され，獲得的地位が重視される社会は「業績主義社会」といわれ，反対に個人の努力でなく出身階層や出自が注目され，生得的地位が重視される社会は「属性主義社会」といわれる．

　政治家，企業家，芸能人などに数多く見られるようになった「世襲」「二世」は，獲得的地位より生得的地位を世間が評価する傾向が強まっている現代の雰囲気を示している．近代社会は停滞的な属性主義の身分社会から個人的能力や業績で登用する業績主義社会への転換によって急速な社会発展をとげてきた．したがって，「世襲社会」「二世社会」といわれる社会現象は，有能な人材登用の機会を縮小し，人びとに希望を失わせ，ひいては社会の発展を阻害する現象といわざるを得ない．

　ちなみに，明治初期の啓蒙家である福沢諭吉の『学問のすゝめ』は，〈天は人の上に人を造らず，人の下に人を造らず〉という一文が有名であるが，それに続く文章をご存じだろうか．以下，学問の必要について福沢諭吉は，次のように書いている．

　　「されど今広くこの人間世界を見渡すに，かしこき人あり，おろかなる人あり，貧しきものあり，富めるものあり，貴人もあり，下人もありて，そのありさま雲と泥との相違あるに似たるは何ぞや．…（中略）…人は生まれながらにして貴賤・貧富の別なし．ただ学問を勤めて物事をよく知る物は，貴人となり富人となり，無学なる者は，貧人となり下人となるなり．」(福沢諭吉，伊藤正雄校注『学問のすゝめ』講談社学術文庫　2006：18-19)

　福沢は国際社会のなかで日本・日本人が如何に対処すべきか，学問を通じての文明開化を，「学問のすすめ」を通して啓蒙しているが，これは封建時代の旧習を打破し業績主義的な学問による人材開発で近代社会への速やかな脱皮を

企図したものである．この書の初編は明治5年に発行されているが，当時の時代背景を思うと福沢の「先見の明」に感服する．現在，学ぶことの意味を見失っている学生はこの書を改めて紐解いても役立つだろう．

3 人生劇場と社会的役割

次に，地位とセットで語られる役割の概念について考えてみよう．地位概念が社会構造や社会階層など社会全体の構造との関連で語られることが多いのに，役割はより人間個人に近いところで語られる．地位が社会構造と結びつき，役割が個人のパーソナリティと結びついているという概念的特徴があるからでもある．

ところで役割（role）概念は，日常的にも「あなたの今日の役割は…」といわれるように演劇の役柄を連想させる．語源的には，ラテン語の rotoula から出た言葉といわれ，羊皮紙が破れずにうまく回るようにするために中に入れた丸木が転じて役者の台詞を書いた巻物の意味になり，さらに演じる役柄になったといわれる（岩井，1972：83）．

したがって，われわれは人生劇場において台本のない劇を演じている役者であるといわれるが，まさに，この世に生を受けて人生劇場の舞台に登場し，いずれこの舞台から去る日が来るまで台本のない演技を続けていることになる．たとえば人生劇場のなかで各々の役割，たとえば息子として，学生として，サークルの部員として，時にアルバイト店員として，自分の役回りを演じている役者であるが，時間の経過や場面毎に幕が変りその役回りも変化する．

役割は，パーソナリティという言葉が仮面を現すペルソナ（persona）から来ているように，古代ギリシャ演劇用語に由来する概念であることがわかる．

役割概念を定義するのは難しい．先ほど「地位の動的側面が役割である」というリントンの定義を紹介したが，地位との関連を強調すると，役割行動は自由を失う恐れがある．地位が期待する役割はあくまでも「役割期待」であり，

実際に演ずる役割は「役割行動」である．役割期待と役割行動の間には個人のパーソナリティが深く関与している．したがって，この両面を含めて定義すると，「役割は特定の地位占有者に期待され，学習される行動様式である」ということになる．

役割のこの二面性は，概念上の定義を越えて社会人として生活するうえでいつもジレンマ状態におかれる「役割と自由」に関する哲学的問題になる．R. ダーレンドルフは「ホモソシオロジクス」(Homo Sociologicus)，つまり社会学的人間の問題としてこの問題を論じた．つまり，社会的地位に規定された役割を演ずる人間（＝社会学的人間像），この社会学人間に本当の自由はあるのか？という問題である．それでは社会のシステムのひとつの部品に過ぎなくなり，工場の機械のように期待された役割を果たすだけの人間になってしまい，個人の自由はないのではないかという問いである．

しかし，演劇の例でもわかるが，同じ役柄でも演ずる人によってまったく異なった人物像になる．シェークスピア演劇のロミオとジュリエットは，名優と呼ばれる演技者が演じた場合と素人劇団の演技者ではまったく異なったドラマになるはずである．つまりロミオという役柄が同じであることは，役割期待が普遍的であるということである．しかし，それを演ずる人は個性をもった俳優であり，個人個人異なっている．彼らはそのロミオの役柄を自分流に解釈して表現する．Aという役者とBという役者では，役柄の解釈や捉え方が異なり，彼らの個性が表現されることになる．つまり役割取得には役者の個性や表現が活かされる．これは演劇でなくても同じである．社会学の授業も先生が替われば教え方も変わる．社会学を講ずる役割は同じであるが，先生によって学生に伝えたい中身や伝え方が異なる．役割期待（role experience）はみんな同じでも（＝普遍的），役割取得（role taking）は個々異なる（＝個別的）．社会的役割は社会的期待と個人のパーソナリティが出会う場である．

役割と自由の問題は，「画一的な役割期待を如何に自分らしく味付けして実現するか」という問題として捉え直すことができる．つまり役割を通じての自

己表現，自己実現の問題として捉えると生産的な議論になる．社会生活の場面では，期待された役割遂行と個人の自由な自己実現がどのように可能かということは，社会人としては重要な役割遂行能力の問題となる．ダーレンドルフのホモソシオロジクスは，このように理解すると社会学的人間としての自己実現の問題として捉えられる．

4 社会的地位と社会的役割と自我関与

ところで社会的地位に付随する役割期待は必ずしも一様ではない．大きく3つの役割に分けて捉えることができる．ひとつは「中心的役割」であり，それなくては地位放棄につながる「…しなければならない」役割である．学生なら授業に出席する，勉強をすることである．2つめは「関連的役割」であり，中心的役割に密接に関連する役割であり，「した方がいい」役割であり，学生なら授業に出席するだけでなく予習や復習したり専門書を読むことがそれにあたる．3つめは「周辺的役割」であり，「してもいなくてもいい」役割である．学生なら合コンしたり，アルバイトをすることなどであろう（図表6—3参照）．

中心的役割をしなかったら地位喪失につながるが，関連的役割はもしそれをしなくてもすぐに地位放棄につながることはないので，中心的役割ほど重要ではないといえる．周辺的役割はやってもやらなくても良い役割であり，地位に付随しているが，役割としては取り立てて奨励されない役割である．

図表6—3 社会的役割期待の重層構造

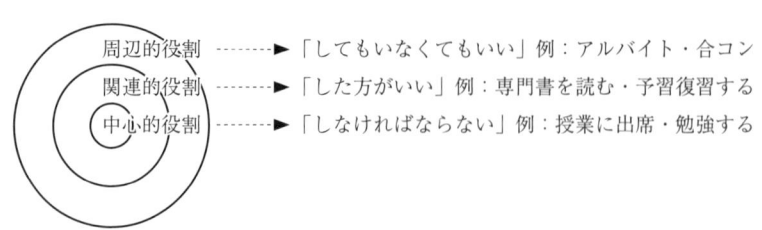

周辺的役割 ┄┄┄▶「してもいなくてもいい」例：アルバイト・合コン
関連的役割 ┄┄┄▶「した方がいい」例：専門書を読む・予習復習する
中心的役割 ┄┄┄▶「しなければならない」例：授業に出席・勉強する

学生を例にしたが，警察，医者，教師，母親などどんな役割にも地位放棄につながる中心的役割があり，それに密接に関連している関連的役割があり，その周辺にやってもやらなくてもよい周辺的役割がある．学生がその中心的役割である勉強しなければ落第したり退学になるが，同様に警察が犯人逮捕をせず逃がしてやることは，警察官としての重大な職務違反になり免職になるだろう．医者が病人の治療をせず放置することも，教師が授業をしないことも，また母親が子どもの養育を放棄することも同じように中心的役割の放棄と見なされ，処罰されたりして地位放棄につながる．関連的役割の遂行は，その地位に関連した役割を積極的に果たそうとしていると見なされ賞賛されるだろう．周辺的役割の遂行に関しては，その行動がとくに賞賛されることもない．

　医者，警察官，教師，母親，そして学生など社会的地位に付随した中心的役割の放棄が顕在化すると社会的に大きな問題になるのが普通である．社会は地位・役割のシステムで成り立っているので，社会的地位の占有者がその中心的役割を放棄すると，社会全体のシステムの維持が脅かされるからである．

　役割を地位との関連で見たが，今度は自我と役割の関係で見ると，図表6―4のように捉えることができる．

　社会的役割は，規定された役割と役割の自由な取得の側面があるが，規定された役割は地位によって期待された側面である．もう一方の役割の自由な取得

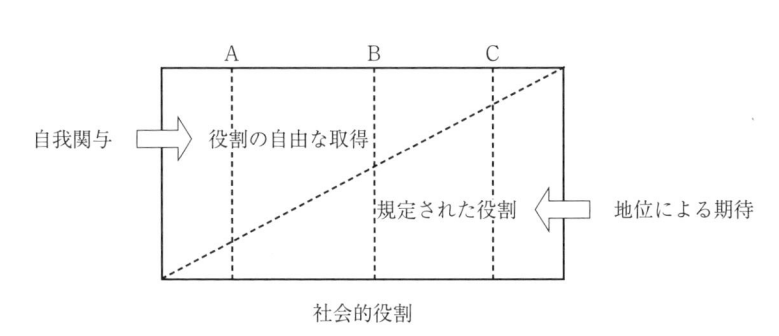

図表6―4　自我関与と役割規定

```
                 A     B     C
         ┌───────┼─────┼─────┼───────┐
         │       :     :     :       │
自我関与 ⇒│ 役割の自由な取得            │
         │       ＼    :     :       │
         │         ＼  :     :       │
         │           ＼:     :       │
         │             ＼    :       │
         │       :     : ＼  :       │
         │       :     :   ＼:       │
         │       :     規定された役割 │⇐ 地位による期待
         │       :     :     : ＼    │
         └───────┴─────┴─────┴───────┘
                    社会的役割
```

は自我が関与することで決まる役割の側面である．具体的な社会的役割はこの規定された役割の大きさと自我関与による自由に解釈できる役割取得の大きさが異なっている．

音楽家・画家などの芸術家の役割，営業マンや販売店員の役割，工場のライン労働者や日雇い労働者の役割を具体的に比較してみよう．芸術家は図表6―4のAに位置する自我関与の領域の大きな役割であり，役割を自由に解釈して遂行できる．反対に工場労働者や日雇い労働者は規定された役割の部分が大きく自由に解釈して遂行できる領域は少ない図のCに位置する．決められた作業をただ遂行するだけかもしれない．営業マンや販売店員の役割は，その間の規定された役割と自由な役割取得が拮抗しているBに位置する役割といっていいかもしれない．

また，会社などで社長や取締役など役職上の上位者は，意志決定に関わる役割で自我関与の度合いが大きいが，末端の工場労働者や派遣社員，アルバイトの役割はこうした自我関与の度合いは少なく，与えられた役割を単に果たすだけという場合が多い．誰でもできる単純作業労働者の役割の多くは，規定された役割であり，個人の能力や資質が大きく影響する芸術家，社長，技術者などの役割は自我関与の大きな役割ということができる．

しかし，いずれの役割にも役割取得の側面があり，この側面でどんな役割もその個人の創意工夫が活かされる余地がある．したがって，役割取得（role taking）は単に機械的な取得でなく役割形成（role making）の側面があることを忘れてはならない．それは工場のライン労働の場合でも同じである．どのように役割取得するかということは，その役割への自我の関わり方を規定する．

5　役割葛藤と役割の安定化

社会的人間を地位と役割，そして期待で表現すると，図表6―5のように図示できる．

図表6－5　社会的人間像（地位・役割・期待の関係）

社会的人間	地位群	役割群	期待の束
	地位1（父親）	役割1（研究者）	期待1（わかる講義）
	地位2（大学教師）	**役割2（講義担当）**	期待2（知識の教授）
	地位3（自治会役員）	役割3（役職）	期待3（公正な評価）

　つまり，ひとりの人間は複数の地位を持ち（これを「地位群」status-sets という），ひとつの地位には多くの役割（これを「役割群」role-sets という）がある．図では大学教師を例にしているが，大学教師という地位には，講義担当者としての役割の他に研究者としての役割があるし，学内の役職に就いて入試担当，学生担当，教学担当などさまざまな役割を果たしている．講義担当者としての役割以外は，学生にはあまり見えない役割である．この講義担当者としての役割には，また多くの期待（これを「期待の束」という）がある．学生はわかりやすい講義を期待し，テストもやさしいことを望む．しかし，大学卒業者に期待する社会は，大学生にしっかりした専門知識を身につけて欲しいと期待し，安易な成績でなく，厳格な成績評価を期待している．

　ところで，こうした地位や役割や期待を通して多くの他者と社会的関係を取り結んでいるのが実際の社会的人間である．したがって，社会的人間像は地位群で示すことができるが，社会的人間が社会関係の総体で成り立っていることも，このような地位役割の概念で捉えると理解できる．

1．役割葛藤

　ところで，こうした社会関係のネットワークの中で日々生活すると，多くの関係から寄せられる期待の狭間にたたされることになる．それが「役割葛藤」（role conflict）である．役割葛藤とは矛盾する期待の狭間にたたされた状態のことをいい，個人が社会的人間関係のなかで出会う多くの問題がこの役割葛藤から分析できる．家庭と仕事の両立問題，重要な会議と恩人の危篤のどちらを優先するかといった問題．学生なら授業への出席と練習試合が重なった場合や授

業とアルバイト先のローテーションの穴埋めを頼まれた場合などの問題がわかりやすい．

役割葛藤はいろいろなレベルで生じる．その第一は「地位間の葛藤」である．地位間の葛藤の代表は，公的会議と私的急用の葛藤，職場と家庭の両立問題，授業（学生）とアルバイト（店員）の両立問題などである．第二は「同一地位内の役割間の葛藤」は，講義担当者，つまり教育者と研究者の葛藤などがそれにあたるが，学生の場合には，講義とサークル活動の試合が重なった場合，ある講義の受講と別の講義のテスト勉強のどちらを優先させるかといった場合がそれにあたる．第三に「同一役割内の異なる期待間の葛藤」もある．大学卒業者にしっかりした知識と厳格な評価を期待する社会と判りやすい易しい授業と甘い評価を期待する学生という異なる期待の狭間に立たされる教師がその例になろう．役割葛藤にはこれらの他もある．第四に「期待される文化的価値の矛盾」が役割に反映される場合である．たとえば，商売上の成功と正直であれという文化的価値の矛盾である．商売上の成功のためにはより多くの商品を売りさばくことが文化的に期待されるが，同時に正直に商売せよという文化的価値への同調期待がある．商売上の成功のためには酸っぱいミカンも「美味しいよ」といわねばならないが，正直であるためには「まずいよ」といわねばならなくなる．

また，第五に「異なる社会集団の文化的価値の矛盾」が役割葛藤になって現れる場合である．いわゆる「マージナルマン」（marginal man）である．マージナルマンとは，複数の文化の狭間に立たされた人間を指している．マージナルマンは具体的には異文化に生きる人びと，移民，留学生，国際結婚の子どもたちなど二文化に生きる人びととの狭間に発生しやすい問題である．アメリカにおける日系移民や日本における在日韓国・朝鮮人は2つの文化の狭間に立たされることが多い．国際的には異文化に生きるユダヤ人がマージナルマンとして語られる．マージナルマンの状態におかれると，精神的不安定になったり，人格の分裂の危機に晒されやすいが，同時にその葛藤を自らの意志で乗り越える時

には人格的成長に資する．困難が多く人格の統合の危機に晒されるだけにそれを乗り越えた時には大きな成長に役立つ．ユダヤ人に有能な学者や芸術家が多いのも彼らがマージナルマンだったからだといわれる．

2．役割安定化のための戦略～われわれはどうやって役割葛藤を克服しているか～

　われわれは，多くの社会関係を取り結び，そのため多くの他者の矛盾する期待の狭間での葛藤が予測される状態にある．しかし，たいていの場合，そうした社会的役割を比較的安定して取り結んでいるように見える．ではこうした社会関係の安定化はいかにして可能になるのか．そのためにはどんな戦略を用いているのか，以下6つの戦略を指摘しておこう．

　第一は「期待の程度の差」である．他者の自分への期待には程度差があり，矛盾する期待の狭間に立たされることがあっても，比較的簡単に優先順位を付けることができる．アルバイト先の頼みより授業の方が大切だという判断は健全なものである．時々その期待の程度差を読み違えて授業単位を落としてしまう学生もいるが…．第二は「勢力配分の差」というものがある．上司の残業期待と遊び仲間の飲み会の約束は，上司の残業期待の勢力の方が大きいので，飲み会の約束は次回廻しということになろう．第三は「可視性の差」を利用した戦略を行使することがある．たとえば，約束時間に遅れそうな時，制限速度をオーバーしても約束時間に間に合わせようとする場合である．けっして望ましいことではないが，警察の取締りがない，つまり速度オーバーが見つからないと予想される時にこんな戦略を用いることがある．第四は「多元的無知の顕在化」という戦略をとることもある．上司の要求と部下の不満の間に立たされる中間管理職の課長は，上司の部長と部下の課員を直接話し合わせ，上司が要求する仕事の重大さへの認識と部下の疲労度を上司に直接知らしめることで，中間管理職の課長の立場を理解させる戦略などがこれにあたる．第五は「同一地位占有者の共有」である．つまり，同じような問題を抱えた仲間があつまり，

問題を共有することで自分だけの問題ではないことを悟り，ともに力を合わせて解決の道を開くことができる．労働組合や産業組合などの結成はこうした戦略であるし，薬害被害者が団結して政府に問題解決を訴えるのもこうした戦略である．第六は「役割群の縮小」である．この戦略は最終的な方法である．矛盾する一方の期待を消去することでこの矛盾を解決する方法である．育児と仕事の期待の狭間に立たされた人が，仕事を辞めて育児に専念する場合などがこれに当たる．試験が近づいて勉強に専念するために，アルバイトを辞める場合もこれにあたる．

　こうして考えると，われわれは無意識のうちに，役割葛藤を解決するための戦略として使っていることがわかる．自分たちの身近な例を挙げて考えてみてはどうだろうか．

コラム6：自分らしい役割実現のために

　「役割」は人気がない．自由に振る舞えず，規定された役割を演ずるだけの機械的人間像を思い浮かべるからである．しかし，役割はそんなものなのだろうか．人間の本質は「社会関係の総体」（マルクス）であることを考えると，社会関係を離れて人間は生きていけない．社会のなかで如何に自己実現するか，つまり社会のなかでいかに自分らしく生きるか，社会から逃げるのでなく正面から社会に対峙することを通してしか社会的人間としての自己実現はないと考えると，役割とどう対峙するかというテーマは大切である．具体的に如何なる役割を如何に取得するか，そして如何に演ずるか．自分らしい役割取得のためには他者と交渉して役割を獲得しなければならない．つまり「役割交渉能力」である．さらに役割取得してもその役割の遂行能力が必要である．自分らしい「役割遂行能力」は単なる役割取得でなくオリジナルな「役割形成」でもある．自分らしい創造的役割形成は自己実現に資する．それが自分に相応しい「地位形成」につながる．社会的役割の実現に果敢に取り組む積極性は自己実現に資する．社会のなかで役割実現して自分らしい自分に自己成形すること．それを可能にするには，まず役割遂行能力の育成が必要である．それが大学時代であることも心しておこう．

第6章のまとめ

1　社会学の基礎概念「地位と役割」

①社会構造の基礎単位，②個人と社会の媒介概念，「地位は相互作用上の位置，役割は地位の動的側面」（リントン）と2つの地位概念：①「相互作用上の位置（position）」②「ランク（rank）としての地位」

ランクとしての地位3種類〈特定の基準にもとづく相対的評価〉「主観的地位」「客観的地位」「認定的地位」．「一億総中流化」「下流社会」「希望格差社会」「格差社会」〈平等神話の崩壊〉．「地位の一貫性」「生得的地位と獲得的地位」「業績主義社会と属性主義社会」「世襲社会」「二世社会」

2　人生劇場と社会的役割

役割（role）の語源的意味〈役者の台詞を書いた巻物〉．単なる比喩以上に演劇的意味〈人生劇場で台本のない役割を演ずる人間〉．

「役割は特定の地位占有者に期待され，学習される行動様式である」．役割と自由：「ホモソシオロジクス」（規定された役割を演ずる人間＝社会学的人間），役割は社会期待と個人パーソナリティが出会う場：役割期待（普遍的），役割取得（個別的）．

3　役割・自我関与・役割葛藤

役割期待の重層構造「中心的役割」「関連的役割」「周辺的役割」．自我関与と役割規定：自我関与が大きい役割と自我関与の小さい役割．社会的人間＝「地位群」，地位＝「役割群」，役割＝「期待の束」．役割葛藤：「矛盾する期待の狭間にたたされた状態」．役割葛藤の種類①「地位間の葛藤」，②「同一地位内の役割間の葛藤」，③「同一役割内の異なる期待間の葛藤」，④「期待される文化的価値の矛盾」，⑤「異なる社会集団の文化的価値の矛盾」（マージナルマン）．役割安定化のメカニズム：①「期待の程度の差」，②「勢力配分の差」，③「勢力配分の差」，④「多元的無知の顕在化」，⑤「同一地位占有者の共有」，⑥「役割群の縮小」．

《読書案内》
1）三浦展『下流社会―新たな階層集団の出現―』光文社新書　2005 年
　　三浦の著作で中流崩壊の先にある格差社会を表現する言葉として定着した下流社会．彼のいう「下流」とは，人生への意欲の低い人たちを指しており，その結果所得が上がらず，負け組になる人たちである．自らの人生の行く末を考える糧にして自らの戒めにしてみるのもよい．
2）山田昌弘『希望格差社会―「負け組」の絶望感が日本を引き裂く―』筑摩書房　2004 年
　　「勝ち組」と「負け組」の格差を描く本書も三浦展『下流社会』と同じ系列の本であるが，将来に希望がもてる人と，将来に絶望している人の分裂を「希望」の格差として論じる．本書は，職業，家庭，教育の不安定化をリスク社会として捉え，リスクの個人化，普遍化として二極化する社会を分析する．

《参考文献》
富永健一・塩原勉『社会学原論』（社会学セミナー 1）有斐閣　1975 年
直井優・盛山和夫『現代日本の階層構造 ① 社会階層の構造と過程』東大出版会　1990 年　pp.151-167
岩井弘融『社会学原論』弘文堂　1972 年
佐藤俊樹『不平等社会日本』中公新書　2000 年
三浦展『下流社会―新たな階層集団の出現―』光文社新書　2005 年
山田昌弘『希望格差社会』筑摩書房　2004 年
階層社会研究委員会『図解下流時代を生きる！』ゴマブックス　2006 年
本田由紀『若者の労働と生活世界―彼らはどんな現実を生きているか―』大月書店　2007 年
ニューカム, T. M.（森東吾・萬成博訳）『社会心理学』培風館
ダーレンドルフ, R.（橋本和幸訳）『ホモ・ソシオロジクス』ミネルヴァ書房　1956 年
今田高俊・友枝俊雄『社会学の基礎』有斐閣　1991 年

第7章
価値と文化

　社会学に限らず，哲学，文化人類学，宗教学などさまざまな学問分野において研究対象とされている「文化（culture）」は，社会学固有の研究対象である「社会」と同様に，簡単には定義することのできない概念である．この章ではまず社会学の分野で展開された古典的な文化論，価値や規範をめぐる議論について簡単に説明する．その次に〈文化〉の概念と深い関係にある「知識の社会学」について触れてみる．そして最後に，文化をめぐる比較的新しい議論である「文化資本」と「カルチュラル・スタディーズ」を取り上げて紹介する．この章の学習を通じて，文化とは何であるのかについて自分なりの答えを導き出してほしい．

1　社会学における文化の理解

1．古典的な文化論

　社会学における文化の古典的な理論として，まずサムナー（Sumner, W. G.）の「フォークウェイズ（folkways）とモーレス（mores）」がある．サムナーは社会規範（社会規範については後述する）をフォークウェイズとモーレスに分類している．フォークウェイズとは，人びとが社会生活を営むなかで自然に，無

意識的に生み出した共通の行動様式である．たとえば，裸でいることになんとなく羞恥心を感じた誰かが衣服を身につけると，皆がそれを真似し始めて，着衣がその社会のメンバーの習慣となる．それがフォークウェイズである．そのようなフォークウェイズのなかには，世代から世代へと伝えられることで，社会の平穏にとって「正当なもの」であるという信念が加味されるに至ったものがあるだろう．たとえば，どんなに暑かろうと葬式のような公的な場では上着を身につけていなければならない，それが社会人の遵守すべき正しい行動であるというようなドレスコードがわれわれの社会にはある．そのようなレベルに達した行動の基準をサムナーはモーレスとよんだ．以上のサムナーの見解は，社会のメンバーが同調することを要求される行動の基準として文化を理解することであるといえよう．

　これに対して文化人類学者であるベネディクト（Benedict, R. F）は，文化を諸要素が一定の目的の下に統合されたパターンとして把握しようとする，いわゆる「文化の型（pattern of culture）」理論を展開している．この「文化の型」という観点から日本文化を把握しようと努めたのが，あまりにも有名な著書『菊と刀』である．西洋のキリスト教文化は内面の良心を重んじ，たとえ犯した罪を他者に知られることがなくても自らは罪の意識に苛まれ，かつ善行は内面的な自覚に基づいて行われる「罪の文化（guilt culture）」であるという．これに対し，日本文化は世評や他者の嘲笑など外面的な強制力によってのみ善行がなされる「恥の文化（shame culture）」であるとベネディクトは指摘している．「文化の型」理論のような，文化をひとつの社会のなかにみられる首尾一貫した思想や行動のパターンとして理解する文化の一元的な捉え方は，現在ではその有効性を失っているといえるが，『菊と刀』は中根千枝『タテ社会の人間関係』や土居健郎『甘えの構造』などその後に続くいわゆる「日本人論」の嚆矢となる研究として評価されている．

　また，オグバーン（Ogburn, W. F.）は「文化遅滞（cultural lag）」とよばれる文化変動論を唱えるが，そのなかで文化を道具・機械・交通通信手段・建造物

などの物質的文化と，価値規範・言語・社会制度などの非物質的文化に区別している．オグバーンによれば，文化変動は発明・蓄積・伝播・適応の四つの要因によって生じるが，物質文化においては発明や知識・技術の蓄積が非物質文化よりも容易に起こりやすい．そして，物質文化の進歩の速度が非物質文化よりも速いために，両者の間に不調整現象が生じてしまうのである．たとえば，インターネット環境（物質文化）は世界中に急速に普及し，それは顧客情報の漏洩や，フィッシングなどの詐欺行為，闇サイトや出会い系サイトを契機として生み出される犯罪，学校裏サイトへの書き込みを原因とするいじめや自殺等さまざまな社会問題を出現させたが，インターネットを利用する人びとのモラルの醸成やそれを規制するための法律の整備（非物質文化）は立ち遅れているといえる．これがオグバーンのいう「文化遅滞」なのである．

2．価値と規範

　価値（value）が社会学において問題となるのは，それが行為する主体（個人であれ集団であれ）の行為選択の基準とかかわり，行為を方向づけるからである．価値は「行為主体の欲求を満たし，その志向の対象となる客体の性能ないし属性」と定義されるが，作田啓一は価値についてもう少し丁寧な説明をしている．

　　…主体がなんらかの選択基準に従って目標を選び取る場合，主体と客体（目標）のあいだに特定の限定的な関係が生じたと言える．主体は他の可能な目標（欲求を満たしうる対象）を排除して特定の目標と結びつくからである．排除は他の対象による満足の可能性の放棄である点で主体にとって犠牲（コスト）を意味する．このコストを支払ったので，目標は主体にとって特別の意味をもつもの，高価な（valuable）ものとなる．そこで，欲求を満たしうる対象一般ではなく，その中にあって他を排除して選ばれた特定の目標を価値（value）と呼ぶことにしたい（作田，1993）．

　すなわち，行為主体にとっての欲求の対象（あるいは欲求の対象の性能）がそ

のまま価値とよばれるのではなく，欲求を満たしうる他の対象を排除して選択された目標であるがゆえに価値とよばれるのである．大学に合格することはそれだけでは「価値」にはならない．友だちと好きなだけ遊ぶこと，交際している異性とできるだけ長い時間を過ごすこと，甲子園出場をめざして野球の練習に打ち込むこと，一日中ギターを弾くこと，受験勉強のためにそのような高校生にとっての他の満足の可能性を断念する（コストを支払う）からこそ，大学に合格することには価値があるのだといえる．

　他を排除して選ばれた目標が価値であるのに対して，目標を選び出した選択基準のことを作田は価値観とよぶ．大学に合格することを目標として選んだ高校生は恋愛や部活，趣味といった他の目標を犠牲にしたのであるが，別の高校生は甲子園出場をめざして大学合格という目標を断念するかもしれない．何を選択して何を断念するかという選択基準，すなわち価値観は人によって異なるのである．価値観に代表されるような行為主体が抱く価値判断の総体は，客体の性能である価値と区別して価値意識（value consciousness）とよばれている．

　価値が「望ましさ」についての志向とかかわる概念であるのに対して，規範（norm）とは，社会の大部分のメンバーによって望ましいものとして規定されており，望ましいとされるがゆえにそれに同調することが要求される行動の基準，ルールを意味する概念である．社会のメンバーは規範を遵守するよう，常に他のメンバーによって行動を統制されている．たとえば，「他人のものを盗むな」という規範が犯された場合，規範を犯したその人は，司法制度による刑罰を受け，家族や友人など身近な人びとからは厳しく非難されることだろう．また，「人命を尊重すべし」という規範を遵守し，わが身の危険を顧みず，線路に落ちた子どもを救出したサラリーマンは，周囲にいた人たちから賞賛されるだろうし，警察などの公的機関から表彰されることになるかもしれない．ある人の行動に対して他者が下す評価的な反応のことをサンクション（sanction）というが，サンクションには望ましい行動に対する肯定的な評価である「正のサンクション」（賞賛や表彰）と，望ましくない行動に対する否定的な評価であ

る「負のサンクション」(刑罰,非難)がある.また,国家から表彰される,あるいは刑罰を受けるといったようなフォーマルなサンクションもあれば,友だちや周囲にいた人たちから賞賛される,非難されるといったインフォーマルなサンクションもある.

先述したサムナーのフォークウェイズ／モーレスも規範の分類のひとつであるが,一般的に規範は慣習,道徳,法に分類される.慣習 (custom) は人びとの社会生活のなかから生まれ,伝統のなかで標準となった行動様式である(サムナーのフォークウェイズにほぼ等しい).慣習に価値的な意味が加味され,われわれの善悪の判断基準となるものが道徳 (moral) である.また,法 (law, ただしここでは成文法のこと) は,慣習や道徳が客観化され(たとえば法律として成文化され),国家権力によって保障され,それを犯す者に対しては強制力が行使される規範のことである.

3. 知識の社会学

〈文化〉とは比較的新しい概念であり,19世紀末から20世紀初頭にかけて「知性の陶冶」や,知的,芸術活動の実践をあらわす抽象名詞(そしてもうひとつにはある集団の特定の生活様式をあらわす概念)として確立したという(吉見,2000).社会学には「知識の社会学」というジャンルがある.文化という概念が人間の知識を意味するものとして始まったのだとするならば,ここで「知識の社会学」に触れておくことは必ずしも道草にはならないだろう.

マルクス主義に従えば,ある社会の知識や芸術のあり方は,その社会の生産のための諸関係(土台,下部構造)によって決定されるという.たとえば,生産手段を所有している資本家階級の信念や意見は,労働者階級に対する支配や搾取を正当化し,隠蔽するように体系化されているというのがマルクス (Marx, K.) の主張である.資本家たる経営者は,自身の経営する会社で働く労働者の視点で社会保障制度を発想したり,その必要性を主張したりはしないのである.このように,ある歴史的・社会的条件の下で生活している人間が,その経

済的な基盤の上に体系化されたすべての意識形態をイデオロギーという(ただしマルクスのいうイデオロギーは,特定の階級と結びついている非現実的な「虚偽意識」と重複しており,狭義のイデオロギーである).

このマルクスのアイディアを受け継ぎ,M. シェーラーとともに「知識社会学」の創設者となったのが,マンハイム (Mannheim, K.) である.マンハイムは,人間のあらゆる知識が,その人の置かれている社会的な位置によって制約されざるをえないことを「存在被拘束性」とよんだ.マンハイムのイデオロギー論の最大の特徴は,マルクス主義が「人間の社会的存在がその意識を規定する」という存在被拘束性の命題を自らに適用しようとしない「特殊的イデオロギー」であるのに対して,自身もまた社会的制約の下に置かれていることを認め,自分自身の立場を反省的に問う点であろう.

マンハイムの研究対象とする知識が知識人たちによる理論的な知識であったのに対して,バーガー (Berger, P.) とルックマン (Luckmann, T.) は,社会の普通のメンバーがもっている日常知(常識)を関心の対象とする.バーガーとルックマンは日常知がどのようにして作り出されるのか(「現実の社会的構成」)を,「外在化」「内在化」「客体化」という3つの契機からなる弁証法的な過程として説明している.「外在化 (externalization)」とは,人間の内的な世界が外的世界に投影されて形をなすことである.たとえば,「牛」や「空」,「愛」といった言葉は人間によって切り取られ,創造された概念であるといえる.「客体化 (objectivization)」とは,外在化された現実,たとえば人間によって創造された「牛」や「空」といった概念が,人間にとって強制力をもつ客観的事実として立ち現れるようになることを意味する.一度「牛」という言語が制度化されれば,われわれはその動物を「牛」以外の言葉で呼べなくなってしまうのである.そして「内在化 (internalization)」とは,客体化した現実を自分の内的世界に取り込み自分のものとすることをいう.われわれは日本語の体系という制度にしたがって発想し,記述せざるをえないのである.このバーガーとルックマンの「現実社会の構成」という議論は,「社会構成主義 (social constructionism)」の源流として評価されている (Berger, 1977).

　以上，社会学の伝統のなかで展開されてきた主要な文化論を簡単に解説してみたが，とりわけ古典的な文化論や規範論においては，ひとつの社会のなかに，支配的な価値にもとづいたひとつの正当的な文化が想定されていることがわかる．しかし，文化とはそのように一元的なものなのであろうか？

2　文化資本

　文化には社会を統合する力がある．たとえば，明治政府は沖縄に対して，政治や経済の面では従来の土地制度，租税制度，地方制度をそのまま残す「旧慣温存策」をとったが，文化面においては県民に対する風俗改良と標準語の励行を主に教育制度を通じて徹底させた．言語の取得や同じ文化の享受を通じて異質な人びとをひとつにまとめようとする発想のあらわれであろう．しかし，文化はそのように人びとを統合する一方で，人びとの差異化を促進する働きもする．

　われわれの文化的嗜好は多様である．音楽でいうならクラシック音楽を好む人がいれば，ロック愛好家もいるし，演歌好きもいる．しかし，一人ひとりの文化的嗜好をもっと詳細に観察してみると，そのなかに何らかの一貫性が見いだせることだろう．たとえば，友人のクラシック音楽の愛好家は，オペラ観賞を趣味としており，古典文学を好む．あるいはまた別の友人は，スポーツ観戦と大衆小説とハリウッド映画をこよなく愛するといったように，文化的嗜好は個人のなかである程度一貫しているように思える．また，ある人の文化的嗜好は，多かれ少なかれその人の出身階層と関連しているようにもみえる（友人のクラシック音楽愛好家たちはかなり高い確率でいわゆる「裕福な家庭」に生まれている）．

　ブルデュー（Bourdieu, P.）は，「文化的再生産（cultural reproduction）」という観点から，職業や社会階層の再生産を説明している．ヨーロッパでは，一般に

労働者階級がサッカーを観戦しロック音楽を聴く一方で，上流階層は古典文学を愛好しクラシック音楽を鑑賞するというように，社会階層によって文化的な嗜好が異なっている．ブルデューは，人びとが無意識に親から受け継いでいる慣習・趣向のあり方（文化的な嗜好だけでなく，本人にとっては無意識的な言葉の使い方やものの見方などもこのなかに含まれる）をハビトゥス（habitus）とよぶ．

ブルデューはまた，家庭環境や学校教育などを通じて個人に蓄積され，ある特定の「場（champ）」において有利に働くような有形（書物や絵画など）・無形（学歴や教養，感性など）の領有物を「文化資本（cultural capital）」とよぶ．文化が資本であるのは，ある文化資本が他の文化資本を「増殖」させるから，または文化資本の多寡が経済資本の多寡と相関を示すからである．わかりやすくいえば，職業的あるいは金銭的な成功をおさめるためには学力・学歴といった学校での成功が不可欠となるが，学校で教育されるのは古典文学やクラシック音楽であり，また学力の形成に必要なのは学校的な権威への順応である．すなわち，上流階層のハビトゥス（古典文学全集やピアノ，両親の趣味や教養，勤勉な態度）が文化資本として機能するので，その階層に属する子弟の方が学校の選抜制度において有利な立場にあり，結局はその勝者となって社会における支配的な立場につく．その一方で，そのハビトゥスをもたない中流以下の階層は学校での，あるいは職業的な成功にハンディを背負わされていて，その階層の子弟が成功するためには，上流階層の文化ないしはハビトゥスへの同化が必要になる．文化はそのようにして人びとを差別化・差異化するのである（Bourdieu, 1990）．

3　カルチュラル・スタディーズ

これまで社会学が「文化」を正面から扱いきれなかったのにはいくつかの理由があるように思える．たとえば，社会学は「文化」をその射程に収めることについて，マルクス主義から大きな影響を受けてきた．ところが，とりわけ伝

統的マルクス主義では「文化」を経済に従属的な表層とみなすきらいがあり（上で述べた「知識の社会学」マルクス主義を参照），その見解に従うならば，「文化は経済的・産業的基盤の生産物にすぎない」のである．しかし，文化資本を説明する際に確認したように，文化は権力を作動させることで社会のメンバーに統合を強制したり，資本としてメンバーの差異化・差別化を促進したりする．その意味で，文化は政治性を帯び経済と密接に関係しているのである．文化をそのようなものとして，吉見俊哉の言葉を借りるなら「歴史理解の不可欠の次元として文化に注目するだけでなく，そうした文化という次元自体の存立機制，つまりそれが一定の言説と権力のマテリアルなフォーメーションとして成立し，再生産され」るものとして問題化する一連の研究がカルチュラル・スタディーズ（cultural studies）である（吉見，2000）．

　カルチュラル・スタディーズは，アメリカの消費資本主義の流入が労働者階級の文化を大きく変貌させ，移民の増加による文化葛藤が顕著になった1960〜1970年代の英国で立ち上がった．その中心となったバーミンガム大学現代文化研究センター（CCCS）は，もともと文学研究の方法論を大衆文化の領域にまで広げることを目的として設立された英文学部の付属施設であったが，やがて社会学やマス・コミュニケーション研究，マルクス主義政治経済学などを巻き込み，文学からテレビ，映画，ポピュラー音楽といった大衆文化の「テクスト」（分析の対象物や場）を精密に〈読む〉こと，そしてテクストを成り立たせているコンテクストを分析することを通じて，文化実践における政治性をとらえようとする研究へ自らをシフトさせていった．

　カルチュラル・スタディーズを代表する研究のひとつに，ヘブディジ（Hebdige, D.）の『サブカルチャー』がある．『サブカルチャー』では，パンクやモッズ，スキンヘッド，テディボーイといった1960〜70年代の英国における若者のサブカルチャー（subculture）が紹介されるが，ヘブディジはそれらのスタイルを支配的な文化に対する抵抗の記号として読解する．サブカルチャーはモノやありきたりの記号を人類学でいう「ブリコラージュ」によって別の新

しい文脈に移植し，本来の意味を破壊するのだという．たとえば，パンクのスタイルにおける水洗便所のチェーンや安全ピン，マスクの流用は，既存の決まりごとに対する破壊的な断絶を表現するものである（Hebdige, 1986）．再び吉見の言葉を借りるなら，カルチュラル・スタディーズとは，「支配的な文化の周縁部や裂け目に異化や転覆，オルタナティブな歴史の可能性を探っている」研究なのである．オルタナティブな歴史の可能性を探るという特徴は，カルチュラル・スタディーズが従来のマス・コミュニケーション研究においてはもっぱら「受け手」として位置づけられてきたオーディエンスの〈読み〉の多声性（polysemy）に注目する点にもうかがえる．

英国カルチュラル・スタディーズの象徴ともいえるホール（Hall, S.）は，コミュニケーションにおける「エンコーディング／デコーディング（Encoding and Decoding）」モデルを提示する．ホールはどんなコミュニケーションも自然なものはないと主張する．メッセージは送信される前に送り手のイデオロギーや知識，オーディエンスの想定などによって構築（エンコーディング）されるが，送信されたメッセージは送り手が構築したように受信されるとは限らず，受け手＝オーディエンスによって，ある程度自律的に〈読まれ〉理解される（デコーディング）のである．ホールは，このオーディエンスの〈読み〉，つまりデコーディングがエンコーディングからどれだけ自律的であるかは，彼が社会のなかでどのような位置を占めているかによって変わってくる（ホールはデコーディングにおける読み手の位置を，「支配的＝ヘゲモニックな位置」，「折衝的＝ネゴシエーティブな位置」，「対抗的な位置」の3つに区分している）と主張するのである（Turner, 1999；吉見，2000）．

―――― コラム7：マクドナルド化 ――――

　エスニックな文化，地域文化，階級文化などにみられるように，文化は多様性に富んでいるが，その一方で，現在世界を一色に塗りつぶしつつある強力な文化も存在している．それはマクドナルドに代表されるようなファス

ト・フードレストランの諸原理である．G. リッツァは，作業工程の簡素化や商品の単純化などの「効率性」，質より量の重視や正確さの重視といった「計算可能性」，舞台の複製（マクドナルドの店舗は世界中どこでも同じ外観である）やマニュアルどおりの接客にみられるような「予測可能性」，生産工程や客へのコントロール強化である「技術による制御」などの諸原理が，アメリカ社会のみならず，世界の国々の多くの部門で優勢になっていくことを「マクドナルド化（McDonaldization）」とよんだ．マクドナルド化はファスト・フードの世界を超えて学校，病院，マスコミといったあらゆる生活領域に拡大浸透しているとリッツァはいう．そして，マクドナルド化がもたらす否定的な側面，非効率性や脱人間化を「合理性の非合理性」と名づけてマクドナルド化に警鐘を鳴らすのである（Ritzer, 1996）．

現代日本においてもマクドナルドやケンタッキー・フライドチキンなどアメリカ生まれの食文化であるファスト・フードは広く浸透し，この国の食生活を大きく変えつつある．そのように特定の国の文化が世界中に普及し，進出した国々の文化や生活様式を支配してしまうことを「文化帝国主義（cultural imperialism）」という．

第7章のまとめ

1 古典的な文化論

価値（value）は，欲求を満たしうる他の対象を排除して選択された目標のことである．価値が社会学において問題となるのは，それが行為する主体（個人であれ集団であれ）の行為選択の基準とかかわり，行為を方向づけるからである．価値が望ましさの志向にかかわる概念であるのに対し，規範とは望ましいとされるがゆえに同調することが要求される行動の基準のことであり，慣習や道徳，法などがある．サムナーは社会規範を，人びとが無意識的に生み出した行動の様式であるフォークウェイズとフォークウェイズに正当性が加わったモーレスに区分している．ベネディクトは文化を統合的なパターンとして把握しようとする「文化の型」理論を展開し，日本文化を「恥の文化」として位置づけた．また，オグバーンは物質文化の進歩の速度が非物質文化のそれよりも速

いために，両者の間に不調整現象が生じてしまうことを「文化遅滞」とよんだ．マンハイムは人間のあらゆる知識がその人の社会的な立場に制約されざるをえないことを「存在被拘束性」とよび，知識社会学の源流となった．

2　文化資本

文化は人々を統合する機能をもつが，その一方で人びとを差異化・差別化する機能も果たす．上流階層のハビトゥスが文化資本として機能し，職業や階層を再生産するという P. ブルデューの「文化的再生産」理論は，われわれにあらためて文化のもつ差異性を認識させるのと同時に，文化の「資本」としての意義を浮上させるものであるといえる．

3　カルチュラル・スタディーズ

「普通の人々が日常のなかで何気なく営んでいる文化的諸実践についてのある種の政治学／詩学（吉見俊哉）」であるカルチュラル・スタディーズは，アメリカ消費資本主義や移民の流入により文化葛藤が顕著になった1960〜1970年代の英国で創始された．文化の理解をその解釈や批評にとどめず，権力が作動し言説が交錯する中で不断に再構成される文化実践における政治性をとらえようとするカルチュラル・スタディーズはまた，オルタナティブな歴史の可能性を探る研究であるともいえる．

《読書案内》

1) ブルデュー，P.（石井洋二郎訳）『ディスタンクシオンⅠ・Ⅱ』藤原書店 1990年

「階級」を生産，再生産するのは「文化資本」であり，上流階級（支配階級）のハビトゥスこそが文化資本として機能するのだとするブルデューの主著．私自身クラシック音楽やオペラを楽しいと思わないが，それは私が上流階級のハビトゥスを所有していないし，またそれに同化しようという意図もない証拠なのだろうか．階級と文化との関係をあらためて考えてみるきっかけとなる一冊である．

2) リッツァ，G.（正岡寛司監訳）『マクドナルド化する社会』早稲田大学出版部 1999年

マクドナルドおよびそれを動かしている原理は，世界のあらゆる場所に浸透しつ

つある．テイラー・システムやフォーディズムといったアメリカ的合理性の究極形ともいえるファスト・フードレストランの諸原理は，人間を幸福に導くのだろうか．それとも，M. ウェーバーの予言したように，われわれの人間性を否定し，合理性の「鉄の檻」のなかに押しこめてしまうのだろうか．考えさせられる一冊である．

3) 吉見俊哉『カルチュラル・スタディーズ』岩波書店 2000 年

カルチュラル・スタディーズは比較的新しい研究領域である．また，ターナーによればこの分野内に正統的言説はなく，多くの研究者が理論上の正統的言説を確立することに抵抗を示しているという (Turner, 1996)．要するに，「カル・スタ」と呼称されるこの分野の定義はきわめて難しいのである．日本への「カル・スタ」の紹介者のひとりである吉見の手による本書は，狭義の（つまり英国の）「カル・スタ」の系譜をそれこそ系統立てて，しかもわかりやすく説明しているだけでなく，なぜ「文化」が問題化されたのかという問いに対しても丁寧な解説がされてある．「カル・スタ」に興味がある人もない人もぜひ一読してもらいたい良書である．

4) 多田治『沖縄イメージの誕生』東洋経済新報社 2004 年；『沖縄イメージを旅する』中央公論新社（中公新書ラクレ） 2008 年

日本におけるカルチュラル・スタディーズの応用的な研究例として多田治の『沖縄イメージの誕生』（2004 年）や『沖縄イメージを旅する』（2008 年）がある．前者では，沖縄の日本復帰を記念するイベントであった沖縄・海洋博とは何であったのか，また，海洋博を通じて，けっして昔からあったわけでない〈青い海〉〈南の亜熱帯〉といった観光リゾートとしての沖縄イメージがどう定着していったのかが詳細に分析されている．また，後者では〈ツーリスト〉の沖縄への視線の変化を戦前から現在までの長いスパンで捉えるのと同時に，リゾートと基地という沖縄の二重の現実が論じられている．

《参考文献》

Berger, P. L. & T. Luckman（山口節郎訳）『日常世界の構成：アイデンティティと社会の弁証法』 1977 年
Bourdieu, P.（石井洋二郎訳）『ディスタンクシオン I・II』藤原書店 1990 年
Hebdige, D.（山口淑子訳）『サブカルチャー――スタイルの意味するもの――』未来社 1986 年
Ritzer, G.（正岡寛司監訳）『マクドナルド化する社会』早稲田大学出版部 1996 年
作田啓一『生成の社会学をめざして――価値観と性格――』有斐閣 1993 年
Turner, G.（溝上他訳）『カルチュラル・スタディーズ入門――理論と英国での発展――』作品社 1999 年
吉見俊哉『カルチュラル・スタディーズ』岩波書店 2000 年

第8章
集団と組織

1　集団，組織とは

　社会とは，人と人とのつながりや人びとの集まりから成立している．集団は，人びとの集まりである．この人びとの集まりには，① コンサート会場に集まった人びと，② 家族や仲良しグループ，③ 会社や学校の人びとの集まり，④ 若者，男性，女性などの人びとの集まり等がある．しかし，これらのすべてが集団という概念に含まれるわけではない．

　社会学では，① 相互作用，② 共同関心，③ 規範（ルール），④ われわれ感情等が存在する人の集まりを集団という．

　上記の「コンサート会場に集まった人びと」には，① 相互作用，③ 規範的規制，④ われわれ感情等が欠けており，集団とはいえない．これは，未組織集団である．

　「若者，男性，女性」には，職業別，性別，年代などの一定の客観的属性をもっているが，① 相互作用，② 共同関心，③ 規範的規制，④ われわれ感情等が欠けており，集団とはいえない．これは，統計的集団または，社会的部類である．

　また，組織とは，集団のなかで，目標を達成するための分業的協調行動，協

働が存在するフォーマルな人の集まりである．具体的には，企業，軍隊，行政機関，政党，労働組合などがこれにあたる．欧米における前近代社会から近代社会への変化のなかで組織への関心が高まっていった．

ここでは，以上のような集団・組織の特性，組織の現代的変化に関する問題関心を念頭におきながら，集団・組織の社会学説について説明する．

2 未組織集団

未組織集団は，前節で説明した，① 相互作用，② 共同関心，③ 規範（ルール），④ われわれ感情等の何らかの集団の特性を欠いた人びとの集まりで，群衆，公衆，大衆などがある．

群衆（crowd）は，フランスの社会心理学者ル・ボン（Bon, L., 1841-1931）によって提示された概念である．19世紀末の産業化・近代化に伴う大きな社会変動における勤労者の台頭に注目した．そして勤労者＝群衆の破壊的エネルギーに注目し，近代社会を「群衆の時代」と特徴づけた．

群衆とは，コンサート会場の聴衆，野球場の観衆等の共通の関心・目的をもったさまざまな人びとの一時的・直接的な人びとの集まりである．しかし，群衆がとくに注目されるのは，何らかの事件をきっかけにして集まった暴徒による暴動，無思慮で破壊的行動を行ったときである．

フランス革命の発端となったパリ民衆によるバスティーユ牢獄の襲撃は，群衆による暴動の古典的具体例である．また，サッカーのフーリガンのように酔っぱらったファンが試合場やその周辺に現われて暴徒となって無思慮で破壊的行動を行うのは，現代的群衆の具体例である．

公衆（public）は，フランスの社会心理学者 G. タルド（Tarde, G., 1843-1904）によって古典的定義が提示された．タルドは，公衆をジャーナリズムの発展とともに成立し，新聞，雑誌，テレビなどマス・メディアのもたらす共通関心によって結びつけられるものとした．そして，公衆は，地域的に無限の広がりを

もつ合理的で自由な思考力をもつ独立的な非組織集団とした．

大衆（masse）は，マス・メディアの発達，官僚制組織の進展などにより，それまでの理性的で合理的判断を下す民主主義の担い手として理念化されていた公衆にかわって登場した概念である．

マス・メディアによって結びつけられているという点では，公衆と同じであるが，マス・メディアの支配，組織の官僚制化，大衆操作の不可避的必要性などの現象としてあらわれた概念である．画一性，過剰な同調性，受動的，匿名的，孤立的存在，政治的無関心を特徴としており，マスコミによって左右され，群衆化する危険性をもっている．

たとえば，「いじめ」や「いじめによる自殺」にかんしてテレビで報道が行われると「いじめ」が抑制されるのでなく，むしろ全国的に広まってしまうという現象が起きてしまったりする．これは，大衆がマスコミの情報を合理的・理性的に判断せず，受動的に受け止め，過剰な同調性を示したことによるものである．

また，2005年に中華人民共和国で発生した反日運動は，歴史教科書問題や日本の国連安全保障常任理事国入りへの反対をきっかけとして始まった．最初は，署名活動から始まり，インターネットサイト，携帯メールなどで全国各地に拡大した．四川省成都では日系スーパーに対する暴動，北京でも大規模なデモの一部が暴動化した．この事件は，情報化の進展により大衆が群衆化して暴徒となった現代的事例である．

3　集団の二分法

集団の二分法は，19世紀の終わりから20世紀の初頭にかけて，ドイツやアメリカ合衆国の研究者によって提示された．すなわち，ドイツやアメリカにおける産業化・近代化のなかで出現した前近代社会にはなかった新たな集団の集団特性を説明するために従来からある集団との対比を行うなかでその性格を明

確にしようとしたと考えられる．

わが国においても，戦後の高度経済成長期以降の産業化・近代化において企業，大都市の発展，家族，近隣集団，伝統的地域集団が衰退化した．このようなわが国の状況において集団の二分法について考えてみることは意義のあることである．

ここでは，集団の二分法の例として 1．基礎集団と機能集団，2．ゲマインシャフトとゲゼルシャフト，3．コミュニティとアソシエーション，4．第一次集団と第二次集団について説明する．

1．ゲマインシャフト（Gemeinschaft）とゲゼルシャフト（Gesellschaft）

この分類は，ドイツの社会学者テンニース（Tönnies, F.）によるものである．テンニースは，成員相互の結合の性質を基準として集団を2つに分類した．すなわち，愛・理解・同情・慣習など本質意志による結合がゲマインシャフトであり，理性的利害関心など選択意志による結合がゲゼルシャフトとされた．

ゲマインシャフトとは，人びとが，パーソナルで全人格的に結びついており，あらゆる分離にもかかわらず本質意志により結びついている．夫婦愛，親子愛，兄弟愛などによって結びついている家族や，共同慣行によって結びついている村落などがその例としてあげられる．

ゲゼルシャフトとは，機械をモデルとして個体性を根本に，共同性は第二次的なものとみなされ，打算的でインパーソナルな結合であり，人びとは，選択意志によって結びついている．具体例として契約関係が優先される大都市，企業などがあげられる．さらにテンニースは，産業化，近代化の進展とともにゲマインシャフトからゲゼルシャフトへと移行すると主張している．

2. コミュニティ（community）とアソシエーション（association）

これは，アメリカの社会学者マッキーバー（MacIver, R. M.）による分類である．この分類は，成員の関心の充足度を基準としている．すなわち，特定の地域社会において生産・生活にかかわるほとんどの関心が満たされるか，またはある特定の関心だけが満たされるかによってコミュニティとアソシエーションを区分している．

コミュニティとは，マッキーバーによれば，「コミュニティの基本的指標は，人の社会的諸関係のすべてが，その内部にみいだされうるということである」としている．具体的には，村落，町内，地方など共同生活の一定の区域であり，そのなかである程度自足的な社会生活を行っている（ほとんどの生活関心が満たされるような）集団類型である．たとえば，都市の町内会では，町民の親睦・生活環境整備・行政補完等の複数の関心が満たされる．

一方，アソシエーションとは，「コミュニティの基盤の上に立って，一定の目的を果たすために，その手段ないしは，機関として人為的につくられた集団」とされる．具体的には，コミュニティ内部に存在する教会，ソフトボール，バレーボール，趣味のサークルなどがその例としてあげられる．

日本においては，都市化・産業化が進展するにつれて村落や町内において伝統的コミュニティからアソシエーションへと移行した．

3. 第一次集団と第二次集団

この分類は，C. H. クーリー（Cooly, C. H.）とその後のアメリカの社会学者によるものである（クーリーは，第二次集団について明確に述べていない）．成員相互の接触の仕方を分類の基準としている．すなわち相互の接触の仕方が直接的であるか間接的であるかによって第一次集団と第二次集団に分類される．

クーリーによれば「第一次集団とは，親密な face-to-face な結合と協同を特徴とする集団である」とされ，この場合の「一次的」とは，「主に個人の社会

性と理想を形成するうえで，基本的である」という意味とされる．家族，近隣，子どもの遊び仲間など集団のメンバーが直接顔を合わせて活動を行うことが多い集団が具体例としてあげられる．

一方，第二次集団は，クーリーはその定義を示していないが，その後のアメリカの社会学者たち（たとえば，Kingsley Davis）によって示された定義である．そこでは「成員の間接的接触をその特徴とする集団であり特殊な利害関心に基づいて大なり少なり意識的に組織される集団」とされる．学校，政党，組合，企業などその活動において，文書，電話，メール等による間接的接触が多い集団が具体例としてあげられる．

近代化の過程で，家族，近隣等の第一次的集団は，弱体化し，第二次集団が誕生した．

4．集団の二分法に関するまとめ

以上の集団の二分法を整理すると図表8—1のようにまとめられる．

これまでの説明からも明らかなように，ゲマインシャフトとゲゼルシャフト，コミュニティとアソシエーション，第一次集団と第二次集団の二分法は，それぞれ，前者が前近代的集団のモデルであり，後者が近代的集団のモデルで

図表8—1　集団のタイプ分け

集団の提唱者	集団類型	分類の基準	集団の特性	具体例
テンニース	ゲマインシャフト	成員相互の結合の性質	本質意志，愛，理解，同情	家族，友人仲間，村落
	ゲゼルシャフト		選択意志，目的的人為的結合	企業，大都市生活
マッキーバー	コミュニティ	特定の地域社会における成員の関心の充足度	複数の関心の充足	村落，都市
	アソシエーション		単一の関心の充足	教会，サークル
クーリー	第一次集団	成員相互の接触の仕方	対面的直接的接触	家族，近隣，子ども遊び仲間
	第二次集団		電話，メール等の間接的接触	学校，政党，組合，企業

あるとのニュアンスが多く含まれている．したがって，そこには西欧社会においては，前近代から近代への変化は，村落共同体や旧制度の解体による前近代社会のドラスチックな崩壊の後に，市民革命や，産業革命を経て市民を中心とした社会の改革によって近代社会が形成されたというほぼ共通した見方がある．

また，このことは，わが国における戦後の高度経済成長期以降の産業化・近代化において企業，大都市の発展，家族，近隣集団，伝統的地域集団の衰退化していった事実とも対応するものであった．そして前近代的集団の衰退は，その代表的集団である家族において，高齢者虐待，児童虐待，家庭内暴力等さまざまな問題を引き起こした．また，近隣集団や伝統的地域集団の衰退は，地域社会における伝統的相互扶助機能を喪失させた．

4 組織と官僚制

組織とは，第1節でも述べたように，集団のなかで，目標を達成するための分業的協調行動，協働が存在するフォーマルな人の集まりである．

官僚制は，19世後半以降の近代化・産業化に伴って，組織，とくに，生産組織が複雑化し巨大化するのに対応して，それを合理的・能率的に管理・運営する必要から生まれた．

ドイツの社会学者M. ウェーバーによれば，近代官僚制は，機械に類比される組織原則を有する．合法的支配の秩序を基礎として，大規模な組織の支配を能率的に進めるための技術体系であり，①規則によって秩序づけられた職務の配分，②上下関係のはっきりした官職階層（上から下への命令の降下と下から上への責任の上昇），③文書による事務処理，④専門的訓練，専門的知識を備えた専門職（テクノクラート）の任用によって作用するとされる．

以上のように官僚制は，行政組織・企業体・労働組織・政党・医療機関，その他の大規模組織に見出される諸特徴である．

たとえば，大学も近代的組織であり，官僚制が存在すると考えることができる．大学には，教職員の守るべき職務規定があり，この規則によって職員は，学生，教務，入試，就職，学生等の各課に配置される．教員も各学部，学科に配属される．また，職員は，事務局長，部長，課長，課長補佐等の官職階層があり，上から下への命令の降下と下から上への責任の上昇が存在する．これは，教員の場合も同様に学長，学部長，学科長という官職階層が存在する．また，研修会，講演会，オープンキャンパス等の何か行事を行う場合は，起案書を提出しなければならないし，学外の学会に出席するときは，出張届を出さなければならない．これらの文書は，学科長→学部長→総務課長→事務局長→学長→理事長と回っていく．

官僚制は，大規模な組織において合理的・能率的に管理・運営する必要から生まれたものであるが，さまざまな欠点もある．アメリカの社会学者マートン(Merton, R. K)は，官僚制のさまざまな問題点を指摘している．

1．規則の厳守

官僚制的組織の構成員は，規則にしたがって仕事をするよう訓練されている．したがって，規則にないことは，しようとしない．そして臨機応変な対応ができない．

たとえば，夫が認知症の2人暮らしの高齢者夫婦がいたとする．特別養護老人ホームにはどこも空きがなく，妻が1人でやっとのおもいで介護をしていた．その夫が，肺炎をおこし病院に入院したとする．認知症になり，さらに肺炎をおこし，救急病院に運ばれたとする．肺炎は，1週間ほどで治ったが，家ではとても介護できる状態ではない．しかし，救急病院は，救急の患者を治療する病院で，病気がある程度回復したら退院しなければならない．病院のソーシャルワーカーから退院するようにいわれる．しかし，リハビリ専門の病院，老人保健施設，特別養護老人ホーム等，次にいく場所がない．妻は，「もう少しだけこの病院にいさせてほしい」と頼むが，ソーシャルワーカーは「規則で

すから」といって，行く場所のない認知症の高齢者を強引に退院させてしまったりする場合もある．

2．セクショナリズム

自分の担当以外の仕事は行おうとせず，また，いくつもの部署が協同して行わなければならない仕事には対応できない．

たとえば，病院の病棟には，医者，看護師，介護福祉士，作業療法士，理学療法士などがいる．入院患者が，車いすがないとトイレに行けずに困っている場合，これは本来，介護福祉士の仕事である．介護福祉士が他の患者の世話で忙しく，この患者の世話ができない．しかし，看護師は，暇そうにしていた．そこで看護師にトイレへの誘導を頼んだが，「それは，私の仕事ではない」といって断られる場合がある．また，同じ介護士の職にある人でも，自分の担当以外の人の世話は，いやがる人がいる．

以上のように官僚制が効果を発揮するためには，反応の信頼性と規定の厳守が要求される．このような規則の厳守は，やがて規則を絶対的なものとしてしまう．このため立案者が予期しなかった条件下では，臨機応変な処理がとれないことがあり，場合によっては，非能率を生み出す．

5　組織と集団の関係

前節では，複雑で巨大な組織を合理的・能率的に管理・運営するための必要から生まれた官僚制組織とその問題点について述べた．官僚制組織には，構成員の非人格化，与えられた仕事を単純にこなすだけの毎日において疎外感を感じたりする場合がある．「如何にしたら，組織の構成員がやる気をもって仕事に着手することができるか」という課題が，20世紀初頭のアメリカの社会学者によって研究された．その代表的な研究が，メイヨーらによって行われたホーソーン実験（Hauthorne Experiments）であった．この研究以降，フォーマル

な組織(におけるインフォーマルな集団)の存在が注目されるようになった．

フォーマルな組織とインフォーマルな集団を分類する基準は，主として制度的制約の有無を基準としている．

フォーマルな組織とは「一定の組織目標を効果的に達成するために人為的に仕組まれた合理的な地位と役割の体系」である．一般にこのような公式組織には，成員相互間の命令，服従および職能文化の機構を公的に示す「組織図」と，成員の行動を公的に規定した成分規範(業務規定など)の2つが整備され，成員に周知され，内面化されている場合が多い．

これに対して，インフォーマルな集団は，フォーマルな組織のなかで，成員たちの面接的，継続的相互作用の経過から自然に形成される集団である．しかし，このインフォーマルグループのなかにも，公式規定と異なる非公式の集団規範が形成され，成員の行為を制約することが多い．この集団規範には，内規のような暗黙の規定も含み，公式組織の活動に順機能の場合もあれば，逆(マイナス)機能の場合もある．具体的には職場の仲間グループや，つきあいグループ等の例があげられる．この集団は，直接的接触という基準でみれば，第一次集団と同じということになるが，第一次集団にはない組織の生産性とかかわる機能的(その逆機能も含めて)意義を付与されているところが大きく異なる．

なお日本の企業では，飲みにケーション(飲食をともにすることによる直接的コミュニケーション)の正機能(集団の凝集性をつよめ，職場の生産性をたかめる)に注目したが，それはまた日本的インフォーマルグループとみることができる．

また，大学には，「組織図」があり，業務規程や学則等の成分規範があり，学生により高度の専門知識を習得させるという明確な目的をもっていることからフォーマルな組織と考えられる．また，学生は，このフォーマルな組織に所属すると同時に仲間グループやつきあいグループなどのインフォーマルグループに所属している．もし，この仲間グループが勉強に関してお互い，励ましあい，協力しあうグループであれば，学生の勉強意欲は上がり，高度の知識を習

得することもできる.しかし,大学の授業をさぼって,パチンコ屋に行ったり,マージャン屋に行ったりするメンバーが多く,誘惑に負けてしまう場合は,なんとか大学を卒業できても何の知識も身につけず,大学を卒業することになる.

1. 人間関係管理 (human relation management)

ここにいう人間関係とは,人と人とのパーソナルな関係のなかで,とくに企業組織内部における従業員相互間のインフォーマルな人間関係をいう.ホーソーン実験の結果等によって,企業の生産性(作業能率)は従業員のモラール(仕事のやる気)によって影響されることが明らかになって以来,モラールの昂揚と密接に関連するインフォーマルグループの重要性が注目されるようになった.モラールをたかめ,自発的に生産性をたかめ,共同性を確保するための諸方法(技術)が考慮されるようになった.これらの知見にもとづいて,企業内に望ましい人間関係を形成しようとする政策と実践と方法の総称を「人間関係管理」という.

また,大学生にとっても大学というフォーマルな組織にインフォーマルな集団の存在は重要であり,良き仲間グループを見つけることと,教員は,見つけられるようアシストすることが重要である.

6　準拠集団 (reference group)

1. 準拠集団とは

準拠集団とは,個人がある特定の集団の規範に自己の態度を同一化しようとしたり,その集団に受け入れられることを欲したり,その集団規範にしたがって行動しようとする場合に,その目標とする集団である.この概念は,1942年,ハイマン(Hyman, H. H.)によって人間が自分の地位を主観的に評価するに際して,主な照準点となる集団としてはじめてこの用語を使用したといわれ

ている.

　この準拠集団は,家族,友人,近隣集団など身近な所属集団のイメージによって構成されることが多いとみられている.その際,それら身近な集団の規範をベースとして準拠枠（frame of reference；人がものごとを判断したり,行動したりする際に基準とする判断の枠組み）をつくり,それに基づいて自己の態度を決定する.

　また準拠集団は,ある集団を評価する場合にも,その照準点としてある集団を対象とする際にも,適用される.たとえば,軍隊生活において,自己が所属している軍隊を自分自身どのように評価し,どのような不満を抱くかは,その兵士がどのような階級,部隊,外部集団を比較,考慮しているかによって違ってくる.たとえば,同じ黒人兵士でも,南部出身の黒人兵士は,かつて自分が所属していた南部の惨めな民間黒人の状況と現在の自分の状況を比較する傾向が強いので,すでに中流階級に近い生活をおくっていた北部出身の黒人兵士ほどには不満感をもたない（相対的不満〜満足感の相違）などがその例である.

　別の例として,ニューカム（Newcomb, T. M.）は,大学のキャンパスを準拠集団とした女子大生が学年を追うごとに態度がリベラルに変化していくのに対して,閉鎖的な友人関係や家族や出身地で形成された仲間集団を準拠集団としているものは保守的な態度を維持していることを示した.

2．準拠集団の選択をめぐる葛藤

　実際の社会生活の場面においては,個人の関心の多様さに応じてそれだけ多数の準拠集団が成立しているばかりでなく,それらの準拠集団の間に,矛盾や葛藤が生じていることも少なくない.企業の労働者を例にとっても,経営体（会社）と組合は,彼らにとって葛藤を起こしやすい準拠集団である.

　争議の場合などは,準拠集団選択（会社の業務命令の従うべきか,労働組合の方針に従うべきか）などしばしば深刻な矛盾に遭遇する.

　また,大学生は,サークルやゼミナールが準拠集団となることも多い.サー

クル，ゼミナール等では，飲み会が行われることもある．サークルやゼミナールの仲間は，宵越しで酒を飲み，交友を温めたいと考える．しかし，学生のなかには，家族が準拠集団となっており，午後10時が門限の学生もいる．この学生にとっては，大学の仲間が準拠集団であり，家族も準拠集団となっており，大学の仲間につきあうか，家族の門限を守るか葛藤がおきる．

3．境界人（marginal man）

　6章でも学んだが，文化を異にする複数の準拠集団に属し，それらの影響を同時に受けながら，それらいずれにも完全には所属しきることができない者，複数の準拠集団の境界に位置しているものがいる．新入生，入婚者，転勤者，移民など境界的（marginal）な位置におかれている個人は以前の境遇（所属集団）と現在のそれとなど，準拠集団の選択は，葛藤を伴いやすい．こうした人たちは，心の内部で複数の価値規範や集団所属感の葛藤を経験していることがある．彼らは状況に応じて，あるいは関心に応じて異なった正反対の集団を同調や比較の照準（準拠集団）とすることがあり，そのことによってしばしば彼らの態度や行動様式は，複雑なものとなりやすい．

　W．I．トーマスとF．ズナニエツキは，アメリカへ移民した若者とポーランドの両親，親類，友人が交換した手紙の分析からアメリカ社会への適応過程を分析した．

　そして，① 社会の枠にはまることができない，タイプ（非行・ボヘミア型），個性が社会の中へ埋没し，将来の願望をもたないタイプ（フルスチン型），将来の発展の可能性，有用な価値を創造するタイプ（デオニソス型）に類型化した．

7　集団と組織の総括

　集団は，① 相互作用，② 共同関心，③ 規範（ルール），④ われわれ感情等が存在する人の集まりであった．

基礎集団と機能集団，ゲマインシャフトとゲゼルシャフト，コミュニティとアソシエーション，第一次集団と第二次集団の二分法は，それぞれ，前者が前近代的集団のモデルであり，後者が近代的集団のモデルであった．

そして組織は，目標達成のための分業的協調行動や協働が存在するフォーマルな集団であった．

このような組織には，官僚制が存在し，規則の厳守が絶対的なものとなり，臨機応変な処理がとれない人間的な感情を発揮できず，人間疎外を生む等の課題があった．

インフォーマル集団の存在は，このような組織における官僚制の弊害に対し従業員のモラールを高め，組織の活性化をする可能性をもっている．

また，今日，地域社会においては，全戸加入を原則とする町内会等の伝統的住民組織の加入率の低下，災害などの地域における重要な問題に十分な対応ができないことなどが課題となっている．このような状況において地域社会には，住民が自発的に参加するアソシエーション的なつながりをもつさまざまなボランティアサークルが現れた．これらのボランティアサークルは，ネットワークを形成している．ネットワークとは，中心がなく，核となる意思決定者も存在せず，また，メンバー間の関係も対等で緩やかなつながりとなっている．また，これらのボランティアサークルが会費，寄付等の資源を用いて営利を目的としない公益的な活動を行うNPO（民間非営利組織）を形成する場合もある．

コラム8：ホーソーン実験

アメリカのWestern Electric会社のホーソーン工場で1924〜1932年，ハーバード大学のメーヨー（Mayo, G. E.）らの指導のもとに行われた従業員の作業能率に関する一連の調査実験の総称である．

その初めには，照明度と生産能率の関連が調べられ，次いで休憩時間と生産能率の関連も実験・調査された．このように物理的条件や肉体的条件のテストの後に監督者のあり方等人間関係的条件についてもはじめて実験・調査することによって，遂に画期的な発見がなされた．それは，人間は単に経済

的刺激に対してのみ反応するのではなく，インフォーマルグループなどにみられる社会的行動規範の対応した反応も示すという事実が見出された．この実験結果にもとづいて，人間関係的条件が作業能率に及ぼすプラスの影響が明らかにされた．このことによって，このような良好な人間関係を生み出すインフォーマルグループの実際的機能や人間関係管理を中心とした経営管理，労務管理の理論や実戦に画期的な貢献をすることになった．

第8章のまとめ

1　集団・組織とは

　集団とは，① 相互作用，② 共同関心，③ 規範（ルール），④ われわれ感情等が存在する人の集まりである．

　組織は，目標達成のための分業的協調行動や協働が存在するフォーマルな集団である．

2　未組織集団

　未組織集団は，① 相互作用，② 共同関心，③ 規範（ルール），④ われわれ感情等の何らかの集団の特性を欠いた人びとの集まりで，群衆，公衆，大衆などがある．

3　集団の二分法

　集団の二分法は，19世紀の終わりから20世紀の初頭にかけて，ドイツやアメリカにおける産業化・近代化の中で出現した前近代社会にはなかった集団の特性を説明するために考え出された．

4　組織と官僚制

　組織には，官僚制が存在し，人間疎外を生む等の課題がある．

5　フォーマルな組織とインフォーマルな集団

　フォーマルな組織におけるインフォーマル集団の存在は，官僚制の弊害に対し従業員のモラールを高め，組織の活性化をする可能性をもっている．

6　準拠集団

準拠集団とは，個人がある特定の集団の規範にしたがって行動しようとする場合その目標となる集団である．

7　集団と組織の総括

「人の集まり」は，未組織集団，集団，組織以外にネットワークとして捉えることもできる．

ネットワークとは，中心がなく，核となる意思決定者も存在せず，また，メンバー間の関係も対等で緩やかなつながりとなっている．

《読書案内》
1）フロム，E.（日高六郎訳）『自由からの逃走』創元社　1941 年
　　大衆社会論の代表作で，ドイツの国民が，ナチス・ドイツのようなファシズム（全体主義）に依存と従属をするようになった理由を大衆社会論から説明している優れた古典．
2）安田雪『ネットワーク分析』新曜社　1997 年
　　ネットワークの意味，ネットワーク分析のさまざまな具体例を示して，ネットワーク分析の方法が平易に理解できるよう工夫されている．

《参考文献》
トーマス，W. I.・ズナニエツキ，F.（桜井厚訳）『生活史の社会学』御茶の水書房　1983 年
武山梅乗・呉炳三『社会学の扉をノックする』学文社　2009 年

第9章
消費社会と社会的性格

1 前近代と近代の画期

　消費社会とはどのような原理で動いている社会なのか，また，その原理がわれわれの生活にどのような影響を及ぼしているのか，この章ではその点を中心に考察を進めていきたい．消費社会とは何かという説明に入る前に，消費社会を概観するための簡単な見取り図を示しておくことにする（図表9－1）．

　仮に，われわれ人類の生きてきた歴史を2つの局面にわけるとするならば，前近代社会（pre-modern society）と近代社会（modern society）という区分がされるだろう．前近代社会とは，生産力の未発達，地域的閉鎖性，個人の集団への埋没，非合理性などによって特徴づけられる伝統的な社会を指す．これに対して近代社会とは，近代化（modernization）によって17～18世紀頃にまず西欧で出現し，次第に全世界へと広がっていった構造・形態の社会を指す．前近代社会と近代社会を分ける指標（目印）となるのが「近代化」であるが，近代化とは，一般に社会が①資本主義化，②産業化，③合理化することだと考えられている．

　資本主義化とは，社会が資本主義（capitalism）という経済体制（生産手段を所有する資本家が，もっぱら剰余価値の創出をめざして自由な市場メカニズムの下で行う

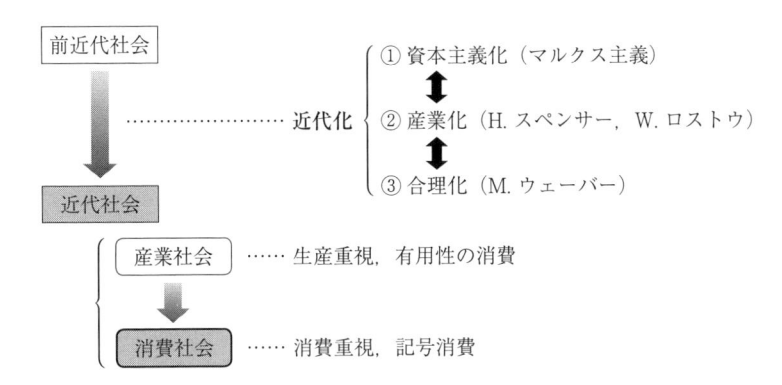

図表9-1　近代化と消費社会の位置づけ

```
前近代社会
   │
   ↓ ………… 近代化 ┌ ① 資本主義化（マルクス主義）
                  │    ↕
近代社会           ┤ ② 産業化（H. スペンサー，W. ロストウ）
                  │    ↕
                  └ ③ 合理化（M. ウェーバー）

   ┌ 産業社会 …… 生産重視，有用性の消費
   │   ↓
   └ 消費社会 …… 消費重視，記号消費
```

機械制大工業の形態をとった生産体制）によって動き出すことである．また，産業化（industrialization）とは，社会の最重要目標にモノの大量生産が掲げられ，大量生産のための仕組み（機械技術システム）が社会システムになかに重要な要素として組み込まれるようになることを指している．そして，ウェーバー（Weber, M.）のいう合理化（rationalization）とは，世界が前近代的な迷信や言い伝えなどの呪術から解放され，人びとの認識が論理的な首尾一貫性や科学への適合性，行為の計画性・能率性をもつに至ることである．本章では，近代化を意味する3つの変化のうち，資本主義化と産業化について考えてみたい（それは結果として「合理化」も考察することになるのだが…）．

2　資本主義の精神

　ウェーバーの『プロテスタンティズムの倫理と資本主義の精神』は，近代資本主義の起源を問うた社会学の歴史に燦然と輝く名著である．資本主義とは，簡単にいうなら「儲けてどうこうするのではなく，儲けることそのものが目的」，あるいは「もっと儲けるために儲ける」という経済主体の思い込みが動かしている経済体制を指す．

ウェーバーは、ベンジャミン・フランクリンの説教の中にみられる「自分の資本を増加させることを目的と考えるのが各人の義務だ」という思想を「資本主義の精神」とよび、それを近代資本主義というシステムの原動力としてとらえている。すなわち、営利を物質的生活の要求をみたすための手段とは考えず、人生の目的そのものと考えた人びとによって富が蓄積され資本が形成されたがゆえに、資本主義という経済システムの成立が可能になったのだとウェーバーはみているのである。「夏休みに海外旅行に行くために貯金する」、あるいは「マンションを購入するためにお金を貯める」というのがわれわれフツウのヒトの発想だとするならば、お金を貯めることそのものを目的とするのはフツウとはちょっと違う倒錯した発想であるといえるだろう。

それでは、ウェーバーが「資本主義の精神」とよぶ、「もっと儲けるために儲ける」というこの倒錯した思想は一体どこから生まれたのであろうか。結論をいえば、ウェーバーは「資本主義の精神」の源流を、カルヴィニズムを中心とする禁欲的プロテスタンティズムの「世俗内禁欲」のなかにみている。

カルヴィニズムは、「予定説」という他に類例をみない救済観をもっている。予定説とは、天国行きか地獄行きかはすでに神によって予定されており、人間は自分のその運命を知ることもできないし、いかに善行を重ねたところで、その運命を変えることはできないという教えである。むしろ救いようがないともいえるこの厳格な救済観を突きつけられた信者たちはどうしたのだろうか？信者たちはどうしても自分が救済される側にいる人間、神によって選ばれた側の人間であるという確信を得たかったに違いない。そこで、おそらく次のように考えたであろう。もし、神から与えられた使命である職業を懸命に勤めあげることができるなら、そして、もし、日常生活における徹底した禁欲を貫き通すことができれば、おそらく自分は救済される側にいる人間なのだと。かくして、徹底した禁欲生活と勤勉な労働の果てに富は蓄積されるが、自分の現世における欲望を満たすために金銭を消費することは禁じられているから、蓄積された富はさらなる富の追求のための資本として投下されるという循環をたどる

ことになる．信者たちは，蓄積された富が大きければ大きいほど救済を確信できただろうし，また，富はあくまで神から委託された財産であるから，それを無駄なく運用していくことが，今では資本家，経営者となった信者たちに要請されたことだろう．やがて時が経ち，代を経るにつれて，禁欲的プロテスタンティズムによる宗教的基礎づけが「生命を失って欠落」し，「少しでも無駄なく利潤をあげることそのものを自己の義務，人生の目的としなさい」というあの奇妙な思想だけがそこに残るのである (Weber, 1989).

以上がウェーバーによって指摘された「資本主義の精神」の起源であるが，そのような思想によって突き動かされている資本主義社会の誕生は，同時にもうひとつのきわめて近代的な特徴をもつ社会の誕生に寄与することになる．それは「産業社会」である．

3 産業社会と消費社会

前近代社会においては，「生産」は個々の生理的欲求に合わせた家族や個人のためのものであり，その意味で「生産」と「消費」は一致していたといえる．たとえば，アメリカ・インディアンはけっして自分たちが生存するために必要な数より多くのビーバーを捕獲しなかったという．まず生物学的なニーズがあって，それに見合うだけの生産および消費活動がなされていたことの好例であろう．しかし，近代社会に入って，社会経済が資本主義という経済体制によって動き始めると，やや事情は異なってくる．正村俊之が指摘しているように，資本主義社会とは，儲けること自体を目的とする社会であるから，「生産」そのものが自己目的化し，人間の生理的欲求や消費の動向とは切り離され，別の原理で動くようになる（正村，1991）．例をあげれば，近隣の顧客の注文に応じて細々と靴を製造していた靴屋の親方が，資本主義経済の勃興とともに製靴会社を経営するようになり，資本の拡大再生産を図るため，それまでの顧客であった近隣住民のニーズとはまったく無関係に大量の靴を生産しなければなら

なくなるということである．資本の拡大再生産を図るために，経営者は靴を大量に生産するだけでなく，生産の効率性を高め，常に生産コストより大きい利益を獲得することに配慮していかなければならないのだ．

　かくして「消費」よりも「生産」が優位にあり，いかにして大量にモノを生産するかが社会全体の課題とされる産業社会，あるいは大量生産を可能にするテクノロジーによって特徴づけられた産業社会が幕を開けることになる．産業社会は，「できるだけお金と時間をかけずに…」という効率の原理が徹底して貫かれている社会であるともいえる．産業社会において，テクノロジーが知識体系として最も重視されるのは，その知識体系を生産現場に応用することで，生産における効率性が最大限に得られるからであり，「官僚制」が産業社会において最も適応的な組織原理であるのは，官僚制が組織目標を能率的に達成するための合理的な管理運営体系だからである．

4　フォーディズムにみる産業社会の特徴

　産業社会とはどのような社会であり，また，どのような発想で動いているのか．そのことを典型的に示してくれるのが自動車会社フォードの創始者ヘンリー・フォードの経営理念（フォーディズム）と，その理念に基づいて生み出された自動車「T型フォード」である．フォードの経営理念を一言でいえば，高品質で安い自動車を大量に生産することである．安い自動車を生産するためには，生産コストをできるだけ抑えなければならないが，そのためにフォードがとった戦略は，一車種生産政策と「フォード・システム」とよばれる大量生産方式である．フォードは1908年にT型フォードの製造を開始し，1927年の生産停止にいたるまで，この一種類の自動車だけを生産し続けた．生産する自動車の車種をひとつに限定すれば，部品の標準化が可能になり，生産コストを安く抑えることができる．また，フォードは1913年，ベルト・コンヴェアを利用した流れ作業による組立て方式を生産ラインに導入した．このフォード・シ

ステムのねらいは，作業を細分化・単純反復化することで個々の作業分担の専門化を図り，また同時に，全体作業をシンクロ化することで，生産効率を向上させることにあった．かくして，当時最も安い自動車の半値程度で売り出されたT型フォードは，一時アメリカの自動車市場を席巻することになる．工業生産におけるコスト削減と生産効率の向上を徹底することによって，できるだけ大量に，安価にモノを生産すること．そのようなフォードの経営理念は，そのまま産業社会の精神であるともいえる（見田，1996）．

5 消費社会とは何か

しかし，フォードの一車種生産政策の結晶であるT型フォードは，自動車の「見かけ」を重視したGM（ゼネラル・モーターズ社）の多車種生産政策の前に敗れ，1927年に生産停止を余儀なくされた．フォードのGMに対する敗北は，消費者が大量に市場に出回っている安価な自動車よりも，多少値段が高くても見た目のよい自動車を選択したということを意味する．このことは，「つくることよりも売ることの方がむずかしい時代」，すなわち，J. K. ガルブレイスやD. ベル，そしてJ. ボードリヤールらによって指摘され，論じられてきた消費社会の幕開けを示唆している（見田，1996）．

産業社会とは，いかにして大量に安いモノを生産するのかを社会全体の最優先課題とする社会であった．これに対して消費社会とは，生産することよりも消費させることに比重が置かれた社会といえよう．また，消費社会とは「有用性の消費」ではなく，「記号消費」が消費の主流になるような社会であるともいえる．「有用性の消費」とは，たとえば，「通勤に必要だから自動車を購入する」のように，「○○に必要だから△△を買う（利用する）」という必要性（有用性）にもとづく消費のことである．もし，自動車が純粋に通勤の必要性から購入されるとするならば，消費者が自動車を選択する基準は，低価格であるとか，燃費のよさであるとか，耐久性といった点になり，人びとはそのような実

用的な基準にしたがってどんな自動車を購入するかを決めるだろう．T型フォードはまさにそのような消費者を想定して市場に投入された自動車である．しかし，フォードの敗北，すなわち，安いことを最大の特徴とするような自動車がまったく売れず，やや高額ではあるがGMの見た目うるわしい自動車が飛ぶように売れたというエピソードは，いまや消費者の「消費」が必ずしも「必要」であることを根拠としないという事実をはっきりとわれわれに突きつけるものであった．GMの販売する自動車は「かっこいい！」というその唯一の理由によって売れたのである．そこにわれわれは消費社会の嚆矢をみることができる．

6　記号消費——自分探しとしての消費——

　Aというものがそこにないのにもかかわらず，Aが引き起こすのと同じような反応を人間のうちに喚起する刺激をAの「記号（sign）」という．たとえば，「〒」を目にした時，この国で教育を受けたほとんどの者は「郵便局」という単語や近所にある郵便局の建物，またその前に設置されている赤いポスト等を頭の中に思い浮かべるだろう．それは「〒」が郵便局の記号だからである．同様にフェラーリという車は，われわれにそのオーナーの社会的属性（セレブリティ，お金持ち，一流芸能人…）をイメージさせる．それはフェラーリという自動車がセレブの記号として作用しているからである．おそらく，フェラーリのオーナーは移動手段としての自動車に大金を投じているのではない．彼等が何千万円も出して購入しているのは，フェラーリという「自動車」ではなく，フェラーリという自動車に貼りついている「セレブのイメージ」なのである．そのように，モノの機能ないしは効用ではなく，モノ（あるいはサービス）に付着したイメージを消費することを「記号消費」という．
　消費社会とは，この記号消費が消費の主流となる社会といってよいだろう．ボードリヤール（Baudrillard, J.）に従えば，消費社会のなかでわれわれ消費者

は，自分と他人を区別するために，モノやサービスに付着した良い観念やイメージ，あるいはそれを前にした人びとの反応（賞賛や羨望）を消費しているのである．いってみれば「記号消費」とは，他者と異なる，もっと自分らしいモノあるいはサービスを求めての消費であり，他者と違う自分でいたいという人間の「差異への欲求」を満たすための消費であるといえる（Baudrillard, 1979）．

消費社会を生きるわれわれは，消費を通じてアイデンティティの微調整を，上野千鶴子の言葉を借りるなら「〈私〉探しゲーム」を行う（上野, 1987）．少し前の話になるが，マルイのエポスカードの広告には，"You are what you buy"というコピーとともに，体がCDやフルーツでできている女性の写真が掲載されていた．〈私〉とは私が消費したものの総和である…．確かに消費社会たる現代において自分が何者であるのかを他者に示すためには，私の生い立ち，私の職業，私の人生観などについて滔々と語るよりも，私がこの一週間に消費したもののリストを示す方がはるかに効果的であろう．青山の〇〇ブティックでシャツを買い，ついでにクラシックのCDを数枚購入し，リストランテ△△で夕食，その後，××フィットネスクラブで汗を流して帰宅…．そういった消費パターンを示す方が，生い立ちや人生観を語るよりもその人が何者であるのかを雄弁に物語る．現代の消費社会において，われわれは生きるためにというより，自分探しのためにモノやサービスを消費するのである．

7　消費社会と社会的性格

フロム（Fromm, E.）のいう社会的性格（social character）とは，共通の経験と生活様式の結果として，ひとつの社会集団の大部分のメンバーがもっている性格構造の中核に位置するものである．記号消費によって特徴づけられる消費社会を生きる人びとは，どのような社会的性格をもっているのだろうか？

リースマン（Riesman, D.）は『孤独な群衆』において，社会的性格は「同調性の様式」であるからその時代に適した社会的性格があるとし，前近代社

会，近代社会，消費社会というそれぞれの時代に対応した社会的性格の3つの類型を示している．前近代社会においては，伝統的な行動パターンを遵守する「伝統指向型（tradition-directed）」の社会的性格が大多数を占めていたとリースマンはいう．前近代の停滞的な共同社会においては，旧来の慣習や規範から逸脱することは絶対にしないという性格が最も適応的だからである．やがて社会が近代的な局面に入り，前近代的な伝統や慣習が自明性を失うと，自分の内部にしっかりとした信念や良心をもち，そのジャイロスコープ（羅針盤）にしたがって針路を一歩一歩進んでいく「内部指向型（inner-directed）」がそのような時代に適応する社会的性格として出現する．内部指向型の社会的性格を強くもっていたのが，進取の気性や努力によって資本主義の成長に寄与した独立自営の企業家たちである．やがて物質的に豊かな高度大衆消費社会が立ち現れてくると，人びとが属する組織は巨大化して，官僚制の原理が浸透していく．そのような時代に適応的な社会的性格は，協調性に富み，他人がどのような行動に出るのかをレーダーのように感知し，それに応じて自分の行動を決定する「他人指向型（other-directed）」であるとリースマンはいう（Riesman, 1964）．

　消費社会において，人びとは自分探しのためにモノやサービスを消費するのだと先に述べた．その一方で，消費社会に適応的な社会的性格は「他人指向型」であるという．一見このことには矛盾があるようにみえるが，リースマンの指摘する「他人指向型」の社会的性格は，純粋な他者への関心から他者を指向するのではない．「他人指向型」が示す他者への関心とは，自分自身への関心の裏返しなのだ．自分らしいモノやサービスを求めて消費することは，他者と違うモノやサービスを欲しがることの裏返しであるといえる．われわれは消費社会のなかで，自分らしくあるために他者の動向を注意深くうかがわなければならないのである．

8 消費社会における企業

「差異への欲求」を満たすための消費である記号消費が一般的になれば，当然のことながら消費が多様化することが予想される（他人と同じものは持ちたくない！）．そうなると，生産する側はそれまでの大量生産から多品種少量生産へと生産モードを変更せざるをえなくなる．生産の課題が，従来のいかにして大量にモノを生産するかというものから，いかにして売れ筋商品をいち早く発見するか，いかにして自社が提供するモノやサービスに付加価値をつけていくかというものに転換されることになる．つまり，社会が消費社会化するということは，同時に社会が情報化することでもある．消費社会と高度情報社会がセットで論じられる理由がここにある．

そのような消費社会において，モノを生産する側（企業）は消費する側（消費者）に対して従属的な立場に置かれるようになったのだろうか．生産する側はただ消費者の顔色をうかがって，消費者の嗜好にマッチする商品（あるいはサービス）を唯々諾々と生産するだけの存在になってしまったのだろうか．

結論をいえば，そんなことはない．生産主体である各企業は，広告代理店やマスメディアを巻き込んで，消費者の「欲しい（ニーズ）」を先取りしてつくりだしてしまう．企業は消費者に自社製品（サービス）の消費を促すような仕掛けを主体的に構築しているのだ．その仕掛けのひとつが広告である．次に引用したのはユニクロの新聞広告である（図表9−2）．

この広告は，週末の新聞に折り込んであるユニクロの商品広告とは少しタイプが異なっている．このようなタイプの広告は通常CI広告とよばれる．CIとは企業（corporate）の自己認識（identity）のこと，すなわち，企業がステークホルダーに伝えようとするその企業のイメージや個性を意味している．この広告では，株式会社ファーストリテイリングがユニクロというブランドを通じて何をしようとしてきたのか，そしてこれから何をしようとしているのかが，消費者をはじめとするステークホルダーに対して表明されているのだ．

図表9—2　ユニクロのCI広告

ニュースのある服

　ユニクロはこれまでずっと,「あらゆる人が着ることのできるよい服」をつくろうと努力してきました．では「よい服」とは，いったいどんな服なのでしょう．たとえば，モノとしてよく出来ている服，自分をよく見せられる服，語ることがたくさんある服，満足や納得のいく服，機能的で便利な服など，そこにはいろいろな要素があります．それらのすべてをひっくるめて，何か"ニュース"を持っていること．ユニクロはこれからそういった，誰もが価値を感じられる服をつくり，本当にあらゆる人に着ていただけるようにしたいと考えています．私たちはこれまでにも，50色揃ったフリース，軽くて温かいエアテック，汗をかいてもすぐ乾くドライウェア，ポップアートや企業とのコラボレーションで話題となったTシャツ，世界で最も質が高いといわれる内モンゴル産のカシミヤなど，さまざまな"ニュース"を発信してきました．この秋から冬にかけても，色や柄などのラインナップをより充実させたカシミヤ，NASAのために開発された温度調節機能のある素材のアウトラスト®を使用したフリース，軽さと温かさが際立つポーランド産の羽毛を使ったダウンジャケットなど，世界最高水準の素材を使ったり，機能的にこれまでなかったものを開発したり，皆さんに驚いてもらえる服をいろいろと揃えています．そして，このようなニュース性のある服づくりは，今年だけのことではありません．来年も，その先も，私たちはさらにパワーアップし，「よいカジュアルをつくる会社」としてさまざまな"ニュース"を発信し続けていく．ユニクロはこれから製造"情報発信"小売業を目指します．

（『朝日新聞』2004年10月23日）

　ユニクロ（ファーストリテイリング）は，一般的にSPA（製造小売業）の成功例として高い評価をえている．しかしSPAという呼称には，商品の企画から小売までを手がけることによって生産コストを徹底的に下げ，消費者の嗜好を素早く生産に反映させることに成功した消費社会に適応的な企業という良い含みがある反面，その企業が提供する商品には「安い」というイメージが常につきまとい，そのイメージが商品やブランドの価値を損ねることがある．ユニクロはこの広告によって明らかにそのイメージの払拭をねらっている．ユニクロはこれまで，単に機能的で廉価な服を消費者に対して提供してきた訳ではなく，「ニュースのある服」を発信してきた．今後もさらにさまざまなニュースを発信し続けることで「製造"情報発信"小売業」をめざすのだと，ユニクロはこの広告で宣言しているのである．

なぜ、ユニクロは新聞にこのような CI 広告、自分たちは何者であって、何をしてきたのか…という広告を掲載しなければならなくなったのか。答えは一つ、それはわれわれが直面している社会が、商品（サービス）そのものではなく、商品（サービス）に付着した良いイメージを消費する「消費社会」だからである。われわれ消費者がもっぱら商品の効用ないし機能を消費する（有用性の消費）社会であれば、企業は単純にその商品の安さや便利な特徴を広告の訴求点にしていればよかった。しかし、消費者が商品あるいはサービスの効用ではなく、そこに付着した良いイメージを消費するようになると、企業はCIという形で自社と他社、自社ブランドと他社ブランドとのイメージの差異をアピールしなければならなくなる。なぜならば、以前にも述べたように、記号消費とは本質的に「差異への欲求」を満たすための消費だからである。ユニクロは、自社商品（服）が単に「着る」という機能性を満たすものではなく、さまざまなニュース性（当然機能性もこのなかに含められてはいるが…）が付加されたものであることをこの広告のなかで強調している。むしろ、商品（服）にこめられたこのニュース性こそがユニクロの本当の売りなのだと言わんばかりに。その広告を目にしたわれわれは、ユニクロの店舗に出かけ、ユニクロの服でなしに、ユニクロが服に込めて発信したさまざまなニュースを消費することになるのである。

コラム9：誇示的消費

　現代の消費社会において、われわれは記号消費を行う。記号消費とはモノやサービスに付着したポジティブな観念やイメージ、あるいはそれを前にした人びとの反応、たとえば賞賛や羨望を消費することであるが、そのような消費パターンが現代の消費社会以前になかったわけではない。より古典的な記号消費として、ヴェブレン（Veblen, T.）のいう有閑階級の誇示的消費（conspicuous consumption）があげられる。有閑階級とは、生産労働に従事せず、株や資本の売買を通じて富を獲得する人びとであるが、そのような人びとは自分が上流階級に属していることを示すために、財やサービスを惜し

げもなくムダに消費する傾向がある．そのようないわば「見せびらかしの消費」をヴェブレンは誇示的消費とよんで批判した．

第9章のまとめ

1 前近代と近代

人類の歴史は大きく前近代と近代に区分されるが，前近代社会とは，生産力の未発達，地域的閉鎖性，個人の集団への埋没，非合理性などによって特徴づけられる伝統的な社会であり，近代社会とは「近代化」によって17～18世紀にまず西欧に出現した社会である．近代化とは①資本主義化，②産業化，③合理化のことだと考えられている．

2 プロテスタンティズムの倫理と資本主義の精神

近代社会とは，資本主義化された社会であるが，資本主義とはどのような思想であろうか．M.ウェーバーは，資本を増殖させることが人生の目的，各人の義務であると考えるような思想を「資本主義の精神」とよび，この源流を禁欲的プロテスタンティズムの「世俗内禁欲」，カルヴィニズムの「予定説」のなかにみている．

3 産業社会とフォーディズム

資本主義は資本の拡大再生産が自己目的的に行われる（もっと儲けるために儲ける）システムなので，資本主義化された社会で各経済主体（経営者）は，資本の拡大再生産を図るため，生産の効率性を高め，大量にモノを生産しなければならなくなる．大量生産を効率よく行うことが社会全体の課題となるような産業社会がこうして誕生する．自動車メーカー・フォードの生産システム（「フォード・システム」）は産業社会における経済主体の発想を典型的にあらわすものである．

4　消費社会

20世紀半ば頃から「つくるよりも売る方が難しい」時代,「生産」よりも「消費」に重点が置かれる社会があらわれる．それが「記号消費」を特徴とする消費社会である．消費社会のなかで人びとはモノ（サービス）の機能や有用性ではなく，それに付着した良いイメージを消費するのである．

5　他人指向型

D. リースマンは同調性の様式である社会的性格を「伝統指向型」,「内部指向型」,「他人指向型」に分類するが，現代の消費社会に適応的なのは，他者がどのような行動をとるのかをレーダーのように感知して，それに応じて自分の行動を決定するような他人指向型である．

6　CI広告

消費社会のなかで，生産の側である企業は消費者のニーズを先取りしてつくりだす．そのための仕掛のひとつが広告である．近年，企業は自社，あるいはそのブラント，その商品のイメージを主体的に構築するために「CI広告」を打ち出している．

《読書案内》
1) ウェーバー，M.（大塚久雄訳）『プロテスタンティズムの倫理と資本主義の精神』岩波文庫　1989年
   近代資本主義という特殊な経済行為の成立に作用した経済倫理（資本主義の精神）の起源を禁欲的プロテスタンティズムの倫理に見いだしたM. ウェーバーのあまりにも有名な古典．現世に何の未練もなく，ひたすら魂の救済を願ったプロテスタントたちがその世俗内禁欲の結果として資本の蓄積をもたらしたという指摘が哀しくも美しい．
2) ボードリヤール，J.（今村仁司・塚原史訳）『消費社会の神話と構造』紀伊國屋書店　1979年
   現代社会において，われわれはもはやモノやサービスの有用性（機能）を消費するのではない，他者との差異を際立たせるためにその記号性（イメージ）を消費するのだと主張した消費社会論の嚆矢となる一冊である．
3) 見田宗介『現代社会の理論—情報化・消費化社会の現在と未来—』岩波新書　1996年

現代社会の「光」の部分である消費（化）社会を駆動している基本的なメカニズムについて省察したうえで，システムの外部，現代社会の「闇」の部分である環境／資源と貧困の問題とを関連づけることで，現代社会を統合的にとらえた消費社会論の応用編的な一冊．複雑に見える消費社会をシステムとして明晰に分析している．

《参考文献》

Baudrillard, J.（今村仁・塚原史訳）『消費社会の神話と構造』紀伊國屋書店　1979年

正村俊之「近代の行方―資本主義が近代を変容させるとは―」吉田民人編『社会学理論でとく現代のしくみ』新曜社　1991年

見田宗介『現代社会の理論―情報化・消費化社会の現在と未来―』岩波新書　1996年

Riesman, D. (with Glazer, N. and Denney, R.)（加藤秀俊訳）『孤独な群衆』みすず書房　1964年

上野千鶴子『〈私〉探しゲーム―欲望私民社会論』筑摩書房　1987年

Weber, M.（大塚久雄訳）『プロテスタンティズムの倫理と資本主義の精神』岩波文庫　1989年

第3部

社会学の諸相
——現代社会へのアプローチ——

　現代社会を社会学的に分析する試みは，社会学が誕生したコントやデュルケームの時代から今日まで，数え切れないほど多くの社会学者によって行われています．「現代社会」と格闘の歴史である古典的著作は，歴史・社会的文脈の違う世界で生きている私たちが理解するには，多大な努力が必要ですが，その結果，私たちの社会的世界が，時空を越えて拡大することは確かです．それは社会的人間としての自己の拡張を意味します．

　しかし，それは初心者には大変ですので，まずは本書の著者たちによる現代社会への分析的アプローチを，ほんの少しだけ紹介します．

　第3部「社会学の諸相——現代社会へのアプローチ——」として語る各章は，身近な家族，地域社会から仕事や情報社会，そして日本の学生について論じます．これだけでもあなたの現代社会への見方が広がるはずです．しかし，これはあくまでも私たち著者の関心にしたがって，読者の皆さんに伝えたい社会学的問題の一端を示したに過ぎません．

　皆さんの知的好奇心がこれらの章の熟読によって刺激され，《読書案内》に導かれてさらに深く社会学の世界に入っていくことを期待しています．そして，自分の社会認識の拡がりを楽しんでください．

　これらの章を学んだ後で，それ以前のあなたを今一度思い出して見てください．あなたの社会に対する見方は，以前よりはるかに自由になり，大きく広がっているはずです．

第10章　支援される存在としての家族
第11章　地域社会の現在
第12章　若者と働くことの意味
第13章　情報社会の陥穽
第14章　国際化と日本の大学生

第10章
支援される存在としての家族

1　子どもと家族を応援する日本

　これからの少子高齢化の厳しい見通しを踏まえて,「子どもと家族を応援する日本」重点戦略が2007(平成19)年12月に政府・少子化社会対策会議において策定されている．この戦略は,人口減少下にあっても社会経済の持続的な成長のため,女性をはじめ働く意欲をもつすべての人の労働参加を実現しながら,希望する結婚・出産・子育てを可能にすることをめざしたものだ．そして,子どもと家族を応援するといっても,単に困難な状況にある子どもや家族,たとえば,障害児や母子家庭,DV被害者とその子どもなど,あるいは里親や児童福祉施設での社会的養護が必要とされる子どもやその家族への支援というだけでなく,ごく普通の家庭の子育てと就労の支援まで視野にいれた,すべての子どもと家族を対象とする点で新しい．

　これによって,たとえば,子育て期間中の働き方を見直し,仕事を続けやすい仕組みづくりを行うとともに,父親も子育てができる働き方の実現をめざす「育児・介護休業法」の改正や,子ども手当や放課後児童クラブ,地域子育て拠点事業など,いくつもの子ども・子育て支援の施策が実行されようとしている．しかし,その実今日でも働く女性の約6割が第一子出産前後に仕事を辞

め，その理由として多くあげられるのが，「仕事と子育ての両立が難しい」である．仕事を続けたいと思っている女性は少なくないはずだが，「勤務時間があわない」「職場に両立を支援する雰囲気がない」「体力がもたなさそう」「子どもの病気でたびたび休まざるを得ない」など，育児休業後に職場に復帰してからの働き方が問題となって就業を継続できていないのが実情だ．

　女性の育児休業取得率は約90％に上る一方，男性の育児休業取得率はわずか1％にすぎない．働く女性や共働き家庭が増えている中で，男性も女性も，「仕事も家庭も」両方を実現したいというニーズが高まっているにもかかわらず，現実には仕事と家事・育児・介護などの家庭生活との両立はことのほか難しい．育児に専念してみたいと思っても仕事のことを考えるととてもできなかったり，反対に仕事を続けたいと思っても育児や介護のために仕事をあきらめたり，子どもが欲しくても仕事のことを考えてあきらめたりといったケースは本当に多いはずだ．このことは，取りも直さず「仕事か家庭か」という二者択一を迫られるような働き方，職場環境があったからであろう．

　こうした中で，働き方を見直して，仕事と生活の調和を図り，両方を実現する「ワーク・ライフ・バランス（仕事と生活の調和）」という考え方が広がってきている．これは，一人ひとりが充実感を感じながら働き，家庭や地域生活などにおいても，子育て期，中高年期といった人生の各段階に応じて仕事と生活が調和した多様な生き方が選択・実現できる社会をめざすもので，こうしたワーク・ライフ・バランスの流れを，社会全体の動きとするために，政府は，2007（平成19）年に，「仕事と生活の調和（ワーク・ライフ・バランス）憲章」および「仕事と生活の調和推進のための行動指針」を策定している．

　また，「子どもと家族を応援する日本」重点戦略に先立って「男女共同参画社会基本法」が制定され，1999（平成11）年6月23日に公布・施行されている．男女共同参画社会とは，「男女が，社会の対等な構成員として，自らの意思によって社会のあらゆる分野における活動に参画する機会が確保され，もって男女が均等に政治的，経済的，社会的及び文化的利益を享受することがで

き，かつ，共に責任を担うべき社会」(法2条)とされる．

　広く社会における制度や慣行においてもその男女の活動は同等のものであるべきだが，男性，女性という性別を理由として，「男は仕事・女は家庭」，「男性は主要な業務・女性は補助的業務」などと固定的な考え方により男性，女性の役割を決めている例は枚挙にいとまがない．たとえば，子どもの養育，家族の介護等の家庭責任はまだ女性がその多くを担っているという状況は現在でもあまり変わることがない．

　やや古いデータだが，2001 (平成13) 年の総務省「社会生活基本調査」によると，家事・育児・介護等の時間は，共働き家庭で夫は25分，妻は4時間12分，専業主婦家庭で夫は32分，妻は6時間59分となっている．男女共同参画社会では，男女が共に社会のあらゆる活動に参画していくためには，家族を構成する男女が相互に協力をするとともに，社会の支援を受けながら，家族の一員としての役割を円滑に果たし，家庭生活と仕事や地域活動など活動との両立が図られるようにすることが求められ，こうした社会の実現を今日では政府が積極的に推進しているのである．

　これらの議論は，確かに行政の政策課題であったり法律であったりして，一見社会学とはやや距離があるもののように思われるが，けっしてそうではない．今日ではこれほどまで，家族のありようや人びとの子育て，働き方について，政府が関与しようとしていることこそ現代の家族に関する最も特筆すべきものなのである．今日，日本では子どもと家族は政府から公的に応援されているのである．この実情を知らずして，家族を語ることはできない．

2　現実の家族の捉え方

　まずは，家族をどう捉えるかから考えてみよう．社会学では，家族を考える際には，家族だけでなく家族を取り巻く社会関係にも考慮する．夫婦関係や親子関係，きょうだい関係などだけでなく，親族・血族，地域や社会との関係も

視野に入れるのである．また，地位・役割にも注意を払う．「家族の役割」，「夫の地位」，「母の役割」，「長男の務め」などである．これらは他者や社会との関係のなかで「家族はこうあるべき」，「妻はこうあるべき」とか「親子はこうあるべき」といった規範を伴うものである．こうしたいわゆる役割期待にもこだわるのが社会学的な捉え方といえるだろう．

さて，この社会学に限らず社会科学の分野における家族の概念や定義は数多い．しかし，一般的には，家族は「夫婦関係を中心として，その子ども，あるいは夫婦の親や兄弟などの近親者から構成される生活集団」と解してよい．そして，家族は人間社会のなかでもっとも古く，もっとも広くゆきわたった制度のひとつであり，どのようなかたちであれ，この家族という制度をまったくもたないような社会は存在しないことが事実として認識されている．

フォックス（Fox, R.）はこの家族の制度に関して，3つの生物学的事実と2つの社会・文化的事実からなるものと説明している．3つの生物学的事実とは，"1) 生殖：女性が子どもを生むこと，2) 性：子どもを生むための性関係のパートナーの存在，3) 社会化：生まれた子どもを一定期間誰かが保護，養育する"であり，2つの社会・文化的事実とは，"近親間で性関係をもたないこと（インセストタブー）と男女間で役割分業がされていること"である．

もし，この説明の"誰かが"の部分に違和感を覚えるならこういう補足はどうだろうか．たとえば，ミクロネシアの母系制社会では，性関係のパートナーが父とはならず，母方の親族が子どもの保護者の役割を果たす．また，こうした「父のいない社会」はこのミクロネシアの社会に限らず他にも数多く存在するし，その社会では結婚という制度もなかったりもするのである．それでも，人間のあらゆる社会において家族が存立しているのであれば，家族とは「子どもをどう生みどう育てるかに関するシステム」ということもできるだろう．

また，バーガー＆バーガー（Berger, P. L. & Berger, Brigitte）は，今日，家族は子どもにとっては社会にでるための〈待機する〉場所，おとなにとっては外部社会からの〈避難所（シェルター）〉であるとしたうえで，大多数の社会科学

者が認める家族の機能として，まず3つの人間の基本的活動をあげる．

その人間の3つの基本的活動とは，"1）性，2）生殖，3）第1次社会化"であり，家族の基本的機能は，人間の性のパターン化（誰と性関係を結んでよいかの規範）と出産と育児の過程を保護すること（誰の子どもをどう生み育てるかの行動パターン）にあるとしている．もちろん，この人間の3つの基本的活動は先のフォックスの3つの生物学的事実と2つの社会文化的事実の両方を踏まえたものであることはいうまでもない．

これに加えて，家族を2つの2次的機能と自己充足・私的領域（プライバシー）から説明する．2次的機能としては，法律と経済をあげている．法律的機能とは，生まれてきた子どもに命名することにより，その子がどの家の一員であるか，社会のなかで何者であるのかを位置づけ，その人間の基本的な法律上の立場を決定し，その権利を保障する．経済的機能は，家族は共同生活の単位として生産や消費の単位として機能しているのである．そして，家族の新しい機能として自己充足・私的領域（プライバシー）を，外部世界から隔離された領域で充実感と満足をもたらすもので，現代にあっては重要な機能となっているとしているのである．

ところで，現代の家族は2人の配偶者どうしの関係を中心にできあがっている．この現象は，産業化社会の進展に端を発するものであるが，日本を含め先進国社会はもちろん，今やアジア，アフリカまで広がり普遍的といえるほどのものである．マードック（Murdock, G. P.）の分類に従えば，核家族（nuclear family）がこれである．また，これと対照的な型が，拡大家族（extended family）である．

核家族は，結婚によって成立した1組の夫婦とその未婚の子どもからなる家族をいう．拡大家族は，夫婦やその子どもに加え，夫婦の親や兄弟姉妹，その配偶者や子ども，遠縁の親族なども同居する家族をいう．この核家族と拡大家族は，いわば誰が家族なのかという家族の成員の構成や規模を基準にした家族形態に関する分類であるが，別の家族形態の捉え方もある．

たとえば，バージェス（Burgess, E. W.）とロック（Locke, H. J.）は，家族を規範的側面あるいは行動基準から分類し，「村落的な制度家族から都市的な友愛家族へ」とした．産業化・都市化に伴い，古い伝統や慣習，権威に縛られた家族から愛情と合意にもとづく家族へ移行するというもので，この友愛家族こそ近代家族像を体現したものとされる．近代家族の条件は，夫婦と子どもからなる核家族であること，夫婦間および親子間に密接な情愛と役割分担があること，家族は地域など他の社会的領域から分離されることなどがあげられている．

家族内での地位・役割を基準にしたものに定位家族（family of oriented）と生殖家族（family of procreation）がある．定位家族は自分が生まれ育った家族を，生殖家族は自分が結婚して子どもを生み育てる家族をさす．そして，多くの人間はその一生の間にこの2つの家族を両方経験することになる．われわれは，子どもとしてまず定位家族に生まれ育つわけだが，いつか結婚し，自らの子どもを生み育てようとするその家族は生殖家族とよばれるものとなるのである．

また，婚姻と居住規制，財産の継承を基準にしたものでは直系家族（制）や複合家族（制），夫婦家族（制）がある．直系家族は親が跡取りとなるひとりの子どもとその結婚後も同居し，財産の大部分を相続させ，これを代々繰り返すものである．日本に特有のものではなく，ヨーロッパやアジアの社会に広くみられるものである．複合家族は，親が男の子どもすべてとそれぞれの結婚後も同居することを原則とするものである．

明治憲法下の日本の家制度では，直系家族制のなかでも，とくに長男が家を継承し家内で家長として特別の権威をもっていた．夫婦家族（制）は，その家族に一生涯とどまるのは夫と妻だけで，子どもは成長に伴って親元を離れて自分の生殖家族をつくり，独立した生活単位を構成するものである．したがって，この家族は夫婦の結婚によって成立し，死亡によって消滅する．日本でも他の先進国でも核家族が普遍化した社会ではこれが一般的ともいえるが，個人主義な価値観が根強いアメリカやイギリス，社会保障制度が充実する北欧諸国

ではこの夫婦家族（制）の傾向がさらに強い．やはり，家族を捉える際の本質は，フォックスらがいうように，「子どもをどう生みどう育てるかに関するシステム」といっても過言ではないだろう．

3　現実の家族は今

　今日の先進国社会における家族の変貌は，核家族化，小家族化，家族機能の縮小などに特徴づけられる．今日の社会では，『クレヨンしんちゃん』の野原家のような「核家族」が主流であり，サザエさん一家のような「拡大家族」は少数派であることはいうまでもない．婚姻届を出さない事実婚，あえて子どもを持たない共働き夫婦（DINKS），双方が子連れの再婚家族（ステップファミリー）など新しい形態の家族も今やめずらしくはない．

　ここでは，現実の日本の家族の姿を，とくに小家族化に関連するデータを使って確認してみたい．実のところ，家族そのものに関する数的データは存在しないため，家族に代替するものとして広く行政統計に利用されている「世帯」を使うことにする．「世帯」（household）とは，住居と一部の生計を共同する人びとからなる集団，または生活単位である．家族と「世帯」はイコールであることが多いが，家族が全員が必ず同居しているはずもない．単身赴任や夫婦別居に限らず，通学のため職場が遠いため住居が狭いためなどの理由から，同じ家族であっても離れてひとり暮らしをしていることなどはめずらしくもないのである．

　なお，国勢調査ではこの世帯を「一般世帯」と「施設等の世帯」に区分しており，「一般世帯」は「施設等の世帯」以外のすべての世帯をいう．これから除かれる「施設等の世帯」とは，学校の寮の学生・生徒や病院の入院患者，老人ホームや福祉施設等の入所者，自衛隊の営舎・艦船内の居住者，刑務所などの矯正施設の入所者などの世帯をさしている．

　さて，平成17年国勢調査によると，日本の世帯数は，一般世帯で4,822万

世帯，世帯人員は1億2,524万人である．このうち，「単独世帯」（ひとり暮らし世帯）は1,333万世帯で，一般世帯全体の約3割（27.6％）を占める．3世帯に1世帯はひとり暮らし世帯ということで，その多さが気になるだろう．また，一般世帯数の推移を1985（昭和60）年以降についてみると，一貫して増加が続いているものの，1世帯当たり人員の推移では一貫して減少を続けている．1955（昭和30）年に4.97人であったものが，2005（平成17）年には2.60人と半減に近い人数まで減少しているのである．ひとり暮らし世帯の多さと1世帯の小規模化が明らかとなっている．

また，一般世帯数を家族類型別にみると，「夫婦のみの世帯」は966万世帯（一般世帯数の20.0％），「夫婦と子から成る世帯」は1,464万世帯（同30.4％），「ひとり親と子から成る世帯」は410万世帯（同8.5％），「その他の世帯」は650万世帯（同13.5％），「単独世帯」（ひとり暮らし世帯）は1,333万世帯（同27.6％）である．

さらにこれらの推移を詳しくみると，「夫婦のみの世帯」と「ひとり親と子から成る世帯」は増加が続いていて，最近の2000（平成12）〜2005（平成17）年では「夫婦のみの世帯」が9.3％の増加となり，「ひとり親と子から成る世帯」が14.7％と大幅な増加となっている．シングルマザーやファーザーの増

図表10—1　平均世帯人員の推移

年	1955	1975	1985	1990	1995	2000	2005
平均世帯人員（人）	4.97	3.28	3.14	2.99	2.82	2.67	2.60

図表10—2　一般世帯の家族類型別割合の推移

世帯の類型（％）／年	1990	1995	2000	2005
単独世帯	23.1	25.6	27.6	27.6
核家族世帯	59.5	58.7	58.4	58.9
（夫婦のみの世帯）	15.5	17.4	18.9	20.0
（夫婦と子からなる世帯）	37.3	34.2	31.9	30.4
（ひとり親と子からなる世帯）	6.8	7.1	7.6	8.5
その他の一般世帯	17.4	15.7	14.0	13.5

加は近年よく知られているが,同時に夫婦のみの世帯の増加も進んでいることは,家族が果たしてきた介護や扶養といった機能を考えると誰が介護や扶養をするのかという問題を表面化させるかもしれない.

なお,一般世帯数のうち6歳未満親族のいる世帯は504万世帯（一般世帯数の10.4%）で,この6歳未満親族のいる世帯の一般世帯数に占める割合の推移をみると,1990（平成2）年以降減少が続き,これからもいわゆる少子化の進行が窺える.

同様に,65歳以上の親族のいる一般世帯数は1,798万世帯で,2000（平成12）年と比べると,294万世帯（19.5%）増となっている.一般世帯に占める割合は,1995（平成7）年の29.1%から2000（平成12）年には32.2%,2005（平成17）年には37.3%となっており,少子化同様高齢化の進行も明らかだ.

さらに,65歳以上の親族のいる一般世帯数を家族類型別にみると,「核家族世帯」が875万世帯と最も多く,次いで65歳以上の者が子ども夫婦や孫などと同居しているなどの「その他の世帯」が519万世帯となっており,「ひとり暮らし高齢者」は405万人となっていて,「核家族世帯」と「ひとり暮らし高齢者」の割合が急速に増加している.とくに「ひとり暮らし高齢者」(405万人)は,2000（平成12）年からの5年間で102万人（33.5%）増となっていて,高齢男性の10人に1人,高齢女性の5人に1人がひとり暮らしとなっているのである.

図表10—3　6歳未満親族のいる一般世帯数と割合の推移

	1990	1995	2000	2005
6歳未満親族のいる一般世帯数（千世帯）	5,777	5,380	5,356	5,036
一般世帯数に占める割合（%）	14.2	12.3	11.4	10.4

図表10—4　65歳以上親族のいる一般世帯数と割合の推移

	1995	2000	2005
65歳以上親族のいる一般世帯数（千世帯）	12,780	15,045	17,984
一般世帯数に占める割合（%）	29.1	32.2	37.3

ところで，国連の世界保健機関（WHO）の定義では，65歳以上の人のことを高齢者とし，65-74歳までを前期高齢者，75歳以上を後期高齢者という．また，日本の法律制度では老人の定義は明確にされていないが，老人福祉法・介護保険法などは65歳以上を，後期高齢者医療制度では75歳以上もしくは65歳以上の重度の障害者をその対象としている．なお，人口の年齢構造では，65歳以上を高齢人口という．

こうした高齢人口の増大は，やはり社会にさまざまな影響を及ぼすが，とりわけ家族の問題で考えるなら，要支援世帯と単身世帯の増加がなにより重要である．高齢者となれば，成人期ではあまり見られない生活上のケアが必要になる．疾病の罹患率も高くなるし，体も少しずつ不自由になり，自立した生活の維持も徐々に難しくなる．問題はその介護である．日本では，「親の面倒は息子（とくに長男，そして実態は長男の妻）や親族がみるもの」という意識が今日でも根強く，介護保険制度など公的な介護の制度が整いつつあっても，この介護が家族にとっては重い負担となっている場合が少なくない．また，介護を行う家族（配偶者や子）もまた高齢者であるという「老老介護」の問題も顕在化している．さらに，単身世帯の場合は，世帯員相互のインフォーマルな支援が期待できず，社会的リスクに弱いため社会による支援がより必要になる．高齢化は，少子化とならんで大きな問題であることはいうまでもない．

4　少子化は大問題

家族に関する課題は，人間の社会である限りいかなる時代いかなる社会であっても何かしらあるに違いない．とくに近代以降，家族のあり方が問われるたびその危機が議論されてきた．今日でも，家族機能の脆弱化，地域社会の崩壊，家事の外部化などいくつも指摘されている．家族がもつ本来の機能の大部分について国家や企業が提供する仕組みが整い，家族が果たすことができる役割が情緒的機能に限定されつつあるかような今日だからこそ，共働き世帯や一

人親世帯への子育て支援，地域社会ネットワーク構築の支援など，重要な課題は数多くある．

国立社会保障・人口問題研究所「日本の将来推計人口」(2006 (平成18) 年12月推計) では，日本の総人口は，現在のおおよそ1億3千万人から，2020 (平成32) 年頃には1億1千万人を割り，2040 (平成52) 年頃には1億人も割り込むとの見通しが示され，今後，一層少子化・高齢化が進行し深刻な人口減少社会が到来するとしている．つまり，今後数十年で日本の人口は現在の4分の3にまで減少するわけであるが，これは単純な人口規模の縮小ではなく，高齢者数の増加と生産年齢人口の減少という急激な「人口構造の変化」による日本の経済社会の衰退も危惧される数字であることはいうまでもない．少子化は将来の人口減少，ひいては社会そのもの衰退・消滅につながる深刻な問題なのだ．そして，何も日本だけの問題ではない．他の先進国社会でも，東アジア諸国でも顕在化している問題である．

少子化とは，長期的に人口が安定的に維持される合計特殊出生率の水準（「人口置換水準」）を相当期間下回っている状況と定義されている．この合計特殊出生率は，15～49歳までの女性が一生の間に生む子ども数の統計的推計値で，標準的な水準は2.1前後とされ，この数値を割り込み続けると将来人口が長期的には減少していくことになる．

『少子化社会白書』(平成21年版) によれば，現在，2007 (平成19) 年で日本の出生数は109万人，合計特殊出生率は1.34である．1947 (昭和22) 年から1949 (昭和24) 年の第1次ベビーブーム（団塊世代）には，270万人，4.3,

図表10—5　主な国の合計特殊出生率

国・地域	年次	合計特殊出生率	国・地域	年次	合計特殊出生率
日　本	2007	1.34	イタリア	2007	1.34
アメリカ	2006	2.10	ドイツ	2007	1.37
フランス	2008	2.02	韓　国	2008	1.19
スウェーデン	2008	1.91	シンガポール	2007	1.29
イギリス	2007	1.90	香　港	2007	1.02

1971（昭和46）年から1974（昭和49）年の第2次ベビーブーム（団塊ジュニア世代）では210万人，3.3あったものが，その後増加と減少を繰り返しながら，緩やかな減少傾向を辿ってきた結果だ．

図表10−5のすべての国で1960年代までは2.0以上の水準にあったが，その後1970（昭和45）年から1980（昭和55）年頃にかけて各国とも一旦低下傾向となった．子どもの養育コストの増大，結婚・出産に対する価値観の変化，避妊など出生抑制技術の普及等がその要因と指摘されているが，欧州諸国（とくにフランス，スウェーデン，ドイツ）では1990年代以降，出生率は一定水準まで回復している．これは，子育てに対する経済的支援とあわせ，保育サービスや育児休業制度といった仕事と育児・家庭に対する「両立支援」を行った成果とされ，一方，日本を含む東アジアでは，この少子化に歯止めがかからず「超少子化」ともいえるような状況を呈しているのが現状である．

ところで，結婚している夫婦から生まれた子どものことは嫡出子といい，未婚の母など結婚していない母親から生まれた子どもは非嫡出子あるいは婚外子というが，日本の場合は現在でもこの婚外子がきわめて少ない．生まれてくる子ども全体に対する婚外子の割合は，日本がわずか2.0％であるのに対して，スウェーデン55.4％，フランス48.4％，アメリカ36.8％など欧米の多くの国で30％を上回る．これが結婚や出産に関する文化や価値観の違いであることは間違いないが，こと少子化問題にとっては，結婚してから子どもを生む日本では，出産そのものよりもその前提となっている結婚を促さないと始まらないことがわかるだろう．

5 非婚化・晩婚化とすべての家族に援助が必要な時代

現代の家族には，ごく当たり前にとてもレベルの高い情緒的，道徳的な期待がかけられている．たとえば，「夫婦は互いに愛し合うべきである」，「親は子どもに最大の愛情を注がなければならない」，そして，「家族は，夫婦・親子・

きょうだい，それぞれが個人として自立し互いを思いやらなければならない」などのようにである．あるいは，家族を形成する前の独身時代であったなら，「結婚は恋愛結婚でなければならない」，だから，「理想的な相手と愛し合わなければならない」，そのためには，「運命的な出会いをしなければならない」だ．こんなふうに恋愛や結婚のハードルを高くしてしまうような風潮さえある．

　家族にせよ，結婚にせよ，理想をいえばたぶんキリがない．しかし，これではそうした理想に応えることができるごく少数の人を除いては大変だ．こんなふうにみんなが考えるなら，結婚の，そして家族のなんと難しいことか．恋愛にせよ家族にせよ，何かしら理想とは異なるものだ．いや，相当異なるのが現実であろう．

　未婚化・晩婚化・晩産化が日本で進行していることは紛れもない事実であり，前節の少子化の重要な要因とみなされている．『人口動態統計』によれば，1975（昭和50）年と2007（平成19）年では，平均初婚年齢は男性で27.0歳から30.1歳へ，女性で24.7歳から28.3歳と上昇している．男女とも約30年間で3歳以上も遅くなっていることになる．また，生涯未婚率をみても今や男性16.0％，女性は7.3％であり，とくに男性はやはり同じ30年の間に約8倍にもなっている．さらに，未婚化・晩婚化は少子化と同様に世界的な傾向で，国連の調査では，1970年代と1990年代で，世界の平均初婚年齢はおよそ2歳遅くなって，男性が25.4歳から27.2歳へ，女性が21.5歳から23.2歳へと上昇し，この傾向は先進国だけでなく，途上国でも確かめられている．ただし，日本の男30歳女28歳という数字は世界的にも突出して遅いことも事実である．

　『少子化社会白書』（平成21年版）では，こうした事実に加えて，結婚年齢が遅くなるという晩婚化が進行すると，それに伴い出生したときの母親の平均年齢も遅くなるという晩産化の傾向があらわれることを指摘している．実際，2007年の場合，第1子が29.4歳，第2子が31.4歳，第3子が32.9歳であり，ほぼ30年前の1975年と比較すると，それぞれ3.7歳，3.4歳，2.6歳も遅くなっている．高年齢になると，出産を控える傾向にあることから，晩婚化

や晩産化はそのまま少子化の原因となるというのである．

　ちなみに，2005（平成17）年の「国勢調査」によると，25〜39歳の未婚率は男女ともに引き続き上昇していて，男性では，25〜29歳で71.4％，30〜34歳で47.1％，35〜39歳で30.0％，女性では，25〜29歳で59.0％，30〜34歳で32.0％，35〜39歳で18.4％となっている．30年前の1975（昭和50）年においては，30代の男性・女性ともに約9割が結婚していたことを考えると，この間，未婚化・晩婚化が急速に進行していることがわかる．

　この未婚化・晩婚化の要因は，女性の高学歴化や社会進出によって結婚を意識する年齢が高くなったことに加え，「適当な年齢になれば結婚する」，「結婚することで一人前になった」といった価値観をもつ人が減少し，「家系の存続のため」という義務感よりも「結婚は各人の自由で，したいからする」という個人主義的な態度が定着したためと考えられている．

　国立社会保障・人口問題研究所の「第13回出生動向基本調査（夫婦調査・独身者調査）」はこの点で興味深いものだ．ここで明らかにされている事実は，「結婚意思を持つ未婚者は9割」，「未婚男性の過半数，女性の4割強は異性の交際相手を持っていない」，「夫妻が出会ったきっかけは，友人やきょうだいを通じてが30.9％，職場・仕事関係が29.9％」，「結婚に至るまでの平均交際期間全体3.8年　恋愛結婚4.1年」などだ．9割の未婚者が結婚の意志はもつものの，半数は交際相手をもっていなかったり，夫婦の出会いも，「職場で」から首位が入れ替わって「友人きょうだいを通じて」になったりと，いよいよ職場恋愛もままならず結婚が遠い様子が歴然としている．

　現在，政府は少子化対策拡充に向けて，新しい「少子化社会対策大綱」を策定するため「ゼロから考える少子化対策プロジェクトチーム」を立ち上げて少子化社会対策の推進に向けての議論を進めている．だが，驚くことにその第1回会合（2009（平成21）年2月10日）のテーマは，「恋愛・結婚」なのである．つまり，もはや恋愛や結婚でさえ何らかの公的な社会的支援が準備されようとしているのである．

実際そこでの議論では，近年の調査においては，「夫は外で働き，妻は家庭を守るべき」と思っている20代女性は約4割となっているなど，依然として性役割分業意識が高いことや，未婚女性が求める男性の収入と未婚男性の収入を比較すると，東京では25〜34歳の未婚女性の約7割が男性に400万円以上の収入を求めながらも，25〜34歳の未婚男性の約8割の年収は，400万円以下となっており，両者の間に大きなかい離がみられること，そのために，若者の結婚を支援するために，若者の出会いの創出，男女のコミュニケーション力やライフデザインを支援する必要性などが指摘されている．

家族がこんなにも社会から支援される存在となったことが現代の家族の大きな特徴といえる．いつの時代であっても，どんな社会であっても，人間が社会の中で生きていくことは容易ではなく，困難も尽きないものだ．しかし，現代社会にあってなお，人間の基本的な活動，あるいは生物学的事実である，「子どもを生み育てること」そのプロセスが多くの人間にとって困難を伴うものとなってしまっていて，その前段階においても，社会からの支援・援助が必要な時代であること，つまりすべての家族に支援が必要とされていることをわれわれは理解しなければならない．

コラム10：おひとりさまの老後

　厚生労働省が発表したデータによると，平成21年の日本人の平均寿命は男性79.59歳，女性86.44歳である．女性は25年連続世界1位，男性も4，5位あたりというところで，日本が世界有数の長寿国であることは間違いないし，単純に考えて女性は男性よりおおよそ7歳くらい長生きをする．このことのシンプルな帰結として「長生きをすればみんな最期は独りになる．女はそう覚悟しておいたほうがいい」と主張して話題を呼んだのが，女性学・ジェンダー研究の日本における第一人者である上野千鶴子の『おひとりさまの老後』（法研，2007年）である．

　同書では，ずっとシングルであろうと，離・死別でシングルアゲインであろうが，65歳以上の女性で55％，80歳以上で33％が独身であることを指摘し，高齢独居女性の自宅か老人ホームかという住居の問題からお金の工面，

介護の受け方など老後のおひとりさま生活のスキルとインフラを紹介し，「21世紀はおばあさんの世紀」であると結んでいる．

第10章のまとめ

1 子どもと家族を応援する日本
　人口減少下にあっても社会経済の持続的な成長のため，女性をはじめ働く意欲を持つすべての人の労働市場参加を実現しつつ，国民の希望する結婚・出産・子育てを可能にすることをめざした政府の家族支援の施策．

2 家族の定義
　夫婦関係を中心として，その子ども，あるいは夫婦の親や兄弟などの近親者から構成される生活集団．その基本的な機能は，"1) 性，2) 生殖，3) 第1次社会化"であり，現代では情緒的，精神的な機能が重要視されている．

3 核家族
　結婚によって成立した1組の夫婦とその未婚の子どもからなる家族．先進国社会のみならず，今日では普遍的ともいえる家族の形態である．

4 少子化
　長期的に人口が安定的に維持される合計特殊出生率の水準（「人口置換水準」）を相当期間下回っている状況のことであり，結婚してから子どもを生む風潮が強い日本では，出産の前提となっている結婚を促さないと改善は難しい．

5 すべての家族に援助が必要な時代
　困難な状況にある家族だけでなく，共働き世帯や一人親世帯への子育て支援，地域社会ネットワーク構築の支援など，重要な課題は数多くある．しかし，恋愛や結婚でさえ何らかの公的な社会的支援が準備されようとしているのが現代の家族なのである．

《読書案内》
1）山田昌弘『近代家族のゆくえ』新曜社　1994年
　家族愛にはパラドックスがつきまとうとして，歴史社会学やフェミニズム理論から近代家族の矛盾した性格と危うさを論じている．
2）落合恵美子『21世紀家族へ―家族の戦後体制の見かた・超えかた』有斐閣　2004年
　「家族の戦後体制」というキーワードで日本の家族を解き明かし，21世紀の家族像を描いている．初版は1997年で，この第3版では晩婚化は進み，出生率はさらに低下した現在の家族像を捉えるため，序文を新たに追加し，データも更新している．
3）藤見純子・西野理子編『現代日本人の家族：NFRJからみたその姿』有斐閣　2009年
　日本家族社会学会がこれまでに実施した全国家族調査データを基づいて，現代日本の家族の姿を多面的に紹介している．

《参考文献》
バーガー，P. L. & B.（安江孝司・鎌田彰仁・樋口祐子訳）『バーガー社会学』学研　1979年
山田昌弘『近代家族のゆくえ』新曜社　1994年
網野武博編『家族援助論』建帛社　2002年
内閣府編『平成21年版 少子化社会白書』2009年

… 第11章 …
地域社会の現在

1 はじめに

　わが国においては，1950年代以降，とくに高度経済成長期において，都市への産業の集中と規模拡大に伴う村落から都市への人口集中，すなわち都市化現象が著しく進展し，農村においても旧来の「家」や「村」のほとんどは崩壊もしくは解体した．そして農村においても都市においても伝統的地域社会や住民組織は，衰退化した．この過程で地域社会における伝統的な相互扶助機能の衰退に伴う高齢者に対する家族員の介護の困難化の問題も顕在化した．

　このような状況において，地域社会の再編成が政策的にも実践的にもとりあげられるようになってきた．そして，住民による地域福祉活動を基盤として地域社会の再編成の可能性を指摘している先行研究もみられる．

　園田恭一は，地方都市では，一般的に伝統的地域社会や住民組織を基盤として地域社会の再編成が行われる場合が多い．また，大都市では，旧来からの組織や団体からはなれた独自の，各種ボランティアサークルのネットワークやNPO組織を基盤としている場合が多いことを指摘している（園田，2003）．

　ここでは，戦後の都市化の過程，都市的生活様式と住民組織について概観し，さらに，住民による地域福祉活動を基盤とした地域社会の再編成について

地方都市の事例として佐賀県鳥栖市を取り上げ，さらに大都市の事例として東京都中野区を事例として取り上げ概説する．

2 戦後の都市化過程

周知のように，戦後日本の産業構造は，1950年代以降，70年代にかけて，とくに高度経済成長期（ほぼ1958年から1971年まで）に大きな変化（主として産業構造の高度化）がみられた．その当初，このような産業構造の変化は，欧米先進国，とくに米国からの技術導入による一連の技術革新に支えられた臨海型重化学工業や自動車産業を主導産業とし，関連産業の既存工業地帯への集中によってもたらされた．これらの重化学工業を中心とした産業構造の変化は，国による一連の地域開発政策（主として1950年の国土総合開発法を起点とし，1962年の全国総合開発計画，1969年の新全国総合開発計画等）の強力なバックアップのもとに，いわば産官協同のかたちで進められた．

このような産業構造の高度化は，太平洋ベルト地帯から，次いで全国的な新産業都市へ，さらに内陸部も含む大都市圏における基幹産業の集中，集積とその外延的拡大によって，いわば全国的な都市化，すなわち都市化社会（全体社会の都市化）から都市型社会（都市化された全体社会）への変化が著しく進展した．その結果，全国的な都市の系列化，すなわち，首都に本社が集中し，地方大都市に地方中枢事業所を配置し，その他各府県の府県庁所在都市（中都市）に地方事業所を，その他の主要都市（小都市）に系列事業所を配置する形態がきわめて徹底した形で進展した．それは単にこれら都市への資本の集中だけではなく，地方都市も含めた，労働力の集中を伴い，かくして農山漁村から都市への人口集中がとくに高度経済成長期にドラスチックに進展した．

このような都市へのおびただしい人口の集中は，農山漁村側における生活様式の都市化，さらにいえば，農山漁村家族の分割・核家族化，家族による介護機能の衰退化，都市産業への若年労働力の集中という形式で進められた．

このような都市への人口集中により，都市地域の外延的拡大や農漁村の混在住宅地化（1970年農林業センサスでは，全国農業集落における農家比率はほぼ30％に過ぎなかった），さらに山間村や離島地域の過疎化，都市の一部における過密化と，都心部のドーナツ化現象（夜間不在人口の増加）も進行した．

3　都市的生活様式

鈴木栄太郎は都市住民の主な生活構造を「世帯」と「職場」や「学校」相互間の規則的往復運動（振り子運動）とした（鈴木，1968）．この考え方は，彼の都市における「正常人口の正常生活」という概念においても述べている．この場合の「正常人口」とは，全人口から病弱者，失業者等を除去したものから，さらに学齢前幼児と高齢不就労者を除いた人口であり，一般就業者，家事従事者および在学者によって構成されている人口である．

また「正常生活」とは，「その生活の型を続けていくことにより，少なくとも社会生活が存続しうるもの」とされている．結局，都市における「正常人口」の「正常生活」を「第一に世帯を中軸にし，次に職域集団と学校集団を重要な支柱にして営まれている．したがって都市における正常人口の日々の生活は，世帯と職場との間を往復している生活である」としている．

このような職住分離の生活は，都市的生活様式の特徴ともみられる生活であり，職住一致のかつての「家」や「村」の生活とまったく対象的な生活である．このような職住分離の生活では，昼間は，居住地に不在のケースが多いので，住民の自治活動自体を少なからず制約している．また，高度経済成長期における人口の都市への集中によって，とくに，人口急増都市においては，上下水道・道路・清掃施設・交通手段・学校・社会教育施設・医療施設・公園などの社会的共同消費手段（施設）の不足など，多くの都市問題も派生した．たとえば，人口の急増による給水施設の不備によって，日照期間が多くなれば，たちまち給水制限に追い込まれたり，幼児保育や高齢者など福祉施設の不足によ

る高齢者問題や，広義の社会福祉上の諸問題が発生した．

　ところで，倉沢進によれば，都市的生活様式は，個人または家庭内だけで問題を処理する条件と能力を縮小，喪失し，地域における相互扶助的組織と機能を衰退させてきた．それだけに生活充足のために専門家・専門機関の専業・分業システムへの依存をたかめたと指摘している．一方，大都市への人口集中をやや詳細にみると，都心部においては，官庁関連機関や大企業関係事業所が集中し，それだけ一般住宅は，減少したため，夜間人口が減少し，いわゆるドーナツ化現象が進行した．そして，大都市郊外の団地等には大量の新住民が流入した．しかし，このような大都市郊外の新住民層も，とくに，人口流動が鎮静化した1970年代以降は，地域への定着傾向もみられるようになった．そこで，このようなまだ土地定着後日が浅い地域住民のなかからも新しい地域秩序形成の動きも見られるようになった．

　それは，奥田道大が指摘するように，実践的には，生活環境条件の向上要求をきっかけとした住民運動の盛り上がりのケースなどにおいて認められた事実であった．また，近年のように外国人労働者や留学生等のいわゆる「ニューカマー」の来住例も多くなったなかで「様々な意味での異質・多様性を認めあって，相互に折り合いながら，自覚的に築く洗練された新しい共同生活の規範・様式といった斬新な都市コミュニティモデルも示されるようになっている（奥田，1982）．

　また，相対的に人口流動が鎮静化した近年において，都市化が成熟段階に達した関西都市圏，とくに大阪市では，都市周縁部にあった企業の流出，人口減少，高齢化等による地域管理能力の弱体化に伴って，かかる都市地域の再生をはかるインナーシティ（inner city）問題が少なからず現実化しているとみられている（奥田，1985）．

4 伝統的住民組織の解体と再編成

　以上見てきた都市化の進展によって，都市においても，農村においても伝統的地域社会や住民組織が解体した．都市における伝統的住民組織である町内会は，①親睦（運動会，祭礼の実施），②生活上の共同（防火，防犯，防災），③環境整備（下水，街燈，道路管理・維持），④行政補完（行政連絡事項の伝達，募金協力，行政への陳情，要望），⑤町内の統合・調整（役員の選出，町内会費の徴収，地区内集団の統制・調整）等の機能をもっていた．しかし，高度経済成長以降の町内住民の職住分離や移動の激化によって，解体もしくは，行政補完機能のみが残り，形骸化したケースが少なくなかった．さらに，この過程で地域社会における伝統的相互扶助機能の衰退に伴う高齢者に対する家族員による介護の困難化の問題も顕在化した．

　このような状況において，コミュニティの形成（地域社会の再編成）が政策的にも実践的にも取り上げられはじめた．すなわち1969（昭和44）年に国民生活審議会は，『コミュニティ―生活の場における人間性の回復』という報告書を発表した．また，同じ1969（昭和44）年に，東京都社会福祉審議会は，「東京都におけるコミュニティ・ケアの進展について」という答申を発表し，さらに，1971（昭和46）年には，中央社会福祉審議会が「コミュニティ形成と社会福祉」という答申を発表し，社会福祉の分野でもコミュニティの形成が政策的に取り上げられるようになった．

　住民による地域福祉活動についての先行研究より，農村部では，伝統的地域社会の範囲において自治会・町内会を基盤として行われる．このような住民組織を基盤として地域福祉活動を行うと，組織の拘束性が強く，参加者の自主性や主体性が失われるという課題がある．一方，都市部では，さまざまな範囲で行われるが，小学校区，中学校区を範囲としてコミュニティセンターなどを拠点として各種サークル，当事者団体，NPOなどのアソシエーション的集団のネットワークが形成されている．人間関係が希薄なことが課題であることが指

摘されている.

5 住民による地域福祉活動と地域社会の再編成

ここでは，伝統的地域社会や住民組織を基盤として地域福祉活動が行われている地方都市の事例と小学校区を範囲として高齢者会館を拠点として各種サークルや当事者団体，NPOなどのアソシエーション的集団のネットワークによる地域福祉活動が行われている大都市の事例を紹介する.

1．鳥栖市の事例
1) 鳥栖市の概況

図表11-1のように鳥栖市は，佐賀県の東部に位置し，JR長崎本線と鹿児島本線の分岐点で交通の要所となっている.

また，図表11-2のように，2008（平成20）年9月1日，鳥栖市の人口は，67,731人で，佐賀市238,917人，唐津市128,531人につづいて佐賀県下第3位である.

世帯数についてみても同様に，2008（平成20）年の世帯数は，24,820で佐賀市89,946，唐津市44,421につづいて県下第3位である.

65歳以上高齢者人口およびその比率は，2005（平成17）年11,681人（18.0%）と増加傾向にあるが県下では，それほど高い方ではない.

2005（平成17）年の産業従事者の割合は，第一次産業2.9％，第二次産業27.4％，第三次産業68.7％であった. 佐賀県の各都市に比べ，第三次産業人口の比率は相対的に高率である.

基里地区は10町に区分され，国道3号線が中心を走り，東を九州自動車道，西にJR鹿児島線が走る南北に細長い地区である. また，久留米にも近く佐賀県に位置しながら福岡県とのつながりが強い地域である.

地区の人口・世帯数の状況は，1999（平成11）年10月31日，2,474世帯，

第11章　地域社会の現在　169

図表11―1　鳥栖市位置図

出典）平成18年鳥栖市老人保健福祉計画より

図表11―2　佐賀県鳥栖市の概況

1．人口	2．世帯数	3．65歳以上高齢者	4．第一次産業従事者	5．第二次産業従事者	6．第三次産業従事者	7．基里地区の人口	8．基里地区の世帯数	9．基里地区の65歳以上高齢者
67,731人	24,821	11,681人 (18.0%)	2.9%	27.4%	68.7%	7,911人	2,474	1,376人 (17.4%)

人口7,911人，65歳以上人口1,376人，高齢化率17.4％となっており高齢化率が年々上がってきている．鳥栖市内では，農業従事者の多い地区で伝統的な地域的つながりを残している．

2）鳥栖市社会福祉協議会における地区社会福祉協議会

　鳥栖市では，1997（平成9）年に介護保険が導入され，福祉行政施策においては，1994（平成6）年にふれあいまちづくり事業として国・県より指定・援

図表11―3　基里地区社協による地域福祉活動

	基里地区社会福祉協議会
1．会の設立時期	平成6年
2．役員の種類	会長，役員，事務局員
3．役員の属性	・会長は，区長会会長（町内会，自治会長）が兼任 ・役員は，区長，民生委員，基里校区公民館長，老人会会長，婦人会会長，JA女性会会長がなっている． ・事務局員は，鳥栖市社会福祉協議会によるボランティア講習会修了者がなっている．
4．財　　政	鳥栖市社会福祉協議会の補助金により運営されている．
5．事務所の場所	基里公民館
6．事業内容	(1) 会食会 (2) こどもクラブとの交流 (3) ネットワーク訪問活動（町内会の範囲で行われる） (4) いきいきサロン活動（町内会の範囲で行われる）
7．地域福祉活動の中心団体	「里の会」，鳥栖市社会福祉協議会によるボアンティア講習会終了後，その参加者によりつくられる． 　定例会，デイサービス，鳥栖病院介助，ふれあい広場，ボランティア連合会，市社会福祉協議会総会などが行われている． 　また，地区社会福祉協議会の事務局，「いきいきサロン」のボランティアとして地区社会福祉協議会の重要な役割をになっている．

助をうけて地区社協の組織化が図られた．佐賀県内20市町村のうち地区社会福祉協議会をもつ市町村社会福祉協議会は，3市町村ある．鳥栖市社会福祉協議会では，小学校区をひとつの単位として7地区に分けて地区社会福祉協議会がつくられている．

　その活動内容を基里地区を事例に見てみると，図表11―3のようになる．

　図表11―3より，基里地区社協による地域福祉活動は，小学校区を基本的な範囲としているが，役員は，町内会や民生委員，婦人会等伝統的地域集団の会長が兼務しており，ネットワーク訪問活動やいきいきサロン活動も町内会の範囲で行われていた．また，鳥栖市社会福祉協議会によるボランティア講習会終了後に結成された「里の会」のようなボランティアの会の存在はとくに大きく，町内会の範囲で行われる地域福祉活動においても重要な役割を果していた．また，伝統的住民組織の課題といわれていた自主性・主体性の欠如，参加への強制もなかった．これは，「里の会」の会員がボランティア講習会を受け

るなかで教育されたものと考えられる．

さらに，今後の課題として，いきいきサロン活動等の活動における「里の会」会員やボランティアの負担が大きく，行政，区社会福祉協議会，福祉機関のより一層の連携・協力が必要と考えられる．

2．東京都中野区の事例
1）中野区の概要

中野区は，図表11—4のように，東京都内23区の西に位置し，東は新宿区，豊島区，西は杉並区，南は渋谷区，北は練馬区に隣接している．JR東日本中央線で東京駅から西へ30分の所に中野駅がある．また，営団地下鉄東西線も中野駅に相互乗り入れしている．

面積は，15.59 km²で，東京都23区中14番目の広さである．

中野区は，図表11—5のように，戦前から住宅地として発展してきたため，区内にある企業数は少ない．産業分類別でみると，商業・サービス業などの第三次産業が83.3％を占めている．

2005（平成17）年の中野区の総人口は，308,875人，世帯数は176,663世帯である（2005（平成17）年4月1日住民基本台帳および外国人登録者による）．これは，23区中で中位である．2005（平成17）年の推計人口によると人口密度は1km²あたり20,014人で23区中1位である．

中野区の人口構成は，25歳から34歳では総人口の約21.2％（2005（平成17）年4月1日）を占めている．この年代がとくに多いのは，団塊の世代の子どもにあたることや中野区が都心に近く，交通の便がよいという地理的条件から単身者用または世帯用の賃貸住宅が多く，学生や若い会社員などが住んでいるためである．

また，65歳以上の人が占める割合は，2005（平成17）年18.7％で年々増加傾向にある．

世帯構成は，単身世帯が年々増加し，5人以上の世帯は減少している．ま

図表11—4　中野区位置図

中野区の位置と面積

(平成15年10月1日　国土地理院)
数字は面積（km²）
区部面積の合計　621.49km²

- 埼玉県
- 板橋区　32.17
- 練馬区　48.16
- 北区　20.59
- 足立区　53.20
- 豊島区　13.01
- 荒川区　10.20
- 葛飾区　34.84
- 杉並区　34.02
- 中野区　15.59
- 文京区　11.31
- 台東区　10.08
- 墨田区　13.75
- 新宿区　18.23
- 千代田区　11.64
- 中央区　10.15
- 江戸川区　49.86
- 渋谷区　15.11
- 江東区　39.48
- 世田谷区　58.08
- 目黒区　14.70
- 港区　20.34
- 品川区　22.72
- 大田区　59.46
- 神奈川県
- 千葉県
- 都面積　2,187.09km²

図表11—5　東京都中野区の概況

1．人口	2．世帯数	3．65歳以上高齢者	4．人口密度（1km²当たり）	5．第三次産業従事者
308,875人	176,663	18.7%	20,014人	83.3%

た，夫婦のみや夫婦と子どもという核家族が区の世帯の半分を占めている．

2）高齢者会館の活動

中野区内には，15の地域センターがある．この地域センターのひとつである野方地域センターにおいて「野方の福祉を考える会」が生まれた．さらにこの会のメンバーが中心となって東山高齢者会館を拠点として，そこに集まる主

に高齢者の個人的ネットワーク，グループ・サークルとの交流をとおして活発な住民による生きがい活動が行われている．

　高齢者会館は，老人福祉法にもとづく施設で，高齢者の地域における交流および自主的な活動の促進を図るほか，高齢者が健康で充実した生活を送れるよう支援することにより，その福祉の向上を図ることを目的とした施設である．現在，中野区内に17の高齢者会館がある．これは，小学校区よりやや広い範囲にひとつあることになる．

　東山会館は，1983（昭和58）年に設立した．野方地域センターの住区協議会において高齢者会館のあり方について検討されたのがきっかけとなり「東山を

図表11－6　東京都中野区東山会館の活動内容

	中野区東山高齢者会館
1．会の設立時期	昭和63年
2．役員の種類	理事長1人，副理事長2人，幹事2人，運営委員19人，受付係4人（パート）
3．役員の属性	役員の多くは，野方地域センターで行われていた寿大学の出身者である． 　女性の副理事長は，町内会育成部役員，小中学校評議員も兼ねている．また，かつてはPTAや少年育成委員も経験している．
4．財　政	区からの委託金と年会費5,000円
5．開 館 日	月曜日〜金曜日，9：00〜17：00
6．事業内容	(1) 夏の納涼祭（参加者約70名） (2) 講演会年1回（参加者約70名） (3) 各種講座（平均20名） (4) 19サークルが活動を行っている． 　一日の利用者数30〜40人，年間約1万3,000人
7．地域福祉活動の中心団体	東山を考える会 1988（昭和63）年設立 　野方地域センターの住区協議会において高齢者会館のあり方について検討されたのがきっかけとなり「東山を考える会」が設立した． 　発足当初の運営委員は13人で町内会，子ども会，老人クラブ，住区協議会，地域住民の代表からなっていた． 　また，現在の運営委員のほとんどは，野方地域センターで行われていた寿大学の出身者である． 　世代間交流，虚弱老人の受け入れ，お年寄りが東山へ行きたくなるような魅力づくり，高齢者をいかすプログラムづくりを運営方針として活動が始められた．

考える会」が設立した．東山会館は2003（平成15）年より東山ふれあいの会が区より委託を受け運営を行っている．また，2006（平成18）年2月よりNPO法人の法人格を取得した．この会のメンバーが東山会館の運営委員会となった．発足当初の運営委員は13人で町内会，子ども会，老人クラブ，住民区協議会，地域住民の代表からなっていた．また，当初は，中野区の嘱託職員である事業推進員が東山会館の運営に関する指導・助言を行っていた．

中野区東山会館の活動内容は，図表11－6のようになっている．

開設当初，東山会館では，運営委員に子どもクラブの代表が入っていることからも明らかなように高齢者のみでなく，子どもにも大人も高齢者にも「開かれた会館を目指す」という基本理念をもっていた．そして，40代，50代の人たちも積極的に東山会館の活動に参加している．

役員の属性は，現在の役員のほとんどは，野方地域センターで行われていた寿大学の出身者である．

また，女性の副理事長は，町内会育成部役員，小中学校評議員も兼ねている．かつてはPTAや少年育成委員もしたことがあり，さまざまな地域にかかわる経験をしている．

以上のように，東山会館は，住民による地域福祉活動の拠点としてそこに集まる人びとの個人的ネットワーク，グループ・サークルとの交流をとおして活発な地域福祉活動が行われている．

また，課題は，鳥栖市の事例と同様に，東山高齢者会館の役員の負担が大きく，行政，区社会福祉協議会，福祉機関のより一層の連携・協力が必要と考えられる．

3．まとめ

ここでは，地方都市における住民による地域福祉活動の事例として地方都市の事例として佐賀県鳥栖市と大都市の事例として東京都中野区における地域福祉活動を紹介した．

佐賀県鳥栖市では，小学校区を地域的範囲として住民による地域福祉活動を行うことが計画されていた．しかし，ネットワーク訪問活動やいきいきサロン活動は伝統的住民組織である町内会範囲で行われていた．

　東京都中野区の場合は，ほぼ小学校区の範囲を地域的範囲として，高齢者会館を拠点として各種サークルや当事者団体等のアソシエーション的集団のネットワークにより地域福祉活動が行われていた．

　両事例より，住民による地域福祉活動を行う場合，福祉教育を受けたリーダーの存在が重要であることが明らかとなった．

　また，課題としては，役員やリーダーの負担が大きく，今後は，行政，区社会福祉協議会，福祉機関のより一層の連携・協力が必要と考えられる．

コラム11：奥田道大『福祉コミュニティ論』

　奥田道大は，全国の30の大都市，地方都市における高齢者，障害者，児童に関する住民の地域福祉活動の事例を紹介している．東京都中野区の東山会館での活動の前身にあたる野方地域センターでの福祉活動についても紹介している．そして，奥田は，住民による地域福祉活動は，「小学校区，中学校区を範囲としてコミュニティセンターなどを拠点として各種サークル，当事者団体，NPOなどのアソシエーション的集団のネットワークが形成され，行われることが理想である」としている．

第11章のまとめ

1　はじめに

　戦後の都市化の過程，都市的生活様式と住民組織について概観し，さらに，住民による地域福祉活動を基盤とした地域社会の再編成について地方都市と大都市の事例を取り上げ概説する．

2　戦後の都市化過程

わが国においては，1950年代以降，とくに高度経済成長期において，都市への産業の集中と規模拡大に伴う村落から都市への人口集中，すなわち都市化現象が著しく進展し，農村においても都市においても伝統的地域社会や住民組織は，衰退化した．

3　都市的生活様式

都市的生活様式は，職住分離を特徴としている．

さらに，地域における相互扶助的組織と機能を衰退させ，生活の充足のために専門家・専門機関への依存をたかめた．

4　伝統的住民組織の解体と再編成

伝統的地域社会や住民組織の衰退化状況において，地域社会の再編成が政策的にも実践的にもとりあげられた．また，福祉の分野でも住民による地域福祉活動を基盤とした地域社会の再編成の可能性を指摘している先行研究もみられた．

5　住民による地域福祉活動と地域社会の再編成

伝統的地域社会や住民組織を基盤として地域福祉活動が行われている地方都市佐賀県鳥栖市の事例と各種サークル，当事者団体，NPOなどのアソシエーション的集団による地域福祉活動が行われている大都市東京都中野区の事例を紹介した．

住民による地域福祉活動を行う場合，福祉教育を受けたリーダーの存在が重要であり，役員の負担が大きいことが課題であった．今後は，行政，区社会福祉協議会，福祉機関のより一層の連携・協力が必要と考えられる．

《読書案内》
1）日本村落研究学会編『むらの社会を研究する』農山漁村文化協会　2007年
　日本村落研究学会の会員である村落研究者らによって執筆された著書である．むら社会をどのように捉えるかについて書かれている．また，過疎，高齢化，環境問題等村落社会の変化のなかで，むら社会や地域社会の将来像についても平易に

書かれており初学者が是非読む価値のある本である.
2）奥田道大『都市コミュニティの理論』東京大学出版会　1983年
　大都市における地域社会の再編成（コミュニティ論）のバイブルである．地域福祉の分野でも岡村重夫（『地域福祉論』光生館　1974）によって参考にされている．

《参考文献》
園田恭一「地域福祉計画の意味と意義」『新潟医療福祉学会誌』3(2)新潟医療福祉大学　2003年
鈴木栄太郎『鈴木栄太郎著作集Ⅵ』未来社　1968年
倉沢進「都市的生活様式論序説」磯村英一編『現代都市の社会学』鹿島出版会　1977年
奥田道大・大森弥・越智昇ほか『コミュニティの社会設計』有斐閣　1982年
奥田道大『大都市の再生』有斐閣　1985年

第12章 若者と働くことの意味

1 はじめに

　現在，若者の労働をめぐる状況は混沌としている．戦後復興から，高度経済成長を経て低成長の時代に続くバブルとその崩壊．その後，今日若者の労働環境は大きく変貌した．削減された正規雇用者の過剰労働と不安定な臨時雇用が日常化し，会社と一体化して勤勉に働く日本人像も大きな変貌を余儀なくされた．

　人類史を通じて生活の中心にあった労働は，今日，余暇にその座を明け渡したかに見える．経済的豊かさのなかで仕事は必要悪となり，仕事にカッコよさを求める夢見るフリーターの誕生．生活と労働の必然的な関係が見えない．労働は生活と無関係な軌道上にある活動に見える．豊かさと労働環境の変化が，若者にどんな影響を及ぼすか．

　本論では，戦後日本人の勤労観とその変容を踏まえ，主として1980年代から21世紀初頭の労働環境の変化をベースにして，現代日本の労働環境の変化が日本の若者にどんな問題をもたらしているか，働くことの意味を省察しつつ概観する．

2 若者をめぐる雇用情勢

1．若年層に高い失業率

バブル期の1991年には2.1％まで下降していた完全失業率は，その後，上昇に転じ2001年5.4％になり，5％台に突入し，その後2007年3.9％まで下降したが，2008年のリーマンショック以降再び上昇し，2009年には再び5.1％と5％台になり，その高水準の失業率はその後も続いている．ちなみに2009年の欧米の失業率と比較しても韓国，オランダが日本より低い失業率を維持しているが，他の欧米諸国はいずれも日本より高くなっている．

しかし，5.0％という数値は労働力人口全体に占める全体の平均値であって，15歳から19歳の若年層は他の年齢層の2倍近い高い失業率を示していて，平均では測れない年齢階層によって大きく異なった数値を示している．企業内で労働力の中核を占める40歳台の失業率は，まだ3％台を維持しているが，不況のしわ寄せは企業内労働市場の入り口である若年層により厳しく現れている．こうした若年者の失業率の高さは世界的傾向でもあり，国際労働機関

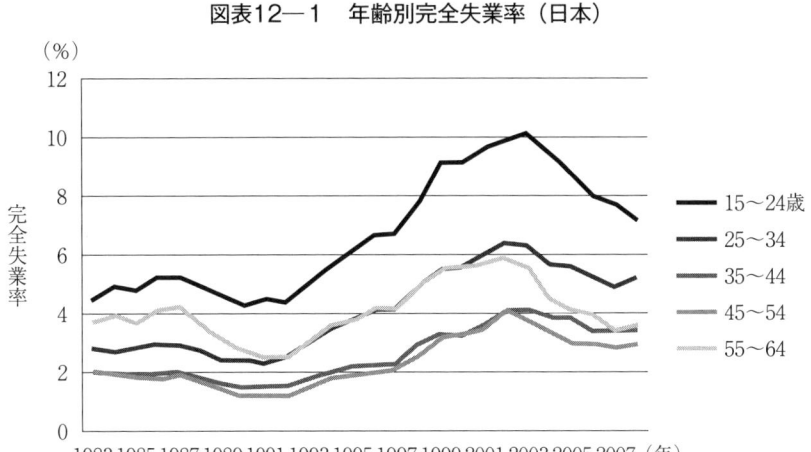

図表12－1　年齢別完全失業率（日本）

資料）総務省統計局統計センター「労働力調査」年齢階級別失業率データより

(ILO) の 2010 年版統計によると，世界の若者の失業率は過去最悪になり，今後さらに悪化すると予測している（図表 12 — 1「年齢別完全失業率（日本）」を参照）．

2．厳しい就職戦線

若年者に厳しい雇用情勢は，当然新規学卒者の就職率にも反映されており，求職者 1 人当たりの年間求人件数を示す有効求人倍率は 1993 年当時 3.34 であったのが，それ以降低下傾向を持続し，ついに 2000 年 3 月には 1.3 と最悪の数値を示している．希望職種とのミスマッチを考慮すると，実際の選択可能な求人はほとんど無きものに等しい状況である．

こうした就職難を反映して，高校を卒業しても正規に就労せず，アルバイトなどの臨時雇用などに甘んじる「無業者」（いわゆるフリーター）が増大することになる．1992 年 4.7％であった高卒の無業者率は，2000 年には 10％，つまり 10 人の高校卒業者の内，1 人という割合である．その高水準は今も変わらない．実際は専門学校や大学などに進学する者が半数近くいるので，就職を希望する者の 5 人に 1 人が就職も進学もしない不安定な無業者として街にあぶり出されていることになる．

他方，大学卒の求人倍率は，1991 年 3 月卒では 2.86 という高い数値であったが，2000 年 3 月卒では 0.99 にまで低下した．その後持ち直していたが，2011 年 3 月卒では 1.28 という 10 年ぶりに低い求人倍率になっている．つまり，1 人の求職者に 1 件の求人があるか否かという数値で，希望職種に就職できる確率はこれもほとんど絶望的で大変厳しい状況である．

就職内定率を 4 月 1 日現在の数値で比較して見ても，2010 年は 91.8％であり，2000 年以降，最悪の数値になっている（図表 12 — 2「就職（内定）率の推移（大学）」を参照）．

高卒のみならず大学卒も就職受難の冬の時代はしばらく続く気配であり，春がいつ来るか，その見通しはまだ不透明である．

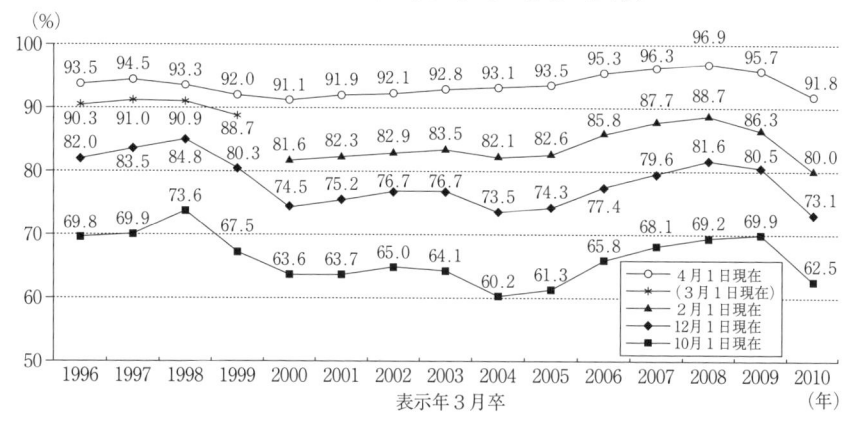

図表12－2　就職（内定）率の推移（大学）

注）内定率とは，就職希望者に占める内定取得者の割合．各大学等において，所定の調査対象学生を抽出した後，電話・面接等の方法により，性別，就職希望の有無，内定状況等につき調査．全国の大学，短期大学，高等専門学校，専修学校の中から，設置者・地域の別等を考慮して抽出した112校についての調査．調査校の内訳は，国立大学21校，公立大学3校，私立大学38校，短期大学20校，高等専門学校10校，専修学校20校．調査対象人員は，6,250人（大学，短期大学，高等専門学校併せて5,690人，専修学校560人）（以上2010年）．

資料）厚生労働省・文部科学省「大学等卒業予定者の就職内定状況調査」

3　揺らぐ日本人の自画像――勤勉さと集団主義――

1．日本人論の定説としての「勤勉さ」と「集団主義」

　第二次世界大戦の敗戦による廃墟から復興し高度経済成長にいたる日本経済の目覚ましい発展は，諸外国，とくに日本に遅れて近代化を推し進めるアジア諸国にとってはモデルであり，希望の星であった．したがって，日本の驚異的な経済発展の秘密は何か，その秘密を日本人独特の個人的要因や社会的要因に見いだし，それに学びたいという要求が増大した．

　そのひとつの典型は，1991年にマレーシアのマハティール首相が打ち出した「ルックイースト政策」（東方政策）に現れている．これはマレーシアを2020年までに先進国の仲間入りをさせようという国家構想（ビジョン2020）の一環で，日本の経済成長を支えた勤労倫理と集団主義に見習えという政策であ

った．

　ルックイースト政策に見られるように，日本の驚異的経済成長の背景には，一方に日本人の個人としての「勤勉さ」という労働倫理があり，他方に協働システムとしての集団主義，つまり，会社への忠誠心にもとづく集団主義的行動様式があるとされている．

　「勤勉さ」と「集団主義」は，日本人の特性，あるいは日本人の国民性として内外の論者によって繰り返し語られてきた．今や日本人のステレオタイプになった観があるこうした日本人論の源泉は，欧米の日本研究者が紹介する日本の労働者像，いわゆる「日本の労働者は仕事に満足し，会社に対して強い忠誠心をもつ勤勉な労働者」という労働者像に由来すると思われるが，今日では日本人自身が信じて止まない日本人論の定説にもなっている．

2．ゆらぐ日本人の勤勉さ

　日本人が勤勉であるというステレオタイプは，野村総合研究所が1982年に出版した『まがりかどにきた日本』では，「薄れる若者の勤労意識」と題されて「『ワーカーホリック』といわれた日本人の勤労意識は，若年層を中心にして徐々に低下しつつある」と論じている．

　1981年に日本リサーチ総合研究所がまとめた『10年後の職業生活の展望』によると，日本の労働意識の将来は次のようにまとめられている．

　「勤労意欲」――労働者の生きがいは，職場一辺倒から，余暇生活や家庭生活へと広がり，若年層を中心として仕事は仕事，余暇は余暇，と割り切る姿勢が明確なものとなる．

　「職業意識」――天職意識は薄れ，時間的に自由な仕事，やりがいのある仕事，自分の適正に合った仕事を重視する自己中心の傾向が強まる．

　「帰属意識」――組織よりも職種による個人評価傾向が強くなり，企業への帰属意識は薄れていく．その結果，天職者が増加していく．

　1981年時点での10年後は1991年である．さらに20年経過した今日から見

て，この予測はほぼ完全に的中していると見なしてよい．

　NHK の「日本人の意識調査」によると，仕事と余暇とどちらに重点を置きたいかを尋ねた質問で，1973年には「仕事志向」が44％であったのに，98年には26％にまで減少し「仕事・余暇両立」が21％から35％に，「余暇志向」が32％から37％に増加している．仕事志向の減少は明白である．とくに，20代の若年層（男子）の仕事志向は20％以下であり，「仕事・余暇両立」が40％台と顕著である（『現代日本人の意識構造』2000：148）．

　1998年野村総合研究所『変わりゆく日本人』でも，「多様化する就業意識」と題して，「従来，仕事中心といわれてきた就労者の意識は，かなり多様化が進んできている」(p.60)と報告している．フルタイム勤労者の仕事派は15％しかなく，家庭派が40％，趣味派が15％，バランス派が30％という調査結果を示している．とくに，20代の若年層の男子では，仕事派は13％しかなく，趣味派が40％と最も多くなっているが，女子では，仕事派はもっと少なく3％しかなく，趣味派74％で突出している．

　しかし，ステレオタイプとしての「日本人の勤勉さ」は，1987年朝日新聞社が行った全国調査でも一貫して支持されている．「日本が世界に誇れるものは何か」を尋ねた質問で，6つの選択カードの中で「国民の勤勉さ」は，8年前と同じ最も高い支持率（28％）を示している．総務庁が5年に1度実施している世界青年意識調査には，自国民のイメージを11の単語から選択する質問で，日本の青年が第1位に上げたのは「勤勉」であり，常に60％以上支持し続けている．それは最近の調査結果も同じであり，「日本人が勤勉である」という観念はかなり強固なステレオタイプになっている（『世界との比較から見た日本の青年』1998：66-69）．

　しかし，日本を含む11ヵ国の青年で自国人のイメージで「勤勉」を第1位にあげた国は日本だけではない．日本を含む7ヵ国（イギリス，ドイツ，フランス，フィリピン，タイ，ブラジル）が第1位にあげており，自国民を勤勉だと捉えていない国（アメリカ，スウェーデン，韓国，ロシア）はむしろ少数派である．

したがって,「勤勉さ」という労働倫理は,現実にそうであるか否かを別にして,国境を越えて近代産業社会を支える普遍的原理として多くの支持を集めた近代産業社会の労働価値であるといえよう.

3. 集団主義は本当か?

「日本的集団主義」を支持する調査データはあまり見られないが,多くは企業組織の実態分析のなかで繰り返し論じられてきた.アベグレンの『日本の経営』(1961年) やヴォーゲルの『日本の中間階級』(1968年) などの欧米の研究者のみならず,間宏『日本的経営』(1971年) や浜口恵俊『日本的集団主義』(1981年),中根千枝『タテ社会の人間関係』(1967年) などは,言葉や概念は異なっていても「日本的集団主義」について語り続けてきた.企業組織における集団的意思決定や終身雇用・年功制度,そして和の精神,場の理論などはこうした「日本的集団主義」の好例にされたのである.

しかし,企業組織の編成原理として集団主義的経営が行われていたとはいえ,日本人が「集団主義」的であるという定説は,国際比較などの実証的データでは必ずしも支持されていない.1991年ホフステッドは,世界50ヵ国と3つの地域の労働者の調査にもとづき,個人主義(集団主義)指標で比較している(ホフステッド,G., 1995 : 50-81).その結果,個人主義スコアの得点をみると,日本は53の地域のなかで22番目に位置し,平均以上に個人主義得点の高い国であることがわかる.アメリカ,イギリス,フランスなどの欧米先進諸国はいずれも日本より個人主義スコアが高いが,中東,南米やアジア諸国の方が,日本より集団主義的であるという結果である.ちなみに韓国,台湾は43,44番目であり,インドネシア47番目,タイとシンガポールは共に39番目である.いずれも日本より集団主義的だといえる.

『日本らしさの再発見』や『日本的集団主義』などの日本人論を積極的に展開する濱口恵俊らのグループが,「間人主義」という日本的対人関係の概念の検証を求めて実施した国際比較調査でも,間人主義は日本人よりアメリカ人や

イギリス人の方が高得点になり，個人主義では大きな差が見られないという，当初の仮説を否定するような結果を導いている．1997年高野・櫻坂は日本人の集団主義をアメリカ人のそれと比較して，アメリカ人の方が所属集団への忠誠心が高いという研究結果を公表しているのである（高野・櫻坂，1997：312-327）．

こうした結果からも「日本的集団主義」は実体を伴わない幻想になりつつあるといってよい．

4．会社から逃走する若者たち

今から14年前，バブル期の1987年に『会社から逃走する若者たち』という本が出版された．執筆者は1983年『現代若者論』を書いて新人類の若者像を巧みに描いたことで知られる日本青少年研究所の千石保である．千石は新人類の会社での生活スタイルを描き，会社に忠誠心をもって勤勉に働く旧人類と比べて，新人類の若者は職場で自己犠牲を拒否し，会社から逃走をはかっていると述べている（千石，1987：2）．

こうした会社組織への忠誠心を否定する言説が数多くあるにもかかわらず，ステレオタイプとしての集団主義は，今もなお伝説的に語り継がれている．それも最も集団主義から遠い所にいると思われる若い世代にも，日本的集団主義の神話は容易に受け入れられている不思議．その一因は，自我が未発達の若者に見られる親和志向や同調志向の強さであり，それを日本人のステレオタイプと同一視して捉えている錯誤を可能にしていると思われる．たとえば高校生の対人関係を継続的に調査した結果によると，こうした同調傾向は年々高まっている（福富，1996：61）．

しかし，若者自身の意識や行動の実態は「集団主義」とはかけ離れた，自己中心主義や「ミーイズム」，個人主義的傾向が声高く叫ばれているという矛盾した捉え方をしている．

電通総研が1997年に行った「価値観国際比較調査」によると，「集団の目標

に向かって協力することが喜び」という集団主義的傾向が32％の支持しか得ていない．逆に「私生活が最も大切」という自己充足の価値観は，世代差が大きく，20代までの若年層では67％が支持している（『価値観データブック』1999：13）．

　日本生産性本部の「『働くことの意識』調査」によると70年代初頭には「会社の仲間や先輩たち」が2割，会社以外の友人などが4割であったが，90年代後半になると，前者の会社関係者が1割に半減し，後者の会社以外が6割に増加している．

　また，現在の職場からの転職意識も増大しており，「今すぐ」「ここ数年の間に」という転職意向が16％になる．それも20代前半の若年世代では44％の人が転職したいと考えており，会社と個人との関係の弱まりが見て取れる（『変わりゆく日本人』1998：69）．

　実際，会社からの距離感を調査した研究によると「自分が仕事ができるのは会社あってこそだと思う」という考え方は，団塊以前の世代で最も多く，79％に達するが，団塊世代（1947-1949），団塊以降の世代では，それぞれ75％，64％と支持が低下する．逆に「給料をもらうだけの関係なので恩義も何も感じない」という考え方は，団塊以降の世代が最も多く32％に達するが，団塊世代，団塊以前の世代では30％，26％と支持が下がる．若い世代ほど「会社との距離感が大きい」という明らかな傾向が読みとれる（天野，2001：166）．

4　距離化する若者と労働の間
　　　——フリーターと転職——

1．増大するフリーター

　会社から逃走する若者は，同時期フリーターと称される一群の若者を生みだした．今日では若者のライフスタイルのひとつと見なされるようになっている．フリーターとは，フリー（自由）＋アルバイター（労働者）という和製外国

語であり，1987年にリクルート社の雑誌「フロムエー」という就職情報誌が発信源であるといわれている．同社は1990年に『フリーター白書』を出版しフリーターの実態を描き出している．厚生労働省では「若年不安定就労労働者」とよんでいるが，文部省の「学卒無業者」もこのフリーターのカテゴリーに含まれる人びとである（矢島・耳塚，2001：90）．

　2000年度の『労働白書』では，年齢が15〜34歳で，勤め先の呼称がアルバイトあるいはパートである雇用者であり，男性は継続就業年数が1〜5年未満の者，女性は未婚で仕事を主としている者とフリーターを定義している．さらに現在無業の者については，家事も通学もしておらずアルバイトやパートの仕事を希望している者も含むというように，その定義を拡張している．同白書では，そうした定義にしたがって，1997年時点でフリーター総数を約151万人と推計し話題を呼んだ．フリーターは1982年当時には50万人程度だったと推計されており，10年後の1992年には2倍の101万人になり，15年間で3倍に増大していることになる．

　いわゆるパラサイト・シングルと称せられる人びとのなかにもフリーターが多く含まれている．むしろパラサイト・シングルを前提にして，フリーターが存在している側面もある．パラサイト・シングルとは，「学卒後も，親に基本的生活条件を依存し，リッチな生活を営む未婚者」を称しているが．1997年山田昌弘が日経新聞に寄せた「増殖するパラサイト・シングル」という論説に始まる．彼はパラサイト・シングルを今日の不況を始め諸悪の根元として描いている．若者の自立を阻むのも，若者の失業問題の隠蔽もパラサイト・シングルであるという具合である（山田，2001：49）．

　実際，フリーターの増大の背景には，親家族の豊かさと若者が夢見る職業を獲得するまでの間，親への依存を許容する家族文化がある．しかし，同時に長引く不況下で人件費を極力削減したい企業の思惑が正規雇用を圧縮し，フリーター需要を押し上げている構造的側面も見逃してはならない．

2. 流動化する若者

　会社への帰属意識が弱まっていることを示すもうひとつの指標は離職・転職意識である．

　厚生労働省の調査によると，1996年に高校を卒業した者が離職する割合は1年目で24％とほぼ5人に1人が離職するという．さらに2年目14.8％，3年目9.3％と離職が続き，5年目になると，当初就職した者の5割，約半数が離職している．大学卒の場合でも，1年目が14.1％，2年目が11.0％，3年目が8.5％と続き，3年以内で約3割，3人に1人が離職する計算になる．こうした傾向は1980年代から見られていた現象であるが，近年離職が早期化する傾向にあるといわれる（堀，2001：106）．

　実際，毎年大学のゼミ修了者の追跡調査をしていると，ゼミ卒業生で就職した者10人中1〜2人は翌年3月までに離職し，3年目には3人が転職している．10年経つと8〜9人が転職していて，卒業時の就職先と異なっているというのが実感である．

　総務庁の就業基本調査によると例年若年者の転職希望は高いのであるが，こうした傾向は一層強まっており，1971年から97年までの26年間に，15〜24歳の転職希望率は7.1％から21.8％と3倍増になっている．実際の離職率の動向を見ると，事業者側の都合ではない自己都合による離職である「自発的離職率」が，1990年の19.3％から2000年の28.3％と増加している．若者の離職率は好況時には，よりよい労働条件を求めて増大する傾向にあるが，今日のように不況時にも，依然として離職率が増大するという傾向は，若者の仕事への考え方や会社への帰属意識の変化を如実に示しているといえよう．

　労働省の「転職者総合実態調査」（1998年）によると，自己都合で離職した者の具体的理由は，「満足のいく仕事でなかったから」（15.3％）が最も多く，「労働条件（賃金以外）がよくなかったから」（14.2％），「会社の将来に不安を感じたから」（12.1％）が続いている．いずれにしても労働条件の悪化が読みとれる内容である．また，総務庁の「労働力調査特別調査」（1999年）によると，

失業者が仕事に就けない理由として，とくに若年者に多いのは「希望する種類の仕事がない」(25〜34歳29%)という雇用のミスマッチといわれる状況が強まっていて，デフレ状況の中で一層厳しい競争にさらされている企業の余剰人員のあぶりだしも行われていると見た方がよい（堀, 2001：107-113）．

したがって，企業側から見ても帰属意識を求めるよりも戦力になる人材を求めて中途採用を恒常的に採用する傾向が強まっている．東証上場企業を対象にした労働省の1999年調査によると，ホワイトカラー社員に占める中途採用者の割合は平均20.3%であり，5人に1人は中途採用者で占められている現実がある．中途採用者に年齢制限を設ける企業が過半数あり，34歳以下が5割，39歳以下となると8割を占め，中途採用など雇用の流動性は若年者がほとんどである（『朝日新聞』2000年6月24日朝刊）．

フリーターと転職，それぞれに理由はあるが，こうした若者現象から見えてくるものは，「生きること」と「労働すること」の意味の乖離である．

自分が生みだしたわけでもない経済的豊かさという幻想を捨てれば，労働と対峙して生きていかなければならないのは厳然たる事実である．では，いったいどんな労働観をもってわれわれ日本人は，とくに若い世代はこの厳しい労働環境を生き抜いたらよいのか．豊かさと厳しい労働環境という時代状況の中で「働くことの意味」は，最も見えにくい時代になっている．今一度こうした視点から労働とは何かを問い直してみよう．

5　近代的労働とその意味構造

1．労働とは何か

「今日の日本は労働にとって決して幸福な社会とはいえないだろう」とは，労働の今日的意味を問う杉村芳美の『脱近代の労働観』の冒頭の言葉である（杉村, 1990：1）．

先に述べたように，勤勉であることが時代遅れの生き方のように思われ，趣

味や余暇に生きることが新しい生き方のように思われている今日，近代的意味での労働観が大きな曲がり角に差し掛かっているといっても過言ではない．ここでわれわれは，やや遠回りのように見えるが，杉村の労働の本質的意味の議論に耳を傾けながら，今日日本の若者が直面している労働の意味の現実を考えてみたい．

杉村は「労働は，神でも動物でもない人間の現実であり，人間的意味をおびた活動である」という基本的視点から考察する．したがって，単なる物的活動でも，理想化された活動でもなく，「人間的意味を吸収しまた生み出す活動」として捉える．

産業社会は価値を生産する社会であり，価値を生産する人間の活動が「生産労働」である．効率的に価値あるものを生産するために人びとは組織され，雇用労働という「組織の労働」という形態をとる．

生産労働は「目的を実現するために手段を利用する活動」であり，目的—手段の枠組みをとって行われる人間労働である．組織のなかで行われる労働は，自由で自立的な個人からなる集団として，共同体とは異なる「個人—集団の枠組みをもつ組織のなかでの労働」なのである．

これらは産業社会の労働を特徴づける2つの枠組みであり，目的—手段は産業主義の合理的側面を示し，個人—集団は民主主義の平等主義的側面を示している．産業主義と民主主義は近代産業社会の特徴的要素である（杉村，1990：39）．

2．労働の4つの意味空間

杉村はこの2つの基本的枠組みをパターン変数とし，「目的—手段」の軸からは，労働の意味が，労働自体にとって内在的か外在的かを示す変数として用い，他方の「個人—集団」の軸からは，労働の意味が組織の中で，個人か集団のどちらに比重を置いて受け止められているかを示す変数として利用する．2組のパターン変数の組み合わせを座標軸とする直交座標から四象限の空間が生

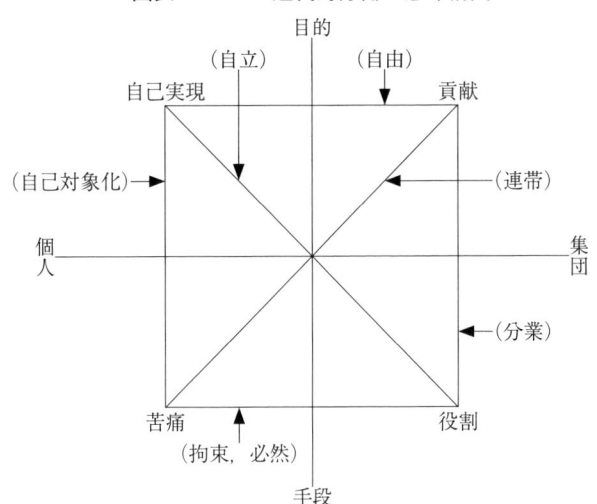

まれる（図表12－3「近代的労働の意味構図」を参照）．

「個人・手段」は，組織の中の労働が個人においてはただ手段としての活動と見なされ，労働は「苦痛」（苦役）としての意味をもつ．

「個人・目的」は，組織の中の労働が個人において内在的意味をもつ目的的活動と見なされる場合であり，これは「自己実現」労働の意味をもつ．

「集団・手段」の組み合わせは，集団においての手段と見なされ，労働は組織目的達成のための義務になり，「役割」としての意味をもつ．

「集団・目的」の組み合わせは，集団それ自体目的の活動となる場合であり，労働は組織の目的それ自体にコミットし「貢献」としての労働の意味をもつ．

組織のなかの生産労働は，原則的にこれら4つの意味側面をすべて内包しているが，実際には，多少とも特定の意味の比重がとくに大きく現れているのがふつうである．

近代的労働の意味構造の中心にあって，その求心力を生みだしているものが「勤勉性」である．勤勉性はただ単に一生懸命働くというだけでなく，ひとつ

図表12—3　近代的労働の意味構図

出典）杉村芳美『脱近代化の労働観』ミネルヴァ書房，1990年，p.40

の精神の型である．日本人の勤勉性はこうした近代的労働の意味によりよく合致していたし，会社への忠誠心は「貢献」として労働の意味を強くもった労働形態であったことが理解できるであろう．

6 現代の労働現象と意味の変容

1．現代の労働現象

　杉村は，このような近代的労働の意味構図に照らして，現代日本の労働環境の変容で特筆すべき現象を4つあげている（杉村，1990：28-35）．

　1つめは「長時間労働」である．

　2つめは「ME革命」（マイクロエレクトロニクス革命）である．

　3つめは「パート労働の増大」である．

　4つめは「フリー志向」である．

　こうした4つの労働環境の変容が近代産業の労働の意味をどのように変容させているのか，先の意味構造の四象限に当てはめて考察する（杉村，1990：49-65）．

　「長時間労働」がもたらした労働の意味変容は，労働の自己目的化と集団への同化の無限定・脱個人化として表され，四象限の意味の枠組みの均衡を破壊する程の過剰な貢献を彼は労働の「サービス化」とよんでいる．

　「ME革命」がもたらした労働の意味変容は，仕事の性質上，システムに同調・同化する必要があり，無限定・脱個人化が進み，仕事の手段に一体化・モノ化して脱目的化が進む．こうした「役割」としての労働の意味を極大化する方向での過剰化を彼は「ロボット化」とよんでいる．

　「パート化」がもたらした労働の変容は，労働が個人にとって手段的活動としてのみ意味をもち，労働の目的的な意味は失われる．さらに労働の意味の個人性が重視され，労働の協働作業による意味は失われ，労働は個人的欲求や要求にのみ従うものになる．「苦痛」の方向への労働の極大化を，彼は「パーツ

化」とよんでいる．

「フリー志向」は抽象的で無定型な労働現象であるが，こうしたフリー志向がもたらした労働の意味変容は，労働に過剰なまでの個人的意味を追い求め，労働の脱集団化を押し進めることになる．さらに労働にどこまでもおもしろさを求め，労働の手段的意味を認めない．過剰な個人化と過剰な目的化は，「自己実現」としての労働の過剰であり，こうした意味での極大化を，杉村は労働の「プレイ化」とよんでいる．

近代的労働の四象限の意味構造は，日本の労働現象に照らしてみると勤勉性を中心にした均衡ある労働から，「サービス化」「ロボット化」「パーツ化」「プレイ化」と四方に発散する傾向を示していることがわかる（図表12—4「発散する近代的労働」を参照）．

発散する四方向には，現代の労働生活における一般的な人間類型を当てはめることも可能である．サービス化の生き方は企業に過剰に貢献する「会社人間」，ロボット化の生き方には機能的な役割に過剰に適応する「専門人」，パー

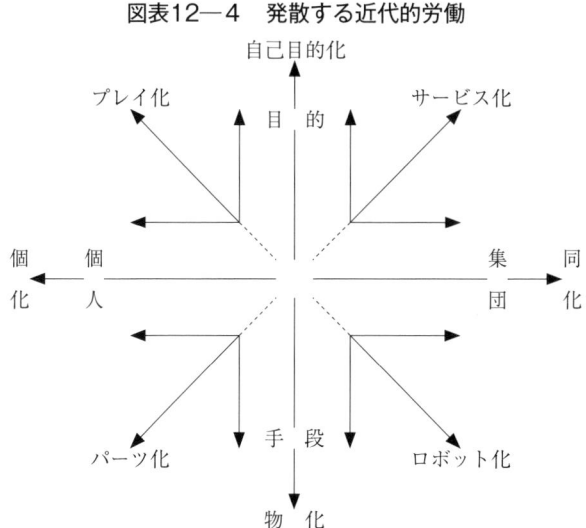

図表12—4　発散する近代的労働

```
           自己目的化
   プレイ化    ↑     サービス化
     ↖    目 的    ↗
       ↖   ↑   ↗
         ↖ ↑ ↗
  個 ←―― 個 ――+―― 集 ――→ 同
  化      人           団      化
         ↙ ↓ ↘
       ↙   ↓   ↘
     ↙    手 段    ↘
   パーツ化    ↓     ロボット化
           物　化
```

出典）杉村芳美『脱近代化の労働観』ミネルヴァ書房，1990年，p.65

ツ化の生き方には仕事を苦痛意識で過剰に割り切る「パート（意識の）労働者」，そしてプレイ化の生き方には仕事に遊びや演技を過剰に意識する「フリーター」ということになる（図表12－4「発散する近代的労働」を参照）．

7　おわりに──生活と労働の乖離──

「今の若者にとっては，仕事は自立の手段や希望のシンボルとしての意味を失い，その変わりに，『苦役』と『見栄の手段』となりつつある」（山田，2001：144）．

これまで見てきたように，本来，仕事をするということは「苦痛」を伴う活動という側面もあるが，他方では仕事を通じて「自己実現」する手段でもあり，われわれは仕事「役割」を通じて社会「貢献」するという社会的存在として自己の社会的価値を実感することができる．

かつて，マックス・ウェーバーは『プロテスタンティズムの倫理と資本主義の精神』の中で，初期資本家たちの禁欲的な職業倫理を忘却し，人間の最高の段階まで登り詰めたとうぬぼれる近代産業人を「魂なき専門人」「心情なき享楽人」とよび，この「無なるもの」（dies Nichts）と喝破した．魂なき専門人の姿は，杉村のいうロボット化の生き方，つまり機能的な役割に過剰に適応する「専門人」が投影される．かれらはまさに「魂」なきロボットに他ならないだろう．心情なき享楽人の姿は，プレイ化の生き方，つまり仕事のなかに遊びや演技を過剰に意識する「フリーター」ということになる．別の言葉で表現すれば，千石が『現代若者論』のなかで表現した軽いノリを信条とする「表現主義」の若者や自己の欲望に忠実に生きようとする若者の姿が重なってくる（千石，1983：1-12）．これらの姿はウェーバー流の表現を借りれば，「この無なるもの」ということになる．つまり，うつろであり，自己成長には何の役にもたたない人生だということになる．

第二次世界大戦後の復興と高度経済成長は，勤勉性や会社への忠誠心など日

本人や日本社会に固有の内在的要因だけでなく，朝鮮戦争による特需やベトナム戦争など国内景気を刺激する外在的要因が重なっていたが，貧困から這い上がるためにただひたすら経済的豊かさを求めて働いて来たことも事実であったし，集団主義的な会社への貢献意識は，それが外部労働市場の形成を許さない高圧釜として社内での貢献競争を余儀なくされたとはいえ，これも疑えない事実であった（岩田，1985：22-55）．

戦後精神でひとつ欠けていたことは，精神主義的な軍国主義の惨禍を過剰に忌避し，それにかわる精神的価値を措定できなかったことである．

しかし，こうして親世代が達成した物質的豊かさが，親世代自身の精神的不充足感，生きる意味と自信喪失を際だたせ，子どもに対して心理経済的モラトリアムを過度に許容する心理を生みだしたともいえよう．パラサイト・シングルは，そうした自立できない半人前の大人であるが，それは親世代の精神的欠乏感を投影しているともいえる．

一昔前には，大人になるための条件は，職業をもって自活することと，結婚して所帯をもつことであった．パラサイト・シングルは親世帯に寄生して生活する独身者であり，仕事をもって働いているとしても，住居や食事など基本的生活手段は親に依存しているので，自活しているとはいえない．若者のこうした寄生生活の現実は，若者を独り立ちの大人にしないし，自立した生活者になることを不可能にしている．それが若者の将来に幸せをもたらさないことはいうまでもない．

生存を前提としない生活は根なし草の生活である．

「パラサイト・シングル」の名付け親である山田昌弘は，パラサイト・シングルの根なし草を「不況の時代に咲いたあだ花」と称し，90年代の失われた10年「唯一パラサイト・シングルだけが，バブル時代のように，リッチな生活を謳歌している．…（略）…そのあだ花が日本社会の停滞の象徴と考えられる」と述べている（山田，2001：95）．

いずれにしても，生活と労働が乖離する現実は，労働と人生の意味を失わせ

る.「仕事は人生の目的に貢献する活動である」とは,ロバートソンの言葉であるが,もし仕事が人生の目的に貢献しないなら,人生の究極的意味も失われるだろう(ロバートソン,B., 1988:93).

コラム 12:漂流するフリーター

2005年2月5日に放映されたNHKスペシャル「フリーター漂流」は,札幌から栃木県にある電気会社の携帯電話の組み立て工場に送り込まれた請負労働者の若者を丹念に追ったドキュメンタリーである.現代若者の必須アイテム携帯電話の生産現場で働く,もう一方の若者フリーターの悲惨な労働現場の実態を如実に描き出す.正規社員とも直接雇用のアルバイト・パートとも異なる非正規雇用の底辺に位置する不安定で孤立した労働者である.地方の無職の若者が言葉巧みに誘われ,わずかな時給収入の中から寮費や食費を差し引かれる.小林多喜二の小説「蟹工船」が新たなブームになったが,こうした漂流するフリーターの実態は,大正時代の蟹工船の奴隷労働と驚くほどよく似ている.それだけに都会の華やかな風景の背後にあるもう一つの若者の実態は,改めて若者の生活世界が二極化していることを教えてくれる.この番組の制作者松宮健一は,このドキュメンタリーを後に単行本にしている.学生の知らないもう一つの若者の風景をしっかり認識してその現実を知ってほしい.

参考文献:松宮健一『フリーター漂流』旬報社,2006年

第 12 章のまとめ

1 はじめに

現代は生活と労働の必然的関係が見えにくい時代.そのため勤勉に働く日本人像も変容している.現代日本の労働環境の変化が日本の若者にどんな問題をもたらしているか.働くことの意味を省察しつつ概観する.

2 若者をめぐる雇用情勢

平均失業率は5%台.若年層と高齢層では10%前後と高く,若年男性はさらに高く厳しい雇用環境にある.新規学卒者の就職率,有効求人倍率も厳しく

ほとんど希望職種の選択の余地がない状態．高卒無業者も5人に1人という高い割合，大卒の就職難もしばらく冬の時代が続き，今後の見通しは不透明．

3 揺らぐ日本人の自画像

「勤勉さ」「集団主義」という日本人論の定説は，ステレオタイプ化され支持されているが，若者の勤労意識，会社との一体感は急速に減退し「会社から逃走する若者」像が広がっている．

4 距離化する若者と労働の間

具体的には増大するフリーターであり，3年で3人に1人が会社を辞めることや転職希望の多さにも表れている．「フリーター」と「転職」その理由は様々だが，「生きること」と「労働する」ことの意味の乖離であり，働くことの意味が見えにくくなっている時代を象徴している．

5 近代的労働とその意味構造

杉村は労働の意味を目的―手段軸と個人―集団軸から四象限で捉え，それぞれ「苦役」「自己実現」「役割」「貢献」の4つ意味空間として捉える．組織の中での生産労働は，原則的にこれら4つの意味をすべて内包している．

6 現代の労働現象と意味の変容

現代の労働環境では，「長時間労働」「ME革命」「パート労働」「フリー志向」によって，現実の生産労働が「苦役」の側面は「パーツ化」し，「自己実現」の側面は「プレイ化」し，「役割」の側面は「ロボット化」し，「貢献」側面は「サービス化」に発散する傾向を示している．

それぞれが苦役を強いられる「パート労働者」，夢見る「フリーター」，ロボット的機能に特化する「専門人」，過剰に会社に貢献する「会社人間」に分裂し，生産労働が包含する意味の多様性が失われている．

7 おわりに

そこに現代社会において労働の意味の見いだしにくい原因がある．ウェーバーはうぬぼれた近代産業人を「魂なき専門人」「心情なき享楽人」と批判した．現代人の労働と生活は，ウェーバーが批判した近代産業人の一般化であり「こ

の無なるもの」に他ならない．今日のパラサイト・シングルにみられる現代の生活と労働の乖離は人生の究極的意味喪失の根拠になっている．

《文献案内》
1) 矢島正見・耳塚寛明編著『変わる若者と職業世界―トランジッションの社会学―』学文社　2001年
　　本書は2部構成になっている．高卒無業者の若者から大学教員をめざす若者まで，職業世界を前にした若者の全体像を実証データとケーススタディによって描こうとしている．13名の著者による共著であり，出版されて10年近くになるがこのテーマはけっして古くない．
2) 堀有喜衣編『フリーターに滞留する若者たち』勁草書房　2007年
　　若者が大人になるスムーズな移行をしなかったフリーター・ニートは，就業に留まらない「大人になること」を困難にする．フリーターに滞留する若者たちがどのように変容し，どんな問題が日本社会へのインパクトとして指摘できるか，2001年と2006年時点での2つの実証的データの比較から明らかにする．
3) 山田昌弘『新平等社会―「希望格差」を超えて―』文藝春秋　2006年
　　「希望格差社会」など，格差社会と若者の二極化現象に警笛を鳴らし続けている著者が，新たな生活の希望を再建する方策を提示し，新たな格差社会の問題点を析出し平等社会への道を描こうとする．実際は，現代の格差問題の特徴を仕事，結婚，家族，教育など具体的な局面に焦点を当てて分析するが，格差社会による希望格差を否定し新平等主義への道を提言する．
4) 熊沢誠『若者が働くとき』ミネルヴァ書房　2006年
　　本書は，労働問題の専門家として，ニート・フリーターに限定された社会学や心理学的議論でなく正社員の若者も含む若者労働を取り巻く厳しい状況に注視し，現代若者労働問題を多面的に考察し，「使い捨てられ」も「燃えつき」もしない全体的問題として「気づきの促し」ものとして書き下ろした正攻法の若者労働問題の書である．

《参考文献》
『情報・知識イミダス2002』集英社　2002年
堀有喜衣「早期離転職する若者のゆくえ」矢島正見・耳塚寛明編著『変わる若者と職業世界―トランジッションの社会学―』学文社　2001年
野村総合研究所『まがりかどにきた日本』野村総合研究所情報開発部　1982年
NHK放送文化研究所『現代日本人の意識構造（第五版）』日本放送出版協会　2000年
野村総合研究所『変わりゆく日本人』NRI野村総合研究所　1998年

朝日新聞世論調査室『ザ・ニッポン人』朝日新聞社　1988年
総務庁青少年対策本部『世界との比較からみた日本の青年―第6回世界青年意識調査報告書―』大蔵省印刷局　1998年
アベグレン，J.（占部都美訳）『日本の経営』ダイヤモンド社　1973年
ヴォーゲル，E.『日本の中産階級』誠信書房　1968年
間宏『日本的経営』日本経済新聞社　1971年
濱口恵俊『日本的集団主義』有斐閣　1981年
中根千枝『タテ社会の人間関係』講談社　1967年
ホフステード，G.（岩井紀子・岩井八郎訳）『多文化世界』有斐閣　1995年
濱口恵俊『日本社会とは何か』日本放送出版協会　1998年
高野陽太郎・櫻坂英子「"日本人の集団主義"とアメリカ人の"個人主義"――通説の再検討」『心理学研究』68　1997年
千石保『会社から逃走する若者たち』リクルート出版　1987年
福富護『続現代高校生のライフスタイル・意識・価値観―第3回高校生の生活環境に関する調査―』ライフデザイン研究所　1996年
電通総研・余暇開発センター『価値観データブック』同友館　1999年
野村総合研究所『変わりゆく日本人』NRI野村総合研究所　1998年
経済企画庁『平成11年版　国民生活白書』大蔵省印刷局　1999年
日本生産性本部『平成12年度「働くことの意識」調査報告書』日本生産性本部　2001年
野村総合研究所『変わりゆく日本人』NRI野村総合研究所　1998年
天野正子『団塊世代・新論―〈関係的自立〉をひらく―』有信堂　2001年
耳塚寛明「高卒無業者層の漸増」矢島・耳塚『前掲書』　2001年
リクルートリサーチ『フリーター白書1990』リクルートフロムエー　1990年
労働省『労働白書　2000年版』大蔵省印刷局　2000年
集英社『情報・知識イミダス2002』集英社　2002年
山田昌弘『家族というリスク』到草書房　2001年
労働大臣官房政策調査部『平成10年調査転職者の実態―転職者総合実態調査―』大蔵省印刷局　2000年
杉村芳美『脱近代の労働観―人間にとって労働とは何か―』ミネルヴァ書房　1990年
溝江昌吾『数字で読む日本人2000』自由国民社　2000年
日本労働研究機構研究所「首都圏フリーターの意識と実態に関するヒアリング調査」結果，JRI記者発表資料，1999年7月13日，JILホームページ，www.jil.go.jp/happyou/mokuji.html
ウェーバー，M.（梶山力・大塚久雄訳）『プロテスタンティズムの倫理と資本主義の精神』岩波文庫　1955年

千石保『現代若者論』弘文堂　1983年
岩田龍子『日本の経営組織』講談社現代新書　1985年
ロバートソン，B.（小池和子訳）『未来の仕事』勁草書房　1988年

【注】本章は，坪井健「若者の労働環境の変化働くことの意味」労働・福祉研究会編『21世紀の労働と福祉』学文社，2002年所収論文をベースにして大幅に加筆修正したものである．

第13章
情報社会の陥穽

1　マスコミがつくる情報環境

　私たちは日々生活している日常が，どんな情報世界であるか改めて考えたことがあるだろうか．たとえばAさんのある朝の風景は次のようになる．

> 　朝起きて窓の外を眺めて今日はいい天気になるだろうと思う．その後，洗面していつものように食卓に座る．食事をしながらテレビを付けて現在の時間を確認し，昨日の関西で行われたプロ野球の試合の結果を見て，ひいきの野球チームが3対2で勝ったことを知る．東京のニュースは昨夜母親と幼児が刺殺された凶悪事件が発生したことを知らせている．海外では欧州で開催されている環境問題に関する国際会議で各国の足並みが揃わず共同声明の発表が遅れていること，国内では政府の景気動向の発表があり，景気が持ち直しつつあることを報じている．
> 　食卓での家族の会話は，娘は今週期末試験があり，早めに帰宅して明日の試験準備をするつもりであること，母親は入院している知人の見舞いに行くので夕方6時頃に戻ること，父親は会社に行ってそのまま地方出張に出かけるので，明日の夜にならないと帰らないことなど，家族の今日の行動が確認されている．

　テレビで知る情報はマスコミュニケーション情報であり，家族の会話から得る情報はパーソナルコミュニケーション情報である．どちらの情報も，われわれの日常生活の行動に欠かすことのできない情報である．父親が今日戻らないと夕食はひとり分少なくてよいこと，母親が昼間はいないので娘が戻っても誰もいないこと．これらの情報は現実の生活情報であり，情報の真偽は自身の行

動で確かめることができる．父親の出張が中止になれば家に戻るであろうし，母親が病院に行かなければ家にいるだろう．

　しかし，マスメディアが提供する情報の多くは，直接その真偽を確認することのできない情報である．野球チームの勝敗も，殺人事件も，国際会議も，景気変動も，われわれの生活世界の情報の一部ではあるが，これらは間接的な情報であるので自らの行動で確認することは困難である．

　私たちの生活情報は直接経験できる「現実環境」と，間接的にしか経験できない「疑似環境」から成り立っている．「疑似環境」(pseudo-environment) とは間接的イメージで構成された世界である．メディアが伝える世界政治や経済情勢，ファッションからスポーツまでの生活情報は，メディアが現実を切り取り伝達することで成り立っている情報世界であり，それは世界のイメージをわれわれに伝えているが現実の生活世界の環境ではない．あくまでもメディアが作って伝える疑似環境である．疑似環境は，アメリカのジャーナリストであるリップマン (Lippmann, W.) が1922年『世論』のなかで示した概念である．

　今日のグローバル化した世界は，マスコミの提供する情報環境が不可欠なものになっている．その環境がマスコミの作るイメージで構成された「疑似環境」も，それを無視しては生活することはできない．野菜の値動き，穀物相場の変動，政治的問題，地球温暖化さえもメディア情報に依存しているので，実際の生活において現実環境と区別することはできなくなっている．こうした事態を「疑似環境の環境化」という（藤竹暁，1968）．

　直接経験する現実環境は，その「状況の定義」をわれわれが直接に規定し変更することができる．たとえば，近所で起こった交通事故や町内の問題なら，その事故の大きさや問題を直接判断できるが，メディアが伝える経済状況や殺人事件の場合，直接確かめることができないので，その事実関係や事件の大きさ点はメディアの提供する情報に依存するほかない．

2 造られるニュースの現実

2001年アメリカのニューヨーク9.11テロ以降,アメリカメディアは,テロとの戦いを主張するブッシュ大統領の戦争政策に同調し,その後のアフガニスタンのタリバン勢力との戦いや対イラクのフセイン政権との戦いに対し聖戦のイメージを振りまいた.アメリカの新聞やテレビは連日,米軍発表による戦闘状況を報道しつづけた.アメリカのメディア情報を享受するアメリカの大衆は,当然,悪との闘いに勝利する米軍発表の戦闘情報に熱狂する.その結果,当時アメリカの大衆はブッシュ大統領の「テロとの闘い」を9割方支持したという.

アメリカとその同盟国の情報が世界を席巻する中で,カタール国営の衛生放送局アルジャジーラは,アラビア語と英語で24時間放送をした.アルジャジーラは,アラブ系メディアとして「公正で政治的圧力を受けない,中東で唯一の報道機関」をキャッチフレーズに設立され,アメリカに敵対するテロ組織のメッセージ情報も公平に流し続けた.アメリカの主要テレビが偏向しているように,アルジャジーラも偏向していないとはいえないが,アメリカメディアの対極にある放送局としての存在感を示した.しかし,米政府からは常に敵対勢力として圧力を加えられてきたのも事実である.戦争においてはとくに明確化するが公平中立な報道は存在しないといってもよい.

国際政治,世界経済などのハードな情報はもちろん,流行やファッション,スポーツや音楽などのソフトな情報もわれわれの生活世界を取り囲んでいる.そんな生活情報の多くは,マスメディアが流す偏向した疑似環境に支配されているといえる.今日ではメディアによる疑似環境を現実環境と区別することはほとんどできないといってよい状態である.

しかし,メディアが提供する疑似環境の問題性は,しっかり理解しておくことが必要である.第一に,マスコミによる事実のシンボル操作の可能性が大きくなること.第二に,事実がメディアによって作られたステレオタイプ的イメ

ージに依存するようになること．第三に，その結果世論が「事実」とは異なる偏見や先入観に支配され，人びとの自律的判断を困難にし「民主主義」を変質させることである．

疑似環境が現実環境を一変させた例は，1938年10月にアメリカのCBSラジオが放送したドラマによって発生した「火星からの侵入」事件が有名である．これは実際の話である．『宇宙戦争』というラジオドラマを，ハローウィンの余興として俳優オーソン・ウェルズが「火星人の襲来」を告げる臨時ニュースの形式で熱演した．この迫真の演技によるドラマを事実だと思った人びとが，町中を逃げまどい大パニックを起こした事件である．

この事件は，メディアの作った疑似環境が現実環境を一変させた一例であるが，マスメディアによる疑似環境が拡大すると，報道された「疑似環境」しか現実に存在しないと思いがちである．メディアが今日の世界をいかに偏向させ歪んだものにしているか，われわれは普段知ることができない．なぜならそれを知らせてくれるのも，実はメディアしかないからである．われわれはメディア依存しつつメディアを疑わなければならない自己矛盾の現実に生きているのである．

1．情報を支配するものが世界を支配する

1965年から75年に発生したベトナム戦争では，自由陣営を共産勢力から守る聖戦としてのアメリカの戦争イメージを，多くの従軍記者やカメラマンが戦争の悲惨な現実を映像化して報道した．この時は西側の報道記者が，自由な取材活動によって米軍による聖戦イメージをはぎ取り，ベトナム反戦運動を世界に拡大させたといわれる．

1991年の湾岸戦争では，米軍の情報操作はより巧妙化し，アメリカ軍は積極的に米軍の最新兵器を従軍記者やカメラマンに紹介し，軍事目標にターゲットを絞った攻撃ができるピンポイント攻撃能力を宣伝し，人道的戦争イメージを広めた．軍事施設や橋を電子ビームに誘導されたミサイルでピンポイント攻

撃する様子はビデオ画像で流された．まるで電子ゲームのような光景であり，戦争の悲惨さを何も感じさせなかった．当事者発表にたよる限り，不都合な事実は映像化されない．通常爆弾による大量爆撃で多くの非戦闘員が犠牲になっていたが，こうした事実は知らされないままである．

2003年に始まるイラク戦争では，アメリカ軍が攻撃されたニュースは知らされるが，イラク市民を米軍が殺戮したニュースは流されない．アメリカ軍の犠牲者より遙かに多いイラク市民が犠牲になっていたはずであるが，こうした事実は巧妙に隠されていた．報道記者が戦闘地域に近づくことが困難になり，当事者である米軍情報に依存すると，より公平な第3者的視点は確保できない．

国際紛争は情報戦争でもある．圧倒的情報発信力をもつアメリカなど西側先進国が情報戦では常に勝利し世界を支配している．そうした現実を無視して世界状況を判断することはできないことを認識しておかなければならないであろう．

2．TVニュースの報道

大災害などのニュース報道でも事実を「正しく」報道することが期待されているが，これは言うは易く行うは難しである．どんな事実をどのように切り取り，視聴者に伝えるかは，報道する側の主体的選択的行為である．何を切り取り何を捨象するか取捨選択しなければ，限られた報道時間内に，災害に関連するすべての出来事を伝えることはできない．メディアは現実を限られた時間内に再構成して視聴者に伝えようとするが，実際，どのように伝えているか．

1995年1月17日に発生した阪神淡路大震災当日のテレビのニュースを分析した研究によると，ニュースが作られたものであることがわかる（鈴木みどり，1997：58-80）．

たとえば，テレビで映し出す映像は，崩壊現場，笠井現場，焼け跡，避難所，給水，買い出し，救助，行政の対応など典型的映像が映し出され，救出場

206　第3部　社会学の諸相

図表13-1　「今日一日のドキュメント」VTRのテーマ項目別構成表

番組	0分	1分	2分	3分	4分	5分	6分	7分
ニュース7 NHK [7'03"]	18日 火災 ㊟12" 20"	避難所 焼け跡 44"	避難所 1'25"	給水 41"	臨時 ガスもれ 電話 15" ㊟37" 20"	スーパー 45"	阪神 渋滞(仁川) 高速 がけくずれ ㊟ 18" 8" 32"	焼け跡 まとめ 32" ㊟14"
ニュースプラス1 日本テレビ [5'35"]	17日 18日 避難所 マンション救援 崩壊 物資 救出 12 19 36 10 11 4 ㊟	18日 連体 市 安置所 ビルの 長 から 避難勧告 倒壊 会見 50 23 38	伊丹駅 18	スーパー 50	焼け跡 (まとめ) 54		
ニュースの森 TBS [5'24"]	17日 18日 家屋崩壊 避難所 焼け跡 火災 救出継続 (生きうめ) 所 7④ 15 30 5 15 30 ㊟15	土砂 くずれ 33	臨時 火災 給水 電話 18 16	ライフライン (水)(電気)(ガス) 1'53"	まとめ(上空 焼け跡) ㊟23		
スーパータイム フジテレビ [5'08"]	18日 外で 焼け 給 ス 料 跡 水	18日 避難所 伊丹 阪神 (奈良市外 避難 駅 高速 説明(シ) (人) 13 14 14 16 14 16 16 18 9	道路 ガ 避 西 閉 ス 難 宮 鎖 NTT るれ 所	ビル 救援 物資 24 18 24	臨時 自衛隊 電話 26 ㊟16		
ステーションEYE テレビ朝日 [5'57"]	17日 18日 家屋崩壊 火災 読売新聞 救出 人を 33 9 13 24 17 9	避難所 食べる 33	神戸 港 22	土砂ずれ 高速 ㊟22 ㊟15 12 15	阪 火 淡 消 官 伊 ス 神 災 路 防 邸 丹	 高 島 庁 駅 パ 速 1 6 16	東 崩 現 崩 灘 壊 場 壊 消防 6 14 16 19	がけくずれ 13
This Evening テレビ東京 [5'42"]	17日 18日 火 災 焼け跡 ㊟12 57	避難所 自 南崩 井公園 衛 京町 戸園 救援 隊 物資 ト 水 33 9 13 28 8 8 13 19	避難所 11 14 14	伊 丹 駅 スーパー 33 18	小淡 淋 路 駅 宮 島 前 駅 19	官 相 避 ス 現 スクエア 相 宮 パ 地 庁 邸 所 ー 1 ㊟16 6 16 20	崩壊 道路 13 23	焼 被 け 災 計 跡 ㊟ 23

*㊟はヘリコプター映像
* ～～～はBGMを表している。

出典）宮崎寿子「メディアは現実をどう構成するか―阪神大震災テレビ報道〈今日一日のドキュメント分析〉〈FCT報告から〉―」『メディア・リテラシーを学ぶ人のために』世界思想社、1997年、p.63

（「FCT1995」より）
鈴木みどり編

面はドラマチックに脚色されており，救出される被害者は高齢者，女性，子どもなど社会的弱者が選ばれやすい．この震災では行政の対応が遅れ，ボランティアの活躍が目立ったが，当初の報道ではボランティアに注目した報道はなく，「助ける官，助けられる民」という古いステレオタイプの映像に終始していたという．テレビニュースはカメラマンが切り取った現実のほんの一部の映像を一定の価値観にもとづいて再構成し，意味づけたものに過ぎないのである．テレビ報道は意図的に作られたものであり，恣意的に再構成されたものであるという認識を明確にもつ必要がある．テレビは現実の社会を映し出す鏡ではないのである．

3 メディアイベントとしてのスポーツ

　昔は新聞の読者は，その日のニュースで大きな事件がなければ「今日はなんと退屈な日なんだろう」と考えたが，今日では大きな事件を伝えるニュースがなければ「何と退屈な新聞だろう」と捉える．この違いは何だろうか．昔は事実を伝えるのが新聞であり，ニュースをつくる責任は神の領域であったが，今日ではメディアが地震や殺人がなくてもニュースを作り出す役割を担う存在になっているということである．今日のメディアは現実を再構成するだけでなく，現実を作り出す存在になっている．新聞は「社会の木鐸」といわれたが，今日では「環境の製造者」というべきかもしれない．

　第二次世界大戦中CBSラジオ局は戦時国債キャンペーンのたる俳優ケイト・スミスによる18時間のマラソン放送を実施した．3回放送されたが，1回100万ドルの，2回目は200万ドル，3回目は3,900万ドルと巨額の国債を売り大成功を収めた．スミスの放送は1分間のスポットアナウンスを15分ごとに入れるものであるが，印象としては，体を張った犠牲的精神で18時間連続してスミスがアナウンスしているように聞こえる．前線で祖国のために闘う兵士を支えるために，ケイト・スミスが18時間献身的なマラソン放送をし，

聴衆は戦場の兵士とケイトの犠牲の精神に一体化して捉え，自らもそれに応えるために犠牲的精神で，マラソンキャンペーンに参加することになる．それが戦時国債を買うという行為に結びつくことになり，大成功を収める．これは単なる宣伝放送を越えたひとつのイベントになったことを示している．つまり，メディアが造り出した「疑似イベント」(pseudo-event)，仕組まれたイベントが「真のイベント」(real-event) になったのである．これを「疑似イベントのイベント化」とよぶことができる．

これに類似するキャンペーン放送は，1978年以来日本テレビ系列で毎年夏に行われている「24時間テレビ，愛は地球を救う」という番組である．この番組は30年以上連続して開催されている長寿番組であるが，夏のメディアイベントとして定着した企画になっている．

ケイトのマラソン放送との違いは，ラジオがテレビになり，キャンペーンの対象が，戦時国債から福祉基金集めになり，ケイトの聴衆に訴えかけるアナウンスで表現した犠牲の精神は，長距離を走るランナーのライブの中継によって犠牲の精神を表現していることである．

こうした疑似イベントは，真のイベントとどのように違うか．第一に，疑似イベントは自然発生的な出来事ではなく，ある目的のために仕組まれた意図的出来事である．この場合はキャンペーンである．第二に，報道され再現されるために仕組まれた出来事である．報道される事が前提に構成されており，報道されないと意味がない．第三に，疑似イベントと現実との関係は曖昧である．つまり虚構と真実の境界が曖昧であること．犠牲の精神は実際の行為で表現されており，それ自体は虚偽ではない真実としての虚構であるので曖昧である．第四に疑似イベントはそれが真実化することが企図されている．つまり「予言の自己成就」として仕組まれている．視聴者の共感を得て目標達成することが意図されているイベントである．たいていの場合，意図的に作られた疑似イベントは「現実」の出来事よりも，興味深く魅力に富むことが必要条件である．

メディアによる疑似イベントは，当初1962年ブーアスティンの『幻影の時

代』によって語られた．読者はメディアが造り出す虚構が，現実以上に「本当らしさ」を表現することを期待し，ニュースは取材の対象ではなく製造されるものに変化した．「インタビュー」「記者会見」「座談会」「イベント開催」などさまざまな技法が考案された．

テレビのバラエティ番組は「疑似イベントのイベント化」の象徴であり，現実以上に面白く構成されている．今日の見るスポーツ番組もそのほとんどが，こうした疑似イベントの要素をもつといって差し支えない．

夏に甲子園で行われる高校野球大会は当初，「メディアイベント」(media-event) として始まっている．1915年全国中等学校優勝野球大会として大阪朝日新聞社の主催で始まっているが，夏の記事枯れに対応して，紙面を維持し新聞の販売を増やすために企画された大会であった．自ら主催し観客を動員し取材して紙面に掲載することで読者を増やす作戦である．春の甲子園大会も1924年から大阪毎日新聞主催で始まっている．

メディアイベントのすべてが疑似イベントであるとはいいにくいが，メディアの影響力が大きくなると疑似イベント的な仕組まれた要素が拡大する．

東京箱根間往復大学駅伝競走（略称，箱根駅伝）は正月の国民的行事として恒例のスポーツイベントになっているが，1920年に始まる長い歴史をもつ箱根駅伝競走も，つい20年ほど前までは一部の駅伝愛好家以外にはあまり関心のなかったスポーツイベントであった．箱根駅伝が国民的スポーツイベントになったのは，1987年日本テレビが全区間の中継放送を開始したことがきっかけである．テレビの全区間生中継によって，駅伝に関心のなかった多くの国民の関心を集めて今日のような大きなスポーツイベントになったのである．まさに，メディアが造り出したスポーツイベントであり，メディアイベントになっている．

商業的に成功しているスポーツイベントのほとんどすべては，こうしたテレビの中継放送を抜きにしては考えられないメディアイベントの要素を強くもっている．その最大のメディアイベントがオリンピックである．オリンピック競

技は，その崇高な理念によってアマチュアリズムを貫き商業主義に長い間背を向けて来たが，オリンピックの大規模化に伴う開催都市の経費負担を賄うために商業資本を導入した．その結果，メディアの放映権料は開催費用のほぼ半額を占める大スポンサーとなり，世界のテレビ放送によってオリンピック競技は世界最大のメディアイベントになった．

　スポーツ競技が，〈放送されるための競技〉になることで，競技時間や競技内容，ルールさえも放送に適したように改変されている．柔道着は白だけだったが，テレビで多くの観衆にわかりやすいように青の柔道着も取り入れられた．バレーボールはスピーディな試合運びで時間が一定以上かからないようにラリーポイント制に変更された．卓球の球もテレビで見やすいカラーボールになった．メディアイベントとしてのスポーツは，「見られるためのスポーツ」であり，「するためのスポーツ」ではない．

　昼間しか行われなかった野球は人工照明によるナイトゲームが当たり前のようになったし，オリンピックやサッカーのワールドカップでは，放映権料の関係でテレビの生中継を前提として，選手の状態を無視した時間に試合が組まれることがある．1988年のソウルオリンピックでは，アメリカへの生中継を優先して，最も人気のある陸上競技男子100m決勝が選手にとってはけっしてよいコンディションではない午前中に行われた．サッカーW杯ドイツ大会でも，地球の反対側の日本に生中継される時間帯を考慮して，最悪のコンディションである暑い日中に試合が組まれるといった事態が生じている．メディアイベントとしてのスポーツは，「見られるために仕組まれたスポーツ」であり，筋書きのないドラマを自然に演ずるスポーツではなくなっている．

4　メディアの犯罪報道と体感治安

　メディアが環境を造り出している「環境製造機」だという事実は，犯罪報道によく現れている．メディア報道はどうしても世間の耳目を集めるので，より

刺激的な事件をよりセンセーショナルに報道する傾向がある．猟奇的な凶悪事件や衝撃的な少年事件が起こると，その報道は格段に大きく取り扱われ，報道量の大きさによって「治安が悪化している」というイメージをわれわれに植え付ける．

　内閣府の世論調査によると，治安が「悪い方向」に向かっていると回答する人が 1998 年から 2005 年にかけて 30％近く増えている．逆に「良い方向」に向かっているという人は 10％近く少なくなっている．

　今日のメディア情報の環境下では，治安の悪化は既定事実のように語られるが，実際に凶悪犯罪が増大している訳ではない．とくに少年犯罪の凶悪化がいわれるが，日本における凶悪犯罪は国際比較を見てもけっして高い比率で発生している訳ではない．若者の殺人はこの 40 年間急速にさがり続けているという統計もある．日本の若者のおとなしさは国際的に見ても突出しており，日本ではなぜ殺人が起こるかというよりなぜ起こらないかを研究した方が良いと書かれた教科書さえあるという．世界保健機関（WHO）のデータでは，日本の殺人被害者は人口 10 万人当たり 0.8 人で主要国のなかでは最も低いし，アメリカに比べれば 10 分の 1 程度であるという（『朝日新聞』2003 年 4 月 4 日夕刊）．

　にもかかわらず，メディアは治安悪化を大々的に宣伝する．実際の殺人の認知件数と凶悪・殺人に関する新聞記事件数の推移を比較すると，実際の殺人件数が横ばいなのに記事件数は凶悪事件が起こる度に増えてきている．

　実際の治安の悪化とは別に人びとが感じる治安を「体感治安」というが，体感治安の悪化はメディアによる「培養効果」によるという考え方がある．

　カーブナー（Gerbner, G.）による「培養効果」（cultivation effect）は，メディアの提示する情報に繰り返し接触することで，社会の中で何が起こっているか，その共有された現実感覚が培養されるという説である．日本のメディアが発する犯罪報道は，実際の犯罪率より遙かに多い．そんな多量の犯罪報道に長時間接すると，現実の犯罪が生じている割合を過剰に見積もってしまい，犯罪に関する不安を増大させることになる．実際に，メディア情報から治安状況を

判断する傾向の多い人たちは，地域情報により多く接している人たちよりも，現実以上に地域の治安状況を悪く捉える傾向があるという報告もある．

　メディアの犯罪情報はニュースだけではない．ワイドショー番組では，凶悪犯罪に関する話題を繰り返し取りあげる．ワイドショーの犯罪報道に接触する機会の多い視聴者が，実際の犯罪発生率を過剰に見積もるようになっても不思議ではない．ワイドショー番組がセンセーショナルに凶悪事件を取りあげれば取りあげるほど，現実の生活とかけ離れて行けば行くほど，人びとの現実の捉え方もそうした方向に歪められることになる．

　また，メディア報道のあり方も変化してきている．加害者の人権が意識されるようになって，加害者の生活背景についての過剰な調査報道ができにくくなり，いきおい被害者情報に過度に依存するようになる．その結果，被害者に感情移入しやすくなり被害者感情を共有するようになる．犯罪者への罰則強化を求める風潮が生まれるのは，こうしたメディアの犯罪被害者への集中報道の結果と見ることができる．そうした傾向は，世界が死刑廃止の方向に動いているのに，日本では死刑肯定派が増加していることにも現れている．この現状は体感治安の悪化を生み出しているメディア環境と犯罪報道の被害者情報への集中の結果であると見なすことができる（佐藤，2006：174-177）．

5　メディア・リテラシーのために

　メディアの影響力は，当初弾丸が人びとの心に直接打ち込まれるように，強力な直接的影響力をもっていると考えられた．1930年代から40年代にラジオ放送の直接的影響力を重視した「魔法の弾丸理論」(the magic bullet theory)（皮下注射モデル：マスコミが直接世論を変化させるというイメージ）がそれである．その後，調査に基づく実証的研究からマスコミの影響はそれほど大きなものではないという「限定効果論」(the limited effects theory)が主流を占めるようになる．ラザースフェルド（Lazarsfeld, P. F.）らはラジオの分析を通して，大衆は

メディアによって簡単に直接的に操作されるものではなく，マスメディアの影響を強めたり弱めたりする仲介者としてのオピニオン・リーダーの影響による限定的なものだということを発見する．これが「コミュニケーションの2段の流れ」仮説である．また，「利用と満足」研究では，マスコミの送り手の意図とは別に，受け手は生活の中でマスコミを利用することで心理的満足を得るのであり，送り手が一定の意図をもって影響を与えようとしても，受け手の欲求充足を充足するものでない限り，送り手の意図通りに影響を与えることはできない．これらはマスコミの影響は限定的効果しかないという研究結果である．

1960年代以降，テレビが普及し，テレビの情報発信力が強大になるにしたがって，マスメディアの影響力を強く主張する「新強力効果理論」が主流になる．そのひとつが，マコームズ＆ショー（McCombs, M. & D. Show）の「議題設定機能」（Agenda Setting function）であり，ノイマン（Neumann, N.）の「沈黙の螺旋理論」（Die Theorie der Schweigespirale）であり，先ほど紹介した「培養効果理論」である．

議題設定機能は，マスコミが果たしている重要な機能として，現在何が最も問題か，その問題の存在や深刻さを知らしめる機能があることを発見して，マスメディアの効果を限定的ではなくより強大な機能をもっていることを明らかにした．「沈黙の螺旋理論」は，人びとは多数派と認知された意見は自信をもって語り，社会的に顕在化するが，少数派と思われる意見の表明は消極的になるために，存在感を失い社会的沈黙への螺旋を下っていくという考え方である．多数意見は顕在化しやすく少数派意見は沈黙を余儀なくされる．先に述べた「培養効果理論」を含めて，これらの「新強力効果理論」は，マスメディアが人びとの社会的世界の現実構成に大きな一定の機能を果たしていると主張するものである．こうした研究では，メディアの情報発信力や現実構成の影響力を大きく捉えるが，マスメディアの受け手の主体性や能動性は消極的にしか捉えられていない．

実際，メディアの影響力は，今日人びとの行動が，矮小化された操作可能な

「現実環境」よりも，操作不能の巨大化した「疑似環境」に反応することが多くなっている限り，マスメディアは単なる報道機関ではなくなっている．メディアはその巨大な「環境創出能力」によってわれわれの生活環境を左右しうる「潜在的な権力装置」になっているのは事実である．

「顕在的な権力機関」である政治家の権力は，選挙によって国民の監視下に置かれる民主的装置が準備されているが，マスメディアの権力は「報道の自由」の美名に隠れて，政治権力のコントロールを逃れ，自由な状態にあることも事実である．だからといって政治権力の介入を安易に認めることはできないが，政治権力から独立した第三者機関によるメディア監視制度が必要であると思われる（オンブズマン制度など）．

しかし，マスメディアが，自分の首を縛るこの制度の必要性をキャンペーンで知らせてくれることはありえない．マスメディアの「環境創出能力」は，ここでも十分に活かされ，重要な議題，多数意見とされないだろう．

われわれがマスメディアの表層的情報に対して短絡的に依存した情報行動をしている限り，こうしたメディア環境の呪縛から逃れることはできないのである．

マスメディアの影響力をいかに相対化し，限定的効果に留めることが可能か，そのためには対抗権力の育成と共に個々の市民的努力も必要である．

われわれがメディア対策として個々に努力をすべきことは，メディアを読み解く力である「メディア・リテラシー」(media literacy) を身につけることである．メディア・リテラシーとは，メディアの機能や意味創出の働き，メディア産業の実態やメディアの現実構成を解明し，自らメディアを創り出す能力の獲得をいう．メディア・リテラシーは，マスメディアの環境創出能力を可視化し，相対化する視聴者能力を育成する市民運動であり，教育活動である．

具体的なメディア・リテラシーの理念・考え方は，カナダオンタリオ州の学校教育で示されたメディア・リテラシーの基本概念の8つのキーコンセプトを提示して説明するとわかりやすいかもしれない．

① メディアは，すべて構成されたものである．② メディアは，現実を構成する．③ オーディエンスがメディアから意味を読み取る．④ メディアは，商業的意味をもつ．⑤ メディアは，ものの考え方（イデオロギー）と価値観を伝えている．⑥ メディアは社会的・政治的意味をもつ．⑦ メディアの様式と内容は密接に関連している．⑧ メディアはそれぞれ独自の芸術形式をもっている．

もっと身近にメディア情報に接する立場からメディア・リテラシーの実践的な基本的作法を述べると，次のような指摘が役立つかもしれない．

① ひとつの情報から短絡的判断をしない．② 常に報道内容を疑うこと．③ 異種・複数の情報メディアの情報内容を相互比較すること．④ 目立たない小さな記事情報に注目すること．⑤ 対人コミュニケーションによる相互評価や相互確認を心掛ける．⑥ また，具体的に，マスコミに登場し，マスコミで生きているタレント，キャスター，評論家，研究者などの専門家・知識人には，根源的な意味でのマスコミ批判はできない，という認識が必要である．なぜなら，彼ら自身マスコミによって収入を得ているからである．

このように視点で，毎日のメディア情報に接し，その背後の論理を読み解く力を身につけることは，現代のような巨大なメディア社会に生き抜く現代人の必須要件，基本的情報生活の作法であると見なすことが大切である．

コラム 13：「火星からの侵入」事件

本章でも取りあげたが，1938年10月にアメリカCBSラジオが放送したドラマ『宇宙戦争』によって発生したパニック事件．このラジオドラマは，音楽番組の放送を中断する臨時ニュースとして始まった．「最新のニュースをお伝えします．午後8時50分，隕石と思われる閃光を放つ巨大な物体が，トレントンから22マイルのニュージャージー州グローバーズミル近郊の農場に落下しました」と実在の地名を織り交ぜながら緊迫した状況をニュースとして伝える．その後，再び音楽番組に戻り音楽を中断して続報をニュースや中継放送などの形式でドラマは進行する．落下した物体は隕石ではなく地球

上にはない金属で作られていること，その物体の中から怪物が現れ街を襲っていること．これはまぎれもなく火星人の来襲であること，派遣された軍隊が全滅したこと，人びとはただただ祈るばかりであることなどが，まるで本物の実況放送のように流された．これを聞いていたラジオの聴衆は600万人といわれるが，その内100万人以上の人がほんとうの出来事だと勘違いして大パニックになった．

　実名のあがった地域では，市民が猟銃を持って外に出たりして，発砲事件などもあったという．放送前には，これからドラマ「宇宙戦争」をお送りしますというアナウンスをしているし，放送中も4回もドラマ「宇宙戦争」を放送していることを知らせていたが，パニックした事態が収束するまでにはかなり時間がかかったという．パニックになって放送を中止した地方の放送局もあった．

　この事件は社会心理学者キャントリルによって緻密に調査分析されて報告書にまとめられている．関心のある方は，キャントリル，H.（齋藤・菊池訳）『火星からの侵入』川島書店　1971年をご一読下さい．

第13章のまとめ

1　マスコミがつくる情報環境

　生活世界の情報環境：「現実環境」（直接確認できる情報環境：状況の定義の変更可能）+「疑似環境」（間接的イメージで構成された世界：直接確認できない情報環境：状況の定義の変更不能）．

2　つくられるニュースの現実

　戦争報道の偏向性，メディア情報の虚偽性，「疑似環境の環境化」疑似環境が現実環境を一変させた事件：「火星からの侵入」事件．情報を支配するものが世界を支配する．TVニュースの報道：テレビ報道は意図的に作られたものであり，恣意的に再構成されたもの．

3　メディアイベントとしてのスポーツ

　「疑似イベント」①ある目的のために仕組まれた意図的出来事，②報道され再現されるために仕組まれた出来事，③疑似イベントと現実との関係は曖昧

である．（→疑似イベントのイベント化）．メディアイベントとしてのスポーツ：高校野球，箱根駅伝，オリンピックなど．「するスポーツ」から「見られるためのスポーツ」へ．

4 メディアの犯罪報道と体感治安

環境製造機としてのメディア「体感治安」（人びとが感じる治安）の悪化．「培養効果」（メディア情報を共有することで現実感覚が培養される）ニュース情報，ワイドショー，被害者感情の共有→罰則強化へ．

5 メディア・リテラシーのために

メディアの影響力 ①「魔法の弾丸理論」②「限定効果理論」（マスコミにケーションの2段の流れ，「利用と満足」の研究）③ 新強力効果理論（議題設定機能，沈黙の螺旋理論，限定効果理論など）受動的受け手モデル→メディアの主体的・能動的受け手になるために：「メディア・リテラシー」はメディアの環境創出力を可視化し相対化する能力を育成する市民運動・教育活動．8つのキーコンセプトがある．

《読書案内》
1) 佐藤卓己『メディア社会―現代を読み解く視点―』岩波新書　2006年
　　メディア社会の現代を身近なニュースなど50のテーマで多角的に捉えた本書はメディアによって加速化する情報社会をどうとらえ，どう接するべきかを考えさせてくれる．1話4頁程度にまとめられており，初学者にとっては読みやすいので，著者のニュースや社会現象の分析を楽しめる．
2) 浜井浩一・芹沢一也『犯罪不安社会―誰もが「不審者」?―』光文社新書　2006年
　　本書は治安悪化の神話を統計的データの分析にもとづいてその虚偽性を丁寧に論じた書物である．治安悪化というイメージがなぜかくも強固になったか，犯罪をめぐる言説を言論や世論などから分析している．メディア論ではないが「治安悪化の神話」を論じた興味深い一冊として紹介する．
3) 竹内俊郎『メディアの議題設定機能―マスコミの効果研究における理論と実証―』学文社　1998年
　　本書はマスメディアの効果研究のひとつ「議題設定機能」に関する理論と実証的研究の総括である．本章でも取りあげたが，「議題設定機能」はマスコミの影響力を示す最も有力な理論仮説である．したがって，マスコミの効果研究をしよう

とするものにとっては避けて通れない．本書はその最良の教科書のひとつである．

4）鈴木みどり編『メディア・リテラシーを学ぶ人のために』世界思想社　1997年

編者は日本にメディア・リテラシーを紹介した先駆者のひとりであり，多くの著作を著している．本書もそのひとつであるが，市民がメディアを社会的文脈からクリティカルに分析・評価し，アクセスし，多様な形態でコミュニケーションを創りだす力とその取り組みとしてのメディア・リテラシーの考え方をしっかり紹介している．また，本書でも紹介した実際の研究例も興味深いので，是非参考にしていただきたい．

《参考文献》
ブーアスティン，D. J.（星野郁美・後藤和彦訳）『幻影の時代〜マスコミが製造する事実〜』東京創元社　1964年
藤竹暁『現代マス・コミにケーションの理論』日本放送出版教会　1968年
藤竹暁『事件の社会学〜ニュースはつくられる〜』中公新書　1975年
渡辺武雄『メディア・トリックの社会学—テレビは「真実」を伝えているか』世界思想社　1995年
鈴木みどり『メディア・リテラシーを学ぶ人のために』世界思想社　1997年
竹内俊郎『メディアの議題設定機能』学文社　1998年
菅谷明子『メディア・リテラシー——世界の現場から—』岩波新書　2000年
川上善郎編『情報行動の社会心理学』北大路書房　2001年
田崎篤郎・児島和人『マス・コミュニケーション効果研究の展開』北樹出版　2003年
佐藤卓己『メディア社会—現代を読み解く視点—』岩波新書　2006年
久保大『治安はほんとうに悪化しているのか』公人社　2006年
浜井浩一・芹沢一也『犯罪不安社会—誰もが「不審者」？—』光文社新書　2006年

第14章
国際化と日本の大学生

1　高等教育の国際化とその意味

　あらゆる領域で国境を越えた国際交流が拡大し，人口の国際移動も増大し，それに伴って国際社会，国際交流に役立つ人材への需要が大きくなっている．それに伴って1990年代後半から世界の留学生移動は加速化している．OECDの統計によると，1975年当時，世界の留学生数は60万人だったが，85年90万人，95年130万人，そして2005年には270万人に増大している．この30年間に4.5倍増したことになり，この10年間だけでも2倍以上増加し世界の学生移動の増大が加速化している（図表14－1を参照）．

　国際学生の増大は，世界の将来にどんな意味があるのだろうか．高等教育を受けた人材が，言語と国境の壁を越えて幅広く世界のキャンパスで交流する姿を思い浮かべてもらいたい．若い時代に国境を越えた国際的な交友関係を育んだ学生は，異文化交流のスキルを身につけた高度人材として，その後，政治，経済，文化，研究，教育などあらゆる分野での国際交流の基礎となり，国際紛争を解決し，相互理解の促進に貢献する人材になるであろう．国際交流によって国境の壁が低くなることは，地球を「ひとつの世界」として認識する機会を増やすだろう．つまり，留学による国際学生交流の活発化は，それ自体人的交

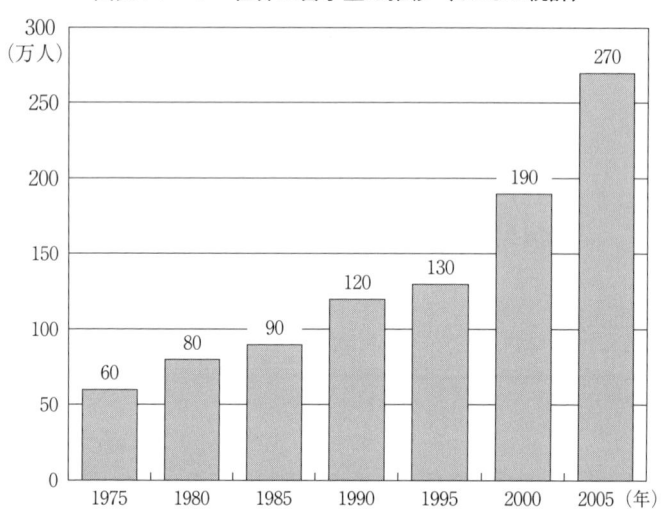

図表14—1　世界の留学生の推移（OECD統計）

年	留学生数（万人）
1975	60
1980	80
1985	90
1990	120
1995	130
2000	190
2005	270

流による安全保障となり，国際紛争の解決と国際平和を達成する手段になることが期待される（坪井他，2002）．

ところで，国際的な学生移動には基本的なベクトルがある．開発途上国から先進国への移動が基本である．古くは遣唐使の時代から文明国への留学が主流であるのだ．今日でも，先進国への留学は全留学生の85％に達する．

具体的には，アメリカへの留学が世界全体の22％を占めており，次いで英国，ドイツ，フランスなどの欧州が続いている．日本は，オーストラリア，カナダに続く7番目の留学生受入れ国であり，8番目のロシアまで含めた上位8ヵ国の留学生受入れ数は，全留学生の70％に達している．

つまり，OECD加盟国を中心とする先進国への留学が主要な留学生受入れ国である．なかでも英語を母国語とするアメリカ，イギリス，オーストラリア，カナダなどの英語圏が，留学先として選択的に選ばれる傾向がある．国際共通語としての英語の言語的地位が高まり，それに比例して英語圏が人気の留学先になっている．留学先を決める大きな要素のひとつは言語的優位性であ

る．アメリカ，イギリスと異なり，高度な学術研究に定評があるとはいえないオーストラリアやカナダの留学人気の背景には，こうした理由があると考えられる．

　逆に留学生の送り出し国を見ると，アジア圏からの留学生が全留学生の45％を占めている．留学生の送り出し要因は，その国の経済発展による高度人材需要であり，私費留学生を大量に送り出すことのできる経済層の出現である．こうした条件に学歴に基づく上昇志向が加わると留学生送り出しが加速されることになる．アジア圏からの留学生が多い背景も，こうした理由による．

　具体的な送り出し国の第1位は中国である．香港を含めて全留学生の18％が中国人留学生である．第2位はインド6％である．これらはいずれも経済成長の著しいアジア諸国であり，それを背景に海外留学も急増している．第3位は韓国4.3％であり，日本は第4位の2.8％であるが，韓国の海外留学生数は人口比にすると日本の2倍以上であり，韓国人の海外留学意欲の強さが伺える．

　日本における外国人留学生数を見ると，2009年5月現在約13万人であり，過去最大数になっている．出身国を見るとその内6割は中国人留学生であり，次いで韓国，台湾などの東アジア諸国が78％を占めている．中国の経済発展と日中関係の歴史的緊密性が反映されていると考えることができる．

　逆に，中国における外国人留学生数を見ると，韓国人，日本人が上位を占めている．では韓国ではどうかというと，韓国でも外国人留学生の上位は中国，日本である．

　東アジアの日本・中国・韓国の3国は，それぞれの国の留学生数の上位を占めており，東アジア諸国が経済的な相互関係の深まりと共に高度人材の育成という面でも相互関係を深めており，東アジア地域における今後の相互依存的関係の発展を考えると，こうした人材交流の深化は望ましい傾向といえる．

　では，日本人はどのくらい海外留学しているか．その数は約8万人であり，ここ数年ほぼ同じで横ばい状態である．世界の留学生が増大するなかで，日本

人留学生が増大傾向にない点は気になる数字である．その理由は，少子化による海外志向の学生層が減少したこと，親世代の所得減による経済的ゆとりのなさ，若い世代の海外留学意欲の衰退などが関連していると思われるが，経済的要因よりも，こうした日本の若者の海外留学意欲の弱まりは，日本の将来を暗くさせる要因にもなる．

今日，世界的に高等教育がグローバル化し留学交流が拡大する背景には，第一に，先進諸国が労働集約型社会から知識集約型社会へ変換し，そのためには優秀な学生，高度人材が大量に必要になっていること．その優秀な高度人材をいかに確保するかという戦略が，国境を越えた高度人材の国際市場を活性化させ，先進諸国の留学生受入れ促進要因になっていることがあげられる．つまり，先進諸国は優秀な高度人材を海外に求めているのである．

第二に，高等教育のグローバル化の背景には世界標準への一元化の動きがある．つまり，高等教育が個別化，独自性を強調した国民国家の時代から，普遍化，標準化という世界共通市場の拡大によって，高等教育の流動性が高まった．たとえば，世界貿易機関（WTO）は「サービスの貿易に関する一般協定」（GATS）の対象を「モノだけでなく，金融・情報・通信などのサービス貿易を含む」としている．この協定は各国の教育サービス（大学教育のあり方）にも大きな影響を与えた．その結果，教育の質評価など，国際標準への一元化への動きが強まっており，世界共通のモノサシで計られることになる．こうした高等教育評価のグローバル化が留学交流を高めている要因でもある．

第三に，高等教育のグローバル化を進める背景には，各国の高等教育費の削減の動きが絡んでいる．1970年代以降，先進諸国の経済的停滞を背景として「小さな政府」への動きがうまれ，高等教育に競争原理を導入した．イギリスのサッチャー政権，アメリカのレーガン政権，日本の小泉政権などの施策がそうである．イギリスではコストベネフィット政策を導入し高等教育自体を商品化した．日本でも規制緩和と大学間競争による資金の効率的配分へ移行した．それは国立大学法人化による独立採算制の強化や大学への助成をより競争的外

部資金へ移行するなどの施策に現れている．

　こうした高等教育のグローバル化が，世界の大学と学生にどんな変化をもたらしているか．その変化は２つの面に現れる．ひとつは，大学自体に現れる変化である．大学，つまり高等教育機関の国際性が問われることになる．日本の大学は帝国大学の歴史が示すように，国家有用な人材を育成する教育機関であった．国際主義の歴史をもたなかった日本の大学が今はじめて国際化への対応を求められるようになる．つまり大学市場の国際化である．

　大学の国際化は，学生の国際的流動性によって，従来国内の大学間における学生獲得競争が世界の大学の学生獲得競争になり，大学教育の質やサービスが国際的な高等教育市場で評価されることになる．今日世界の大学ランキングが注目される機会が多くなっているが，それは大学市場の国際化の現れであると見なすことができる（図表14－2を参照）．

　高等教育のグローバル化がもたらす今ひとつの変化は，学生自体の国際性である．元来，日本の学生は日本国内で通用する人材育成をすれば良くキャリア形成も国内市場だけを前提にしていた．高等教育のグローバル化は学生市場の国際化をもたらす．

　国内の大学に異文化の外国人学生が学び，海外の大学で日本人学生が学ぶことが普通のことになる．日本語と外国語の２言語を駆使できる日本人と外国人の高等教育人材が，従来の国内学生と同じ就職市場で就職活動することになる．世界の政治経済の国際的流動性を背景として就職市場での競争的人材は，より国際的視野をもった高度人材が求められ，在日外国人留学生や在外日本人学生が参加すると国内学生には手強い競走相手にならざるを得ない．グローバル化する社会に対応する人材としては，こうした異文化経験者が当然有利な立場になろう．

　こうした留学交流の拡大は，海外留学など眼中になかった国内学生の行き先にも多大な影響を与えることになる．つまり留学交流は一部の学生だけの問題ではなく，国内の学生とグローバル化した国内外で生きる多様な学生を巻き込

図表14―2　世界のトップ200大学／2009年（トップ25）

（　）内は2008年の順位

```
1位(1)　ハーバード大学（アメリカ）
2位(3)　ケンブリッジ大学（イギリス）
3位(2)　イェール大学（アメリカ）
4位(7)　ロンドン大学ユニバーシティー・カレッジ（イギリス）
5位(6)　ロンドン大学インペリアル・カレッジ（イギリス）
5位(4)　オックスフォード大学（イギリス）
7位(8)　シカゴ大学（アメリカ）
8位(12)　プリンストン大学（アメリカ）
9位(9)　マサチューセッツ工科大学（アメリカ）
10位(5)　カリフォルニア工科大学（アメリカ）
11位(10)　コロンビア大学（アメリカ）
12位(11)　ペンシルベニア大学（アメリカ）
13位(13)　ジョン・ホプキンス大学（アメリカ）
14位(13)　デューク大学（アメリカ）
15位(15)　コーネル大学（アメリカ）
16位(17)　スタンフォード大学（アメリカ）
17位(16)　オーストラリア国立大学（オーストラリア）
18位(20)　マギル大学（カナダ）
19位(18)　ミシガン大学（アメリカ）
20位(23)　エディンバラ大学（イギリス）
20位(24)　スイス連邦工科大学チューリッヒ校（スイス）
22位(19)　東京大学（日本）
23位(22)　ロンドン大学キングス・カレッジ（イギリス）
24位(26)　香港大学（香港）
25位(25)　京都大学（日本）
```

出典）「Time Higher Education」，2009年10月8日

んだ新たな就職戦線を生み出すことになる．

　このような高等教育のグローバル化の現実を踏まえると，日本の大学は，世界の大学との競争を念頭に置いて高等教育の内容を捉え直す必要があるし，他方，日本の学生も，世界の学生との競争を念頭に置いて自らのキャリア形成を

めざす必要に迫られているといえる．それが，今日の日本の大学と学生の課題である．

2　大学の歴史と学生文化

　これまで述べてきたように，グローバル化の嵐にさらされている日本の大学と学生が抱えている今日の問題を考察する前に，しばし立ち止まって世界の大学の草創期の歴史を振り返り，日本の学生文化のあり方を今一度反省的に捉えておきたい．

　世界最古の大学は，1098年に設立されたイタリアのボローニャ大学といわれる．その後，イギリスのオックスフォード大学，フランスのパリ大学などが草創期の大学である．大学を英語でuniversityというが，これはラテン語のuniversitas（ウニベルジタス）を起源としており，教師と学生のギルド，つまり「組合」といった意味である．当時の学問は主として神学，法学，医学，哲学であったが，「学問に国境なし」といわれるように，当時の欧州では国家の壁は低く大学生はヨーロッパ各地から集まっていた．したがって当初は国際主義の大学であった．したがって，留学生という概念もなく学生は国際学生であったと考えられるしそれが当然のことだったと思われる．

　さらにボローニャ大学は，学生が教師を雇って運営していた学生中心の大学であった．教師の採用・解雇権は学生側にあり学生中心に運営されていた．その点で今日の大学とは大きく違っている．しかし，学生が主体的に学ぶ場としての大学の性格が強く表れていたことには注目してよい．同時代に設立されたパリ大学では教会が教師の給料を支払っていたので，こちらは教師中心に運営されていた．このように学生中心か教師中心かの違いがあっても，大学は元来，国際主義の大学として誕生した歴史をもっている．

　今日の大学に通じる近代的大学の歴史はドイツのベルリン大学に始まる．フンボルトが原型を作ったベルリン大学は研究中心の大学であり，教師と学生の

知的共同体としての理念を重視した．世俗的権力からの「学問の自由」や「真理の探求」の場としての大学の理念もベルリン大学に始まる．日本からも森鴎外，北里柴三郎，寺田寅彦を始め多くの先人がベルリン大学で学んでいるが，戦前の日本の旧制大学はこのドイツのベルリン大学がモデルになっている．しかし，帝国大学は国家有用のエリート人材育成機関であり，国家主義的大学として発足しているために，「学問の自由」の理念や「外国人学生の受入れ」は必ずしも十分ではないという宿命があった．

ベルリン大学は学問探究の専門家養成を目的としたが，イギリスや後のアメリカの大学では「幅広い教養人」の養成を目的とした．とくにアメリカの大学では大衆の高等教育を重視しており，戦後の日本の新制大学はこのアメリカの大学をモデルに再編成された．それが新制大学の始まりである．

日本の戦後に生まれた新制大学は，戦前の旧制大学が一部のエリート養成の大学から大衆の高等教育機関にその性格を変化させた．しかし，実際に大衆の高等教育機関として多くの学生を受け入れるようになったのは，高度経済成長期の1960年代半ば以降である．大衆化した新制大学も教員の多くが，エリート大学文化で育った人材であったために，「エリート養成機関」としての雰囲気が色濃いなかで大衆の高等教育を開始した．そのために戦後しばらくは，学生の「学問の自由」を前提とした旧制大学の理念と「教育なき大学教育」の現実の乖離が大きく矛盾した様相を呈していた．

その結果，日本の大学は「勉強しない大学生」像が当然のように語られ，1980年代には，海外からはレジャーランド化した大学と揶揄されることになる．たとえば，アメリカ教育省のレポート『日本教育の現状』(1987年)では，日本の高等教育機関は，変化しつつある世界のなかで，国民の必要性にも青年の関心にも十分応じていない最も弱い部分であると報告している．「大学における貧弱な講義とわずかな勉強のために四年間が無駄になっているのは，これほど効率性を尊ぶ国民にとって信じ難いほどの時間の無駄である」という知日派駐日大使であったライシャワーの言葉を引いて痛烈な批判をしている（舘・

岩永, 2004：17-18).

　日本の大学は,「高等教育機関」でさえなく単なる「学歴付与機関」に過ぎない．つまり，ろくな教育をせずに4年間在籍させて卒業証書を発行し，学位（学士）の称号を授けているだけであるという批判が，アメリカの研究者から公然といわれ，1980年代の日本の高等教育に対する共通認識になっていた．
　こうした批判は，日本の学生が国際化に対応した人材育成をしていないことの現れであり，高度人材のグローバル化が遅れていることを示している．
　しかし，その後，1990年代になって文科省は大学改革を断行し，各大学の自由裁量を重視し大学設置基準を大幅に緩和した大学設置基準の大綱化を1991年から実施した．これによって国家管理の横並びの大学から各大学の個性に応じた施策が可能になったが，大学教育の質保証を大学自体に求め，自己点検・評価の努力義務も定めた．各大学を競争的環境に置くことで，時代の要請に対応した改善努力を各大学の裁量でできるようにした．同時に，競争的資金を重点配分することで各大学の国際化を推進する施策の支援を推進してきた．

3　在日留学生と日本人学生

　日本人学生について海外の批判的視点は，外国人留学生が日本の大学キャンパスに目立ってくるにしたがって，日本人学生と比較されて具体的に論じられるようになる．
　当初は，キャンパスに外国人留学生が多くなると，日本人学生が外国人学生と交流が盛んになり，そのために日本人学生の視野も広がり国際的になると思われた．しかし，アジア学生文化協会が1988年に実施した私費留学生調査によると，日本人学生の友人がいないと回答した留学生が回答者3人に1人いるという結果が報告された．キャンパス内は日本人学生ばかりである．日本人学生に囲まれて学生生活をしている留学生の3人に1人が日本人学生の友人を1

人ももっていないというのは，これは意外な結果である（栖原，1996）．

この調査によると，留学生の90％は日本人学生の友人がほしいと思っているという．しかし，日本人学生は友達になりにくいという．その理由も聞いているが，半数以上が「話題が違いすぎて話が合わない」，さらに約40％が「日本人は留学生に関心がない」と回答している．これはあくまで留学生側の意見である．

日本人学生はほんとうに留学生に関心がないのか，留学生と日本人学生はほんとうに話が違いすぎているのか，これを確かめるためには日本人学生にも同じ質問をしてみる必要がある．そこで筆者は日本人学生調査を実施して確かめた（坪井，1994）．

その結果が図表14―3である．アジア学生文化協会の私費留学生実態調査と筆者が行った日本人学生調査の結果を並置しているが，それによると，留学生調査で最も多かった過半数を占めた「話題が違いすぎて話が合わない」（50.4％）は日本人学生では21.6％で第3位であり，日本人学生で最も多かったのは「その他（知り合うきっかけがない）」（38.8％）である．これは留学生には該当しないが，日本人学生にとっては圧倒的少数の留学生と知り合うきっかけがないという回答はうなづける理由である．日本人学生の回答で二番目に多かったのは「日本人学生のほうが気が合う」（34.7％）である．留学生の回答で

図表14―3　日本人学生／留学生の友人が出来にくい理由

（％＝MA）

	私費留学生調査（順位）(N＝665)	日本人学生調査（順位)(N＝234)
①日本人学生は留学生に感心がない	39.5（2）	13.6（6）
②留学生は日本語が出来ないので負担に感じる	36.0（3）	18.8（4）
③留学生はアルバイトが忙しい	31.1（4）	5.9
④留学生は日本人に感心がない	2.3	0
⑤話題が違いすぎて話が合わない	50.4（1）	21.8（3）
⑥留学生（日本人）同士の方が気が合う	21.6（5）	34.7（2）
⑦その他（知り合うきっかけがない）	―	38.6（1）
⑧その他（わからない，考えたことがない）	10.7（6）	17.8（5）

も「留学生の方が気が合う」が21.6％あり，双方の関心の違いを示す結果である．留学生の回答で二番目に多かった「日本人学生は留学生に関心がない」（39.5％）は日本人学生では13.9％しかなくけっして多くない．

日本人学生調査の結果からは，第一の理由を除いて，第二の理由「日本人の方が気が合う」，第三の理由「話題が違いすぎて話が合わない」は，いずれも関心の相違を示唆する結果であり，留学生調査と日本人学生調査は符号している．

では，実際に日本人学生と留学生はどのように関心が異なるのか．現在の関心事を調べてみると，留学生の関心事は，第1位「学業・研究」，第2位「友人付き合い」，第3位「就職」であった．日本人学生の第1位「趣味・娯楽」，第2位「友人付き合い」，第3位「異性との交際」である．第2位「友人付き合い」を除いて，留学生と日本人学生の関心事は，確かに異なっている．留学生の第1位「学業・研究」は日本人学生の第7位であり，日本人学生の第1位「趣味・娯楽」は留学生の第5位である．留学生と日本人学生の関心事は確かに大きく異なっていることがわかる．つまり，留学生は「学業・研究」に関心を向けているのに，同じキャンパスの日本人学生の関心が「趣味・娯楽」では，話が合わなくても不思議ではないだろう．

日本人学生の実態は，このように同じキャンパスの留学生を鏡に映してみるとよくわかる．関心事の相違は，勉強意欲（モチベーション），実際の学生生活の過ごし方を比較してみるとさらにはっきりする．

勉強意欲の強さを比較すると，在日留学生の77.7％が「強い」と回答しているが，日本人学生の36.1％しか「強い」という回答する者はいない．これは在日留学生と日本人学生の勉強への動機づけの強さを示しているが，実際の行動レベルでの勉強時間を比較しても，在日留学生の57％が2時間以上「自宅学習」しているのに日本人学生では11％に過ぎない．日本人学生の過半数の56％が「ほとんどしない」であるのに，在日留学生では「ほとんどしない」は9％に過ぎないという大きな違いを示している．

学生生活の過ごし方を4つの学生文化類型で比較すると，図表のような結果になる（図表14－4a．図表14－4bを参照）．

4つの学生文化類型は，知識・知性への関心度と大学への同一視の有無の2軸によって分類したものである．知識・知性への関心度，大学への同一視のいずれもプラスの場合は「①知的関心を優先する生活」であり，「学問型文化」である．この型の学生文化を在日留学生では4割が占めているが，日本人学生では14.3％に過ぎない．大学への同一視はプラスであるが，知識・知性への関心度がマイナスの場合は「②青春をエンジョイする生活」であり，「遊び型文化」である．この型の学生文化を日本人学生の6割近く占めているが，在日留学生では13.3％に過ぎない．「学問型文化」を過ごす多数の留学生と「遊び型文化」を享受する大多数の日本人学生という大きな違いがある．大学生活の

図表14－4a　学生文化の4類型

(＋) 知識・知性への関心度 (－)

①「学問型文化」	②「遊び型文化」
④「職業型文化」	③「非順応文化」

(＋) 大学への同一視 (－)

出典）坪井健，1994年，p.48

図表14－4b　大学生活の過ごし方

	日本人学生 (N＝182) ％	在日留学生 (N＝90) ％
①知的活動を優先する生活（学問型文化）	14.3	40.0
②青春をエンジョイする生活（遊び型文化）	59.9	13.3
③学外の活動を優先する生活（非順応文化）	14.8	8.9
④資格技能を優先する生活（職業型文化）	9.9	35.6

出典）坪井健，1994年，p.50

こうした差違は，先の勉強意欲の違い，勉強時間の違いを反映しており，大学生活全体の生活態度に大きな違いを産んでいることがわかる．それが先の関心事の違いになって現れていることがわかる（坪井，1994：37-63）．

留学生がキャンパスに多くなると国際交流が盛んになり，日本人学生の国際的視野が広がると期待されたが，実際に留学生の声を聞いても，日本人学生とは話題が違いすぎて話が合わないという結果である．留学交流を活性化させるためには何が問題なのか．今一度考えてみる必要がある．

4　何が留学交流を阻害しているか
〜留学交流の疎外要因〜

一般に国際交流を含めて，対人交流を規定する構成要素は，図表14—5に示すように2つの側面がある．

内容＝関心事の相違については，先に見てきたので，ここでは形式＝関係性の側面について考察しておこう．形式は関係性のあり方，相互作用の形式であるが，具体的にはコミュニケーションのあり方，コミュニケーションを行う背景であるコンテキスト（文脈）や文化である．

留学生と日本人学生の交流問題は，異文化コミュニケーションであり，異文化コミュニケーションに共通する普遍的問題を考えなければならない．異文化接触が盛んになると，必然的に異文化コミュニケーションが活発になって異文化理解が進むと考えられるが，異文化コミュニケーションが必ずしもプラスに働くとは限らない．プラスの機能である「異文化理解」ではなくマイナスの機能である「異文化誤解」を産む可能性も多くなるという点も忘れてはならな

図表14—5　対人関係の構成要素

対人交流の構成要素 ｛ ① 内容＝関心事（話題・行動）
② 形式＝関係性（相互性・コミュニケーション・コンテキスト）

い．世界の戦争や紛争が止まないのは，異文化交流自体の難しさを証明している．われわれは異文化コミュニケーション自体，自然的状態では相互作用が促進されにくいコミュニケーション形態であるという前提を忘れがちである．いずれの国でもキャンパスで直接接触しあう留学生とホスト国の学生は，自発的・自然的相互作用にまかせる限り，どの国でも予想に反して親交が深まらないと指摘されている．

異文化コミュニケーションは，一般に異民族・異言語文化を想定して語られているが，われわれの文化は重層的であり，民族，宗教，言語などの基底的な「普遍的文化」もあれば，性，世代，職業などの社会的カテゴリーよって異なる「特殊的文化」もある．さらに趣味，関心によって分化した「任意的文化」もある．それぞれに異文化があり，そのすべてに対して一般的に文化的同質性が高いほど，コミュニケーションは容易になる（坪井，1993：103）．

たとえば，図表14－6のような3種類の文化を享受しているABCDの4人がいたとしよう．AさんとBさんは共に日本人であり，普遍的文化は共通している．しかし，特殊的文化も任意的文化も異なっている．CさんとDさんも同様に豪州人同士であるが，特殊的文化と任意的文化は異なっている．AさんBさんとCさんDさんは普遍的文化において母国語の違いという異文化性の差違は大きいが，特殊的文化，任意的文化の違いはないとすると，AさんはBさんよりCさんにより親近感をもつであろうし，BさんもAさんよりDさんにより自然に親しみを感じるであろう．もちろん，AさんとDさん，BさんとCさんの文化的距離が最も遠い関係にあり，この両者のコミュニケーションは異質な文化への強い関心がないと深まらないであろう．

図表14－6　文化的同質性と異質性

	Aさん	Bさん	Cさん	Dさん
普遍的文化	日本人	日本人	豪州人	豪州人
特殊的文化	大学生	主婦	大学生	主婦
任意的文化	アニメファン	園芸愛好家	アニメファン	園芸愛好家

異文化コミュニケーションという場合，実はこうした重層的文化のすべての異質性を暗黙に前提にしていることが多い．しかし，このケースのように普遍的文化は異なっていても，特殊的文化，任意的文化に共通性あれば，普遍的文化の異文化コミュニケーションは促進される．異文化コミュニケーションは，こうした文化的同質性を基軸にして他の異質性を乗り越える試みでもある．今日のグローバリゼーションは，特殊的文化，任意的文化のグローバル化であり，国際交流の活性化はこうした側面から進行しており，普遍的文化の障壁を低くする潮流であるということができよう．

したがって，留学交流自体，学生同士という特殊的文化を基軸にしながら，趣味関心といった任意的文化をきっかけにして普遍的文化の異質性を乗り越えていく積極的意志と努力が求められる．しかし，在日留学生の場合，任意的文化である関心事の相違が留学交流の現実的阻害要因になっていることは否めない．

また，留学生に日本人学生の友人ができにくい理由を尋ねた先の質問では，日本人学生が日本語能力の不足する留学生との交流を避けているのではないかという意見が3分の1の留学生に見られた．確かに普遍的文化である言語は，ホスト国の学生との交流の必須の要件であろう．初級レベルの日本語能力しかもたない留学生の友人構成を見ると圧倒的に同国人に限定される傾向があるが，中級・上級になるほど日本人の友人が増えるかというと，必ずしも直線的な相関関係になっていない．中級と上級ではほとんど差がなく，日本人学生との交流阻害要因が日本語能力の熟達度ばかりでない．言語能力を超えたコミュニケーション能力の問題である．

一般に言語能力とコミュニケーション能力を同一視しがちであるが，言語能力はコミュニケーション能力の一部であり，言語能力だけでは異文化コミュニケーションがスムーズにいくわけではない．異文化コミュニケーションで重要なのは，言語だけでなく意味を運ぶ情報伝達の文化的装置である．E. ホールは，それをコンテキストの違いとして捉えた．言語情報は意味を伝える舟であ

るが，コンテキストはその舟を浮かべる川の流れである．コンテキスト度の高い，つまり流れの早い川では言語という舟の力に頼らなくて舟を簡単に操り意味を運ぶことができるが，コンテキスト度の低い川，つまり流れの遅い川では，意味を運ぶ舟の力に多く頼らないと，相手に意味を運ぶことができない．つまり，言語情報により多く頼ることになる．異文化コミュニケーションは，文化的背景のコンテキスト度の低いコミュニケーション形態であるから，言語情報に依存する割合が高いコミュニケーションである（図表14－7を参照）．

そのように考えると，多民族で成立している国家，アメリカのような国は低コンテキスト社会であり，日本のような単一文化社会は高コンテキスト社会であるといえる．「以心伝心」「察しの文化」などといわれるのは，日本社会が意味伝達の手段として言語情報よりコンテキストへの依存度が大きい社会であることを示している．したがって，留学交流を阻害している要因のひとつには，高コンテキスト文化をもつ日本的コミュニケーションスタイルが，留学交流に付随する低コンテキストの異文化間のコミュニケーションと合致していないことをあげることができる．

日本人学生と在日留学生の交流を阻害している要因は，こうした異文化コミ

図表14－7　コンテキスト

HC：高コンテキスト
LC：低コンテキスト

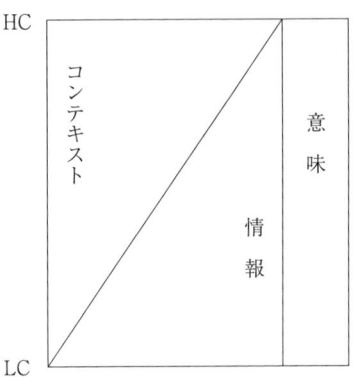

出典）ホール，1979年

ュニケーション自体の問題のみならず，留学生側の要因，日本人側の要因，さらには相互的要因がある（坪井，1993：104-108）．

　留学生側の要因をあげると，とくに在日留学生の9割をしめるアジア系留学生の場合，欧米系留学生と比較して留学目的に特徴的違いが見られる．アジア系留学生の過半数は「学位の取得」であるのに，欧米系の留学生は「日本語の習得」「日本文化の理解」が多い．第一目的が「学位の取得」というのは学問修得を目的とする留学の本来の姿であり，勉強目的の「キャリアアップ型留学」ということができるが，欧米系留学生の場合は「異文化体験型留学」であり，これは日本人と交流することによって始めて達成できる留学である．したがって，アジア系留学生の場合「日本人の友人がほしい」と思っていても，それ自体本来の留学目的からすれば二次的性格が強く，留学交流へのモチベーションの点で，欧米系留学生ほど強い動機づけをもっていないといえる．

　さらに，日本人学生の場合，友人形成の場として大きな機能をもっているのはサークル活動であるが，アジア系留学生の場合，留学生活情報や精神的なサポートを得られる在日留学生の同胞団体に参加しても，日本人学生と同じサークル活動への参加率が低いことも友人作りのきっかけを少なくしている要因である．サークル活動は日本人学生にとっても時間とお金のかかる活動であるが，言葉や経済的ハンディを抱えて勉学する留学生にとってよりいっそう二次的にならざるを得ない．とくに在日留学生の6割以上を占める中国人留学生の多くはアルバイトで留学生活費を維持している学生も多いので，いきおい時間とお金のかかるサークル活動への参加は低調にならざるをえない（坪井，1993：105）．

　第三の留学生側の要因は，同国人・同郷人のサポートネットワークの機能である．とくにアジア系留学生の場合，同郷人ネットワークが留学情報や心理的サポートとして有効な機能を果たしている．一般に同国人・同郷人のネットワークは，異文化を生きるうえで適応的な戦略となる．ひとつはストレス緩和という心理的（情緒的）サポート機能である．もうひとつは異文化の生活課題に

有効に対処する社会的（道具的）サポート機能である．同国人・同郷人のネットワークは，言葉の障壁がないことが最大のメリットである．異文化で，文化差のゆえにどんな困難に出くわしやすいか，どんな感情を抱きやすいかを最も良く知る人たちが同国人である．心理的にも社会的にも最も良くサポートできる人が同国人であり，同郷人である（坪井，1993：105-106）．

　しかし，こうした同国人・同郷人のネットワークが対人交流の中心になると，当然ホスト国の人たちとの交流が阻害されることになる．自然な交流に任せるとどの国でも異文化交流が活発にならないのはこうした理由からでもある．

　次に，日本人学生自体に起因する問題にどんな問題が指摘できるか考えてみよう．日本人学生側の問題は，まず最初に，先ほど見てきたように，日本人学生の文化が遊び型文化であり，大学への同一視はしていても，知識や知性への関心という点で，大学文化の中核である学問文化に合致していないということがあげられる．留学生の多くが「学問型文化」を享受していたことと比較すれば，この問題は日本人学生の文化そのものが大学文化，留学生文化と合致していないといわざるをえない．

　また，日本人同士の交友関係自体が貧困であることを問題視する意見もある．日本人の友人関係を「貧しい友人関係」と表現することに対しては異論もあるが，日本人同士の心理的距離が遠く，お互いに傷つくことをおそれて踏み込んだ親密な関係がもてないということは，アジア諸国の学生文化と比較しても言える傾向であり，そうした日本人学生同士の疎遠な友人関係が，留学交流にも反映されて留学交流の促進を阻害しているということもできる（坪井，1993：106-107）．

　日本人学生側の問題で最もよく指摘されるのは，日本人の欧米崇拝とアジア蔑視である．アジア人留学生の不快な体験としてよく語られるのは，次のような意見である．「自分たちアジア系留学生に対して示される日本人の優越感，差別の意識に強い反発を覚えることが多かった．たとえば留学生を招待する会

に出席したとき，日本人は白人ばかりちやほやして，自分たちはまったく無視されたことがあり，それは日本での最も不愉快な経験として今でも記憶されている.」

こうした留学生の体験談はけっして特殊な意見ではない．多くのアジア人留学生に共通する体験である．日本人の欧米崇拝，アジア蔑視のダブルスタンダードはアジア系留学生が大半を占める日本の留学交流を阻害する日本人側に起因する要因となる．

これまで留学交流阻害要因を，異文化コミュニケーション自体の問題，留学生側の要因，日本人学生側の要因に分けて考えてきたが，留学文化と日本文化そのものに起因する要因もある．先にあげたホールのいうコンテキストの違いもそのひとつであるが，日本の集団文化が，留学交流に適応的ではないという見方もある．つまり，日本の集団文化は，間庭充幸によると，同質性を前提とした「同化」と「融合」による一体的な包摂を志向する文化である．「同化」も「融合」も異質性を排除するという意味では閉鎖的な文化であり，留学交流に適応的な集団文化ではない．留学交流をはじめとする国際交流は，元来異質性を前提とした交流である．留学交流に適応的な集団文化は間庭氏の言葉を借りれば，異質性を前提とした「統合」と「共存」による統一化を志向する文化である（間庭，1990：22）．

とくに，アジア系留学生の場合，見た目にも文化的も同質性が高いゆえに，

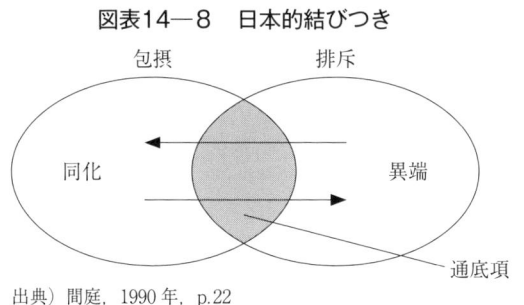

図表14—8　日本的結びつき

出典）間庭，1990年，p.22

同質性を前提とした「包摂」の原理が強く働き，留学生への期待が同調圧力となって現れ，同調性が確保されないとき仲間として認めないという積極的な「排斥」が生じ，大きな壁を作ることになる．それに対して欧米系留学生の場合には，見た目にも異質性が可視的であり，当初から「排斥」されている．短期的表面的交流では表沙汰にならないが，長期的になり親密化してくると「変なガイジン」として「排斥」されている事実が目立ちはじめてくる（図表14—8を参照）．

在日留学生，とくにアジア人留学生と日本人学生の留学交流を阻害する要因は，これまで見てきたように多元的であり，重層的である．したがって，これは留学交流のみならず日本の国際交流全体に通じる問題である．グローバル化する世界を前提に社会人としての行き先を考えると，こうした異文化交流への適応的な生き方戦略は必須の要件になるだろう．

5　国際比較から見た日本人学生の特徴

留学生は，いずれの出身国においても母国の学生全体から見れば一部の進取的学生である．それを日本人一般と比較するのは公平でないという批判がある．留学生とホスト国学生の比較は留学交流阻害要因を明らかにすることになっても，国際比較の観点から日本人学生を論ずるには適切でない．

そこでアジア青年文化研究会は，1993年から1996年にかけてアジア各地の中国・台湾・韓国・タイ・日本とオーストラリアの計6ヵ国・地域の学生調査を実施した．この調査で比較対照した項目は，勉強意欲，生活態度，生活行動，価値観の各次元，学内学外の生活領域の対人関係などの項目である．こうした比較調査の結果，日本人学生の全体的特徴は次の4点にまとめられる（坪井，1999：157-160）．

1．アジア・オーストラリアの学生と比較して日本人学生の多くは勉強していないこと．

日本人学生では，平日の勉強時間が1時間程度や1時間未満の学生が84％に達している．アジア諸国では，毎日2時間以上勉強している学生が70％以上に達する．「勉強への意欲」も最も弱く，「授業への出席」「わからないことを先生に尋ねる」「図書館で勉強する」などの勉強関連の生活行動項目も日本人学生が最も少ないという結果が得られている．

2．日本人学生は遊び中心の大学生活である．

　これは留学生との比較でも見られた結果であるが，国際比較でも同じことがいえる．つまり，日本人学生の過半数は「青春をエンジョイする」遊び型文化であったが，これは比較した6ヵ国・地域のなかで最も多い．また，現在の関心事が「趣味・娯楽」33％を占めており，これも日本が最も多い．生活行動項目を比較しても「テレビを見る」「マンガを読む」「テレビゲームをする」「カラオケに行く」などのメディア接触行動が最も多いのは日本人学生である．

3．日本人学生の交友関係は，他の国・地域の学生に比べて貧困である．

　日本人学生は，友達と「勉強の話」などまじめな話をしない学生が最も多く，友人関係の質問でも友達に「甘えすぎない」という考え方を支持する学生が81％で，比較した6ヵ国・地域の中で最も多く，「自分を犠牲にしても相手に尽くす」という考え方を支持する学生が35％と最も少ない．つまり日本人学生は，友人との心理的距離が遠く，心を打ち明けて真面目な話ができる親密な交友関係を取り結んでいないということができる．

4．日本人学生は他の国・地域の学生と比較して，生活目標を見失っている傾向が強い．

　「自分の将来に夢がある」日本人は58％で最も少ない．「毎日の生活が充実している」学生もタイに次いで少ない．反対に「毎日が退屈である」「何をすべきかわからない」「自分がどんな人間かわからない」という学生が最も多いのは日本である．

こうした日本人学生像はこれまでもいろいろ指摘されていた．たとえば勉強

しない学生像は，1990年学生援護会が行った日米大学生の比較調査では，日本人学生の平均勉強時間1.8時間に対してアメリカの大学生7.5時間と4倍以上の差が明らかにされていた．日本の大学生は，NHKの日本人の生活時間調査では，平均勉強時間で2時間以上勉強している中学生，高校生の半分以下であり，1時間以上勉強している小学生より少ない59分という情けない結果であった．最高学府に所属する日本の大学生が全学校の生徒・学生の中で最も勉強していないのは紛れもない事実であり，「学生」という地位にふさわしくない実態ということになる．

グローバル化する高等教育のなかで，高度人材の国際的競争が激化していることを考えると，「井の中の蛙」状態の日本人学生は国際競争力を失ってしまうことは火を見るより明らかである．1992年カーネギー財団「大学教授職の国際比較調査」によると，日本の大学生は「学力」「コミュニケーション能力」共に劣っており，さらに「5年前と比較して悪くなっている」と回答した国は，13ヵ国中日本だけであったという．こうした結果を見ると，日本の大学生の現状は，国際化時代に相応しく内人材育成機関になっているといわざるをえない．アメリカ連邦教育省が「ろくに勉強せず，4年間を浪費しているのは信じがたい時間の無駄である」と批判したレポートを発表しているが，まさに正鵠を射た批判といわざるをえない．

6　在豪日本人学生
～海外留学した日本人の学部留学生との比較～

否定的に論じられる日本人学生像が，日本人学生固有の問題かそれとも日本の教育環境に問題があるのか，それを調べるためには海外留学している日本人学生と比較するのが最も適切な方法である．

もし，日本人学生の教育環境に問題があるなら，教育環境の異なる海外の日本人学生は国内の日本人学生とは違った傾向を示すはずである．そうした視点

から，ここではアジア人留学生が日本と同じくらい多いオーストラリアの日本人学生の特徴について，在日留学生調査と同じように，ホスト国のオーストラリア人学生，在豪留学生と比較調査した結果をまとめて考察しよう．なお，図表では，これまでの国際比較調査の結果も含めて表示しているので，すべての比較調査結果をまとめてご覧いただきたい（坪井，1999：157-166）．

その結果，第一に注目すべき点は，在豪日本人学生はオーストラリアでは最もよく勉強している学生であるということである．在豪日本人学生の過半数は「3時間以上」勉強している．国内の日本人学生では「3時間以上」は4.4％しかいなかったことと比較すれば驚くべき違いである．それもホスト国オーストラリア人学生と比較してよく勉強しているというだけでなく，他のアジア人留学生と比較しても日本人学生のほうがよく勉強しているのである（図表14−

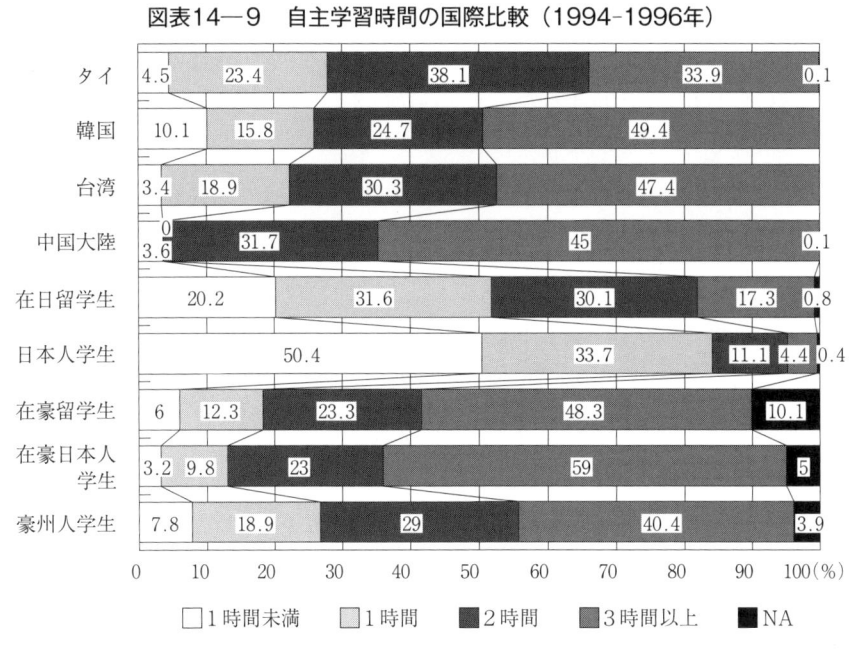

図表14−9　自主学習時間の国際比較（1994-1996年）

	1時間未満	1時間	2時間	3時間以上	NA
タイ	4.5	23.4	38.1	33.9	0.1
韓国	10.1	15.8	24.7	49.4	
台湾	3.4	18.9	30.3	47.4	
中国大陸	3.6	0	31.7	45	0.1
在日留学生	20.2	31.6	30.1	17.3	0.8
日本人学生	50.4	33.7	11.1	4.4	0.4
在豪留学生	6	12.3	23.3	48.3	10.1
在豪日本人学生	3.2	9.8	23	59	5
豪州人学生	7.8	18.9	29	40.4	3.9

出典）坪井，1999年，p.162

9を参照).

　ちなみに,これは大学院学生ではなく学部学生の比較である.海外の大学の学部に進学する日本人学生には,日本の大学を卒業した学生はいないはずである.日本の大学の学部を卒業した学生なら大学院に進学するはずである.したがって,彼らは日本では短大や専門学校卒,または日本の大学卒の資格をもっていない若者であり,それらの若者は日本ではけっしてエリート学生とは言い難い.そうした学生がオーストラリアでは最も良く勉強しているという結果をどう考えればいいのだろうか.

　それは日本人学生が本質的に勉強しない怠け者学生なのだということではなく勉強しなければならない環境さえ与えられれば,ホスト国学生との比較のみならず,他のアジア人留学生と比較しても最も良く勉強する学生になりうることを示していると捉えることができる.

　他の比較調査した項目を見ても,「授業に出席する」「先生に尋ねる」「図書館で勉強する」「勉強の話をする」などの生活行動項目でも,在豪日本人学生は国内の日本人学生とはまったく違う行動パターンを示している.こうした行動を最も良くしているのは在豪日本人学生である.

　大学生活の過ごし方でも,在豪日本人学生の53％は「知的関心を優先する生活」(学問型文化)を享受していて最も多い.これは豪州人学生28％,アジア人留学生38％と比較しても大差があるし,22％しかなかった国内の日本人学生とも2倍以上の大差である.なお,勉強への意欲を比較してみると,在豪日本人学生は79％が「意欲が強い」と回答しており,これはオーストラリア人学生やアジア人留学生より若干少ないが,国内の日本人学生では40％しかなかったので2倍近い差がある.いずれにしても国内の学生と在豪留学生は明らかに異なった結果である(図表14-10,図表14-11を参照).

　第二に,在豪日本人学生が国内の日本人学生と類似する点は,オーストラリア人学生や他のアジア人留学生と比較して遊び志向の学生が36％で最も多い点である.オーストラリア人学生では遊び志向の学生は20％しかなく,在豪

第14章　国際化と日本の大学生　243

図表14―10　大学生活の過ごし方（1994-1996年）

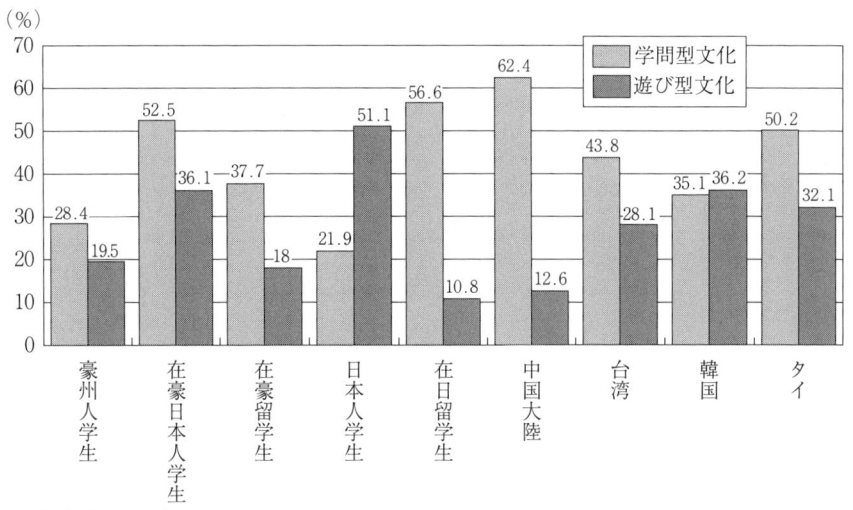

凡例：学問型文化／遊び型文化

カテゴリ	学問型文化	遊び型文化
豪州人学生	28.4	19.5
在豪日本人学生	52.5	36.1
在豪留学生	37.7	18
日本人学生	21.9	51.1
在日留学生	56.6	10.8
中国大陸	62.4	12.6
台湾	43.8	28.1
韓国	35.1	36.2
タイ	50.2	32.1

出典）坪井，1999年，p.164

図表14―11　勉強への意欲（1994-1996年）

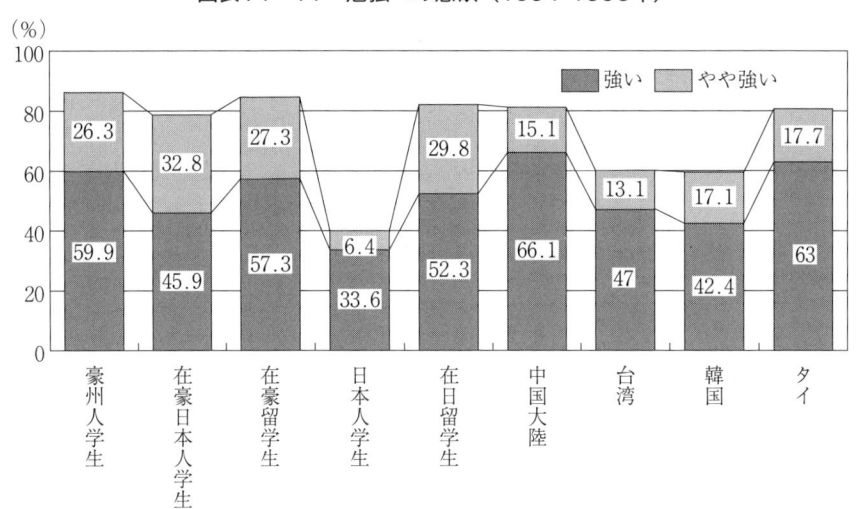

凡例：強い／やや強い

カテゴリ	強い	やや強い
豪州人学生	59.9	26.3
在豪日本人学生	45.9	32.8
在豪留学生	57.3	27.3
日本人学生	33.6	6.4
在日留学生	52.3	29.8
中国大陸	66.1	15.1
台湾	47	13.1
韓国	42.4	17.1
タイ	63	17.7

出典）坪井，1999年，p.164

アジア人留学生でも18％に過ぎない．国内の日本人学生が51％なのでそれよりは少ないが，遊び志向は日本人学生固有の特徴ということができるかもしれない．

　第三に，交友関係を見ると在豪日本人学生の交友関係は多彩で豊かであるが，心理的距離は遠いという結果である．親しい友人数でも在豪日本人学生の平均は7.94人であるが，他の留学生の平均は6.37人であり，日本人学生の方が交友関係は盛んである．この結果を見ると，日本人が同国人同士で固まっているという光景はあまり想像できない．海外日本人の通説として語られることの多い「日本人は日本人同士固まって，異国の人と積極的交流をしようとしない」という言説は，在豪日本人学生にはあまり当てはまらないことを示している．

　第四に，在豪日本人学生は国内の日本人学生ほどではないが，目標を喪失している学生も多い．現在志向の価値観も国内の日本人学生ほどではないが，それに次いで多いという日本人学生に共通する特徴的傾向も見られる．また「夢のある生活」「自信のある生活」をしている人が，他の在豪日本人学生やオーストラリア人学生より少ないし，「退屈な生活をしている」「何をすべきかよくわからない」「どんな人間かわからない」と答える人が多くなっている．こうした傾向は，国内の日本人学生にも見られた傾向であり，在豪日本人学生の生活目標の不明確さと共に「目標を見失った大学生」という特徴は，日本人学生共通の特徴ということができよう（坪井，1999：165-166）．

　以上のような結果を見ると，「勉強しない日本人」像は，日本人学生固有の特徴というより日本の大学教育システムの結果であるということができる．ただし，「目標を見失った大学生」は国内の日本人学生と共通する結果であり，日本人学生固有の問題だということができる．

　なぜこうした結果が見られるか，その原因は在豪日本人学生と他のアジア人留学生との留学目的の違いから推測することができる．海外留学の目的はアジア人留学生の場合，キャリアアップをめざした学部留学「キャリアアップ型留

学」が多いのであるが，日本人学生の場合，正規の学生として学部留学していても，キャリアアップより「外国語の習得」「見聞を広める」という「異文化体験型留学」が多い．在豪日本人学生の大学教育への期待が「希望の職業に就く」「学位を取得する」という期待が，国内の日本人学生に次いで少ないという結果である．

7　おわりに——社会人基礎力の育成と海外留学——

　これまで見てきたように，アジア人留学生と日本人学生は，海外留学の目的が異なっている．アジア人留学生はキャリアアップの手段として海外留学しているが，日本人学生は異文化体験を目的とした海外留学が主流であるという違いがあり，留学がキャリアアップに結びついていないという点を指摘することができる．

　しかし，日本人学生の場合，キャリアアップを目的とした海外留学でなくても，結果的にキャリアアップに結びつくことは確かであるし，海外留学が人間的成長に資することは疑いない事実である．

　その一例として，ここに海外留学が社会人基礎力を高め，職業人として有為な人材形成に資するという報告を紹介しておこう（源島，2009：2-5）．「社会人基礎力」とは，経済産業省が2006年に発表した12項目からなる能力評価であり，大きく分けると3つの能力要素からなる．「前へ踏み出す力」「考え抜く力」「チームで働く力」である．この社会人基礎力の自己評価を160人の海外留学した学生を対象に実施し，留学前と留学後の差を測定した結果，留学した学生全体の平均点で，ほとんどすべての評価項目で得点が上昇しているが，とくに大きく上昇していた項目は「主体性」「実行力」「課題発見力」「発信力」「傾聴力」「柔軟性」「状況把握力」「ストレスコントロール力」の8つである．これらは5段階評価でいずれも4点以上の評価得点を示していた．とくに留学前後で評価が大きく上昇した項目は，「柔軟性」（2.98から4.46へ1.48ポイント

アップ），「発信力」（2.88 から 4.11 へ 1.23 ポイントアップ），「ストレスコントロール力」（3.20 から 4.16 へ 0.96 ポイントアップ）などである（源島，2009：2-5）．

　異文化という環境下では，慣例的な行動規則は通用しない．新しい環境に適応するためには「柔軟性」が必要であり，自己の欲求を「ストレスコントロール力」が必要である．こうした異文化における密度の濃い新しい体験は，新たな情報「発信力」を高めることは確かであろう．留学体験がこうした能力を高めることは十分想像できる．また，留学前と後で変化のなかった項目に「規律性」（3.71）があるが，海外留学が規律性を高めるにはあまり有効ではないことはうなずける．「規則性」は「柔軟性」を高めるのに有効であることと真逆である．

　いずれにしても世界は異文化でできているし，異文化コミュニケーションはグローバル化した世界では標準的なコミュニケーションスタイルである．日本が単一文化社会であるという「幻想」は現実には壊れつつあるが，「自文化」に対する自明性が，異文化交流の必要性に対する感覚を鈍磨させているが，海外留学を含めて，若い学生時代にこうした異文化のコミュニケーションスキルを身につけておくことは，これからの時代の必須要件である．

コラム 14：「留学生 30 万人受入れ計画」

　平成 20（2008）年 7 月，政府は日本を世界に開かれた国として，アジア，世界との間のヒト，モノ，カネ，情報の流れを拡大する「グローバル戦略」を展開する一環として，2020 年を目途に留学生受入れ 30 万人をめざす施策を発表した．昭和 58（1983）年発表した留学生 10 万人受入れ計画は，平成 15（2003）年目標数 10 万人を 3 年遅れて達成した．10 万人計画は知的国際貢献の性格が強かったが，30 万人計画は高度人材の獲得戦略の性格が強い．30 万人計画では，日本留学前の動機づけから卒業後の国内就職まで，つまり，高度人材としての活用まで射程に入れて関係省庁・機関の総合的有機的連携を企図している．具体的には ① 日本留学の動機づけと留学希望者のための情報発信から受入れまでの窓口の一元化，② 海外から直接日本留学へのアプローチができるよう入試・入学・入国などの入口の改善，③ 英語に

よる学位取得などカリキュラムのグローバル化と国際色豊かな魅力ある大学づくり，④ 宿舎確保など安心して勉学に専念できる生活環境作り，⑤ 卒業・終了後の就職支援や起業支援など国内での受入れの推進，帰国後のフォローアップの充実などの施策である．いずれも世界の高度人材獲得競争に遅れを取らないための施策といえる．

【資料】文科省『我が国の留学生制度の概要』（平成21年度版）より

第14章のまとめ

1　高等教育の国際化とその意味

　世界の留学生は加速度的に増大している．95年130万人から05年に270万人，10年間に2倍強に増大．先進国への留学が中心（85%）．受入国の第1位米国（22%），英・独・仏・豪・カナダ・日本（第7位）．主流は英語圏への留学．送出国の第1位中国（18%），印・韓・日本（4位）．在日留学生13万人（過去最大），中国（6割），韓国，台湾の東アジア合計78%．日中韓3国の留学交流の増大．日本人の海外留学8万人で増加していない．学生の海外志向の減退か．留学交流拡大の背景 ① 知識集約型社会→高度人材の獲得戦略（海外の優秀な人材獲得戦略），② 世界標準への一元化：高等教育のグローバル化，③「小さな政府」高等教育費の削減→高等教育の商品化（大学間競争の激化）．

　国際化の意味：① 大学市場の国際化（→世界の大学ランキング），② 学生市場の国際化（→内外の国際学生との競走）．

2　大学の歴史と学生文化

　大学（university）の語源はuniversittas（ギルド：組合）．最初の大学：1098年ボローニヤ大学（「学問に国境なし」国際主義，学生中心の大学）．近代的大学（ベルリン大学：真理の探求・学問の自由）日本の旧制大学のモデルになる．戦後の新制大学モデルはアメリカ（大衆の高等教育機関：幅広い教養人の育成）大衆の大学として再出発．「学問の自由」（旧制の理念）と「教育なき大学教育」（新制

の現実)の矛盾→80年代の日本の大学への批判：「勉強しない大学生」「単なる学歴付与期間」．90年代「大綱化」による大学改革へ，大学間の生き残り競争の時代へ．

3 在日留学生と日本人学生

「日本人の友人のいない留学生」理由：日本人学生と留学生の関心の違い ① 日本人「趣味・娯楽」留学生「学業・研究」，② 日本人「弱い勉強意欲」留学生「強い勉強意欲」，③ 日本人「遊び型文化」留学生「学問型文化」．

4 留学交流の阻害要因

対人交流の構成要素 ① 内容「関心事」，② 形式（関係性），① 異文化交流自体，交流が難しい．言語能力＋コミュニケーション能力の重要性，② 留学生側の要因（目的が学位取得，交流は二次的．強い同郷人ネットワーク），③ 日本人学生側の要因（友人関係の貧困，日本人の欧米崇拝，包摂と排除の文化）．

5 国際比較から見た日本人学生

日本人学生の4つの特徴：① 勉強しない，② 遊び中心，③ 交友関係が貧困 ④ 生活目標の喪失．

6 海外留学と日本人学生の能力形成

オーストラリアの日本人学生 ① 一番勉強している学生，② 遊び志向の学生も多い．③ 豊かな交友関係，④ 目標喪失の学生．結論：勉強しない学生は日本人学生固有の特徴でなく，日本の教育システムへの適応の結果．日本人学生の留学は「異文化体験型留学」．キャリアアップ型留学が少ない．

7 社会人基礎力の育成と海外留学

社会人基礎力とは：①「前へ踏み出す力」，②「考え抜く力」，③「チームで働く力」．留学は社会人基礎力を高める．

《読書案内》
1）坪井健『国際化時代の日本の学生』学文社　1994年
　　この章で論じた国際化時代の日本の学生の問題状況について，筆者が最初に論じたものである．ある意味今日の大学生が抱える問題の原点を理解するのに役立つ

だろう．その後の研究成果は含まれていないが，筆者が主宰した台湾学生と日本人学生の国際交流の意義深い体験レポートも含まれているので，一読されたい．

2）栖原暁『アジア人留学生の壁』NHKブックス　1996年
　1983年中曽根首相が提唱した「留学生10万人計画」の最中で，留学生問題に直接携わってきた筆者が受入れ現場で体験した諸問題を現場からレポートする．アジア人留学生が抱える基本的問題は今日でも残存している．何が解決し何が今も問題点として指摘できるか改めて問い直すのに好都合である．

3）坪井健「国際化と日本の学生」清水浩昭編『日本人と国際化』人間の科学社　1999年
　共著『日本人と国際化』に所収された論文であるが，筆者が在日留学生からアジア諸国の学生調査，そして豪州で実施した日本人学生や豪州学生調査など一連の調査を終えてその成果をまとめた論文であるので，本論で論じた諸問題の全体像が理解できる．したがってさらに詳細に論及してみたい人は参考にされたい．

《参考文献》
坪井健「在日留学生と日本人学生―何が留学交流を阻害しているか―」『アジア文化』第18号　アジア文化総合研究所　1993年
坪井健『国際化時代の日本の学生』学文社　1994年
坪井健「国際比較から見た日本の学生」外国人留学生問題研究会『NEWSLETTER』No.90, 1998-4　1998年
坪井健「国際化と日本の学生」清水浩昭編『日本人と国際化』人間の科学社　1999年
坪井健「オーストラリアの日本人学生」『駒澤社会学研究』No.31　駒沢大学文学部社会学科　1999年
坪井ほか「フルブライト・プログラムに学ぶ」賀来景英・平野健一郎編『21世紀の国際知的交流と日本』中央公論新社　2002年
ホール，E. T.（岩田慶治・谷泰訳）『文化を超えて』TBSブリタニカ　1979年
間庭充幸『日本的集団の社会学』河出書房新社　1990年
栖原暁『アジア人留学生の壁』NHKブックス　1996年
舘昭・岩永雅也『岐路に立つ大学』日本放送出版協会　2004年
源島福己「大学生の海外留学と社会人基礎力の発達」『留学交流』Vol.21, No.12　時潮社　2009年

付録

——実践的レポートの書き方・卒業論文の作成事例集——

　社会学の講義が終わると，単位認定のために成績評価の測定が行われます．具体的な成績評価の仕方は，各担当講師によって違いますので，一様ではありません．しかし，平常点はともかく，試験や課題レポートは成績評価の大きな部分を占めることになるでしょう．

　このテキストには，各章の「まとめ」が記載されていますので学習内容の整理には役立つでしょう．課題レポートの書き方については，大抵の場合，どのテキストにも何も指示されていません．高校時代まで，レポートを書いた経験のない学生が，突然課題だけ与えられても，どのように書けばいいのかわからなくなるのは当然かもしれません．

　もちろん，日頃から専門の論文や専門書をよく読んでいる学生は，レポートがどんなものであり，どのように書くべきかおよそ検討がつきます．レポートは単なる作文ではありません．レポートにはルールがあり，決まった書き方があります．その書式さえしっかり守っていれば，ある程度評価されるレポートが書けます．

　このテキストでは，付録として実践的なレポートの書き方をサンプルも示しながら簡潔に説明します．この実例が絶対というわけではありませんが，だいたいこの基準の指示に準じて書くとよいレポートが書けるはずです．

　なお，社会学を専門的に勉強する学生ばかりではないでしょうが，社会学専攻の学生が書いた卒業論文のテーマと要旨を少し紹介しました．卒論の実例を見ると，こんな研究もできるのだという社会学の面白さを発見するでしょう．テキストでは語れない具体例として，身近な学生が書いた卒論から社会学の学問的面白さを知ってほしいと思います．

　これを参考にして，あなたもオリジナルな社会学研究にチャレンジしてみてください．

　　付録1　実践的レポートの書き方
　　付録2　卒業論文の作成事例集

付録1　実践的レポートの書き方

1. レポートとは何か

　レポート（report）とは，報告書のことです．レポートは研究レポートだけでなく，会社や役所，団体などいろんな組織でレポートは書かれています．何か調べて他の成員や上司や顧客に報告する文書はすべてレポートです．したがって，レポートを書く技術は実社会で大いに役立ちます．大学の講義で課せられる課題レポート（以下，レポートとは課題レポートを指す）は，欧米では"essay"とか"paper"とよばれているものです．

　レポートや卒業論文（以下，卒論と略す）は，研究論文であり学術論文の一種です．したがって，高校時代までの読書感想文や単なる作文とは違います．学術論文には，一定のきまり，約束事があります．この約束事を無視すると評価が下がります．その違いは図表付1－1のようになります．

　レポートや卒論と読書感想文との大きな違いは，「主張」「構成」「論じ方」「資料」が必須事項だということです．レポートと卒論は，枚数や形式要件の厳しさや提出後の課題に違いはありますが，約束事に基本的違いはありません．したがって，しっかりしたレポート作成の作法を身につけておけば，卒論作成にも役立ちますし，実社会でも役立ちます．

図表付1－1　読書感想文・レポート・卒業論文の比較

	読書感想文	レポート	卒業論文
論　題	読んだ作品による	課題が決められている	自分で決める
枚　数	少ない（1千〜2千字程度）	少ない（2千〜5千字程度）	多い（1万字〜4万字以上）
主　張	主観的・個人的意見でよい	論拠のある主張する	レポートに同じ
構　成	特に決まりはない	序論・本論・結論の構成が必要	レポートに同じ
論じ方	特にない	論理的，実証的に論じる	レポートに同じ
資　料	特に必要ない	参考・引用文献の提示が必要	レポートに同じ
期　間	短い（1日〜2週間程度）	短い（1週間〜2ヶ月程度）	長い（数ヶ月〜1年以上）
作　業	自分1人でする	自分1人でする	指導教授と相談する
提出後	特になし	特になし	口頭発表や口頭試問がある

2. レポートの基本的要件

以下，社会学の課題レポート（卒論も同じ）を前提にして，レポート作成の形式的な要件についてまとめておきましょう．

1. レポート（卒論）には，論拠のある主張がある（単なる関連知識のまとめたり，個人的意見を述べることではない）．
2. 主張は，事実（他者の見解を含む）を論理的に整理して述べなければならない．
3. 社会的事実（客観的データ）や他者の見解（文献やインタビューによる）は，その出典を明示しなければならない．
4. レポート（卒論）には，①序論（「はじめに」：問題提起），②本論（「1章，2章…」：問題解決へのプロセス），③結論（「おわりに」：解答），④資料（「参考文献」：参考・引用した文献資料等の提示）の構成がある．
5. レポート（卒論）は，所定の書式（用紙の大きさ，字数の規定など）にしたがって，上記の4つの要素を含む構成（序論・本論・結論・資料）に，表紙（科目名，タイトル，提出日，所属学部学科専攻等，学生番号，氏名を記載したもの）を付けて綴じる．

以上が，レポートの基本的要件です．内容によっては，さらに詳細に説明することはできますが，最も気をつける点は，〈読み手の立場で書かれているか〉という点です．読者（レポートの読者は教師です）の期待を無視して，所定の枚数を満たしただけの文章を書いたというのでは評価が低くなるのは当り前です．

以下，課題レポートのサンプルを示しましたので，レポートを書く際に参考にしてください．

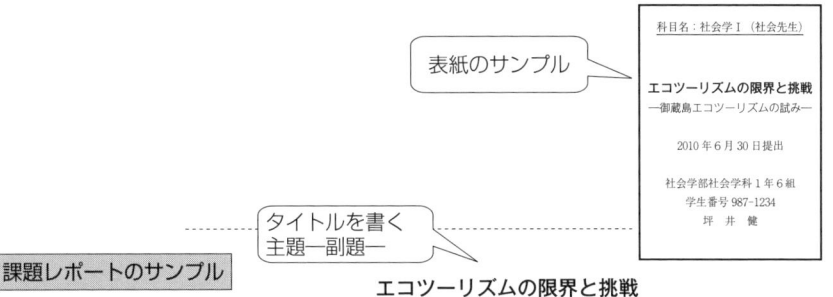

表紙のサンプル

> 科目名：社会学Ⅰ（社会先生）
>
> **エコツーリズムの限界と挑戦**
> ―御蔵島エコツーリズムの試み―
>
> 2010年6月30日提出
>
> 社会学部社会学科1年6組
> 学生番号 987-1234
> 坪井 健

タイトルを書く
主題―副題―

課題レポートのサンプル

序論：問題提起の部分です

エコツーリズムの限界と挑戦
―御蔵島エコツーリズムの試み―

はじめに

大衆観光（mass tourism）は観光の楽しみを万人に開放した．また，マスツーリズムの一般化は，観光する人々である観光客のみならず観光を媒介する人々，すなわち観光業者や観光地の人々に多大の富と恩恵をもたらす一大産業に発展した．しかし，大量観光は，観光地への負荷を高め，観光資源のみならず環境破壊や生活秩序の改変をもたらし，「観

光公害」と呼ばれるべきマイナスの影響を大きくする.

その結果，1970年前後からマスツーリズムに代わる新たな観光の在り方が模索されることになる．それが本論の課題である持続可能な観光「サスティナブル・ツーリズム」(sustainable tourism) である．

本論では，持続可能な観光の在り方の具体的形態として，近年，特に注目を浴びているエコツーリズムに焦点を当てて，その現状と問題点を明らかにし，併せて東京都御蔵島村のエコツーリズムの事例から，持続可能な観光の原点を確認すると共に今後のエコツーリズムの可能性を探っていきたい．マスツーリズムとエコツーリズムの違いについては，図表1を参照されたい．

図表1．マスツーリズムとエコツーリズム

マスツーリズム	エコツーリズム
気晴らしを目的とした団体旅行	自然や文化を尋ねる少人数の旅
自然破壊，地域分化への悪影響	自然保護，地域文化への敬意
自然や文化への配慮を欠くガイド	環境倫理を身につけたガイド
自然を破壊する大規模な施設	自然への悪影響をさけた施設
自然や地域からの利益収奪	保護地域や住民への利益還元

(出典) (財)日本自然保護協会ホームページより
http://www.nacsj.or.jp/old_database/ecotourism/ecotourism-940801-3.html

I．持続可能な観光としてのエコツーリズム

・その起源と定義

1992年「環境と開発に関する国連会議」は，持続可能な開発のための具体的な行動計画である「アジェンダ21」を採択し，持続的な開発のためのアクションを示した．この会議の参加国は，アジェンダ21に基づく国内行動計画を策定し，持続可能な観光「サスティナブル・ツーリズム」の実践を提唱した．

そのサスティナブル・ツーリズムの具体的取り組み例がエコツーリズムであるが，世界自然保護基金 (1991) の Planning for Ecotourism では，「エコツーリズムとは，保護地域のための資金を生みだし，地域社会の雇用機会を創出し，環境教育を提供することによって，自然保護に貢献するような自然志向型の観光」と定義している．(環境省，2004：162)

この定義では，自然保護への貢献を目的とする自然指向型の観光をエコツーリズムと呼び，そのための手段として，環境教育，雇用機会の創出，保護資金を産み出す活動と規定している（前田勇，2003）．

つまり，地域の自然と文化の保護，地域経済への貢献することを目的とした旅行形態がエコツーリズムであり，そのための運営方針として，旅行者が生態系や地域文化に悪影響を及ぼさずに，自然を理解し楽しむことができるように環境に配慮した施設や環境教育が提供することを求めている．

・日本のエコツーリズムの問題点

日本では，1990年に環境庁（現・環境省）が熱帯林生態系を保全するための方策としてエコツーリズムを提唱し，91年「沖縄におけるエコツーリズム等の観光利用推進方策検討調査」を開始している（環境省，2004）．

日本でいち早くエコツーリズムを実践したのは西表島のエコツーリズムである．西表島の観光資源は，日本最大のマングローブの林が有名である．近年ではマングローブの植生だけでなく，カニや貝，それを食べる鳥，地上の虫を狙うキノボリトカゲなどの生態系の全体が観光資源と

して評価されている.

しかし,この西表島について,2001年8月,西表島のマングローブに倒木被害が出ていることを新聞が報じた.『毎日新聞』は「西表で倒木被害『大量・駆け足観光』倒木を招く」という見出しで報じている.「駆け足観光」がその原因である.

西表島を訪れる観光客29万人（2000年度）の大半は隣の石垣島からの日帰り客である.代表的なツアーは,石垣島のリゾートホテルに滞在し,日帰りの組み込みツアーとして西表島ツアーが企画されている.「早まわり西表・由布島」というツアー名が示すように,そのポイントは時間的な効率性である.無駄なく仲間川遊覧を行うツアーが組み込まれている.スピードアップを図った観光船による大量観光と効率化はマスツーリズムそのものである（吉田,2004：1-8）.

本来のエコツーリズムは,環境への負荷が少ないシーカヤックを使ってマングローブの林を堪能するツアーである.実際,そうしたエコツーリズムは西表島では10年以上続けられている.したがって,本来のエコツアーに限定している限り,マングローブの倒木は起こらなかったかもしれない（長谷政弘,2003：54-64）.したがって,西表島のケースは,マスツーリズムの一種「自然観光」が引き起こした事件であるが,西表島が観光業に依存した地域振興を意図する限り,こうした自然観光を完全に否定することはできない.つまり,エコツーリズム先進地域の西表島でもマスツーリズムに依存しなければ地域振興が維持できないという矛盾した現実がある.

> 空白行をおくと,読みやすい

Ⅱ. 御蔵島のエコツーリズム
・御蔵島の概要

東京都御蔵島村は,俗に伊豆七島の一つであるが,東京から南に約200km,太平洋上に浮かぶ周囲16kmの小島は最も馴染みの薄い島である.海岸線は最高480kmにもなる海食崖が取り囲んでいて砂浜はない.自然の要塞に囲まれたような島である.

人口は現在290人ほどで,集落は島の北側の斜面に集住している.以前は本土との直行便はなく三宅島から小型船に乗り換えて行くしかない交通不便な島であった.2006年からは東京から直行便が毎日一便七時間半かけて周航しているが,冬場や台風シーズンにはシケで着岸できず欠航率も高い.

この不便さ故に,東京から比較的近い島にもかかわらず観光開発は全く行われず,マスツーリズムとは無縁の島だった.御蔵島で最も注目を集めているのは野生のイルカである.現在の観光資源である「イルカ」の発見は,いずれも1990年代初頭であり観光対象から取り残された忘れられた島であった.

御蔵島は,昔から貧困な島だったために,全島民の収入を一体化し食料等をみんなに分配する独特の「扶持米制度」が続いていた.今日,原始共産制に似たこの制度はないが,全島民が相互扶助する共助精神と島民一体の精神はまだ生きている.したがって,高度経済成長から取り残された島であるが,いたずらに個人的な経済的豊かさを求めず,島民の伝統的生活スタイルの維持を優先してきた.

御蔵島のイルカが本土の人に知られるに従って,イルカと泳げる島としての人気は上昇したが,島の人は,イルカの生態を乱す観光開発には否定的である.イルカウォッチングで自分達の経済的生活を豊かにするよりも,イルカの生態系を守ることを優先し,自然との共生を大切にする.その意味では島の人たちはきわめて保守的である.イルカ観光への

態度も，伝統的生活態度をベースにした考え方で受け入れるので，必然的に，マスツーリズムでなく，エコツーリズムになる．

東京のテレビ局の番組取材の依頼も，物見遊山の客を増やす番組作りにしかならないからといって拒否する．自然環境の保護を優先する「エコツーリズム」の考え方は，島民の伝統的生き方の生活態度をベースに考えると，ごく自然な選択である．

・御蔵島のエコツーリズム

御蔵島村が本格的にエコツーリズムを自覚的に意図したのは，2002年である．東京都の島しょ地域では初めて「御蔵島自然保護条例」を制定している．その目的は第一条で「自然の保護と回復及び適正な利用，野生動植物の保護等の施策を推進することにより，村民をはじめ御蔵島への来訪者が豊かな自然の恵みを享受し，快適な生活を営むことができる環境を確保すること」と規定している．第十条では保全地域が指定され，保全地域内での行動の制限，立ち入り制限も規定され，違反者への罰則も規定されている（御蔵島村，2006：986）．

※引用は「」に入れて，原文のまま書く

こうしたエコツーリズム運動を先取りした条例をいち早く制定できたのも，島民の伝統的な共生精神があったからである．

東京都は2004年御蔵島村との間で協定を締結して，都の支援によって本格的に「御蔵島エコツーリズム」を実施した（御蔵島島史，2006：986-987）．

御蔵島のエコツーリズムの利点は，以下のようにまとめることができる．

※箇条書きにすると読みやすい

① 観光産業が未成熟であり，したがってマスツーリストの経済力に依存した地域社会になっていない．
② 過度に観光収入に依存しない社会体制が，観光客の質を厳選する．当初から自然環境の保全に理解のあるエコツーリストだけを厳選して受け入れることができる有利な立場にある．
③ 個々の島民が利益優先を阻止しているのは島内の相互扶助のコミュニティの存在と島民一体の共同共助の精神である．
④ 厳しい自然に囲まれ太平洋の孤島で自然と共存共栄してきた伝統的生活態度と，その上に築かれた伝統的生活習慣．それが自然環境重視のエコツーリズム運動と共鳴している．

・御蔵島エコツーリズムの問題点

現在の時点で，御蔵島エコツーリズムの問題点を列挙すれば，以下の通りである．

① 伊豆諸島全体では観光客数が減っているにもかかわらず，多くの観光客が押し寄せているが，環境への負荷が増大すると，マスツーリズムの負の効果と同じ問題が生じることになる．
② 1990年代初めまでは，御蔵島の宿泊施設は1～2軒しかなかった．しかし，現在では民宿も9軒に増えている．観光客相手に稼げるのはこれら民宿などわずかな人たちである．その他の島民は観光の恩恵を直接受けない．したがって，観光の振興が，島民の格差を生み出す要因にもなりうる．
③ 島民は300人足らずである．2004年の来島者は1万人弱である．来島者が増大すると，既存の下水道やゴミ処理能力が超える．施設拡大が直接，御蔵島の自然破壊を影響することも考えられる．

小さな島のためわずかな環境変化が大きな影響を与える．500人規模の村づくりを計画しているが，観光産業と一体化して促進されると，自然の宝庫，御蔵島の魅力は失われることになりかねない．

おわりに―持続可能な観光としての御蔵島のエコツーリズムの可能性―

> 結論部分：まとめと主張を簡潔に述べる

エコツーリズム運動がマスツーリズムと並行して導入されている地域では，エコツーリズム自体で環境保全は完結しない．マスツーリズムを排除し，エコツーリズムに代替することは観光産業に依存する地域振興の面から持続可能性を否定することになる．なぜならエコツーリズムの隆盛があったとしても，エコツーリストは，全旅行者の7〜10%を占めるにすぎないからである（エコツーリズム推進協議会，1999：174）．

> 引用文献の頁数はこのように書く

御蔵島のエコツーリズムの利点は，皮肉にもマスツーリズムに依存した地域産業が育っていないことである．従って，エコツーリズムの推進が地域振興への負の効果を考慮する必要がない．純粋に自然環境との共生を考えた観光の在り方を考えることができる利点がある．

御蔵島のエコツーリズムは，伝統的な生活慣行をベースとした「前近代型エコツーリズム」とでも言うべき形態であり，マスツーリズムの洗礼を受けた後の「脱近代型エコツーリズム」の住民の意識も環境保護の体制も育っていない．したがって，今後の対応しだいでは周回遅れの「小さなマスツーリズム」になりかねない危険性をはらんでいる．

近代観光の一極が「東京ディズニーランド」であるなら，直行便で七時間半の御蔵島は，首都圏近郊の脱近代観光の極「東京グリーンランド」になるであろう．御蔵島が日本のエコツーリズムモデルとしての機能を果たし，エコツーリズムの教育基地となり，持続可能な観光を支えるエコツーリズム歴史に新しい一ページを打ち立てることになれば幸いである．

〈参考文献〉

> 参考・引用文献はすべて書く
> ① 著者，② 出版年，③ 書名，④ 出版社

エコツーリズム推進協議会，1999，『エコツーリズムの世紀へ』エコツーリズム推進協議会
長谷政弘編著，2003，『あたらしい観光振興―発想と戦略―』同文舘出版
前田勇編著，2003，『21世紀の観光学―展望と課題―』学文社
吉田春生，2004，『エコツーリズムとマス・ツーリズム ―現代観光の実像と課題―』原書房
環境省編，2004，『エコツーリズム―さあ，はじめよう！―』㈶日本交通公社
東京都御蔵島村，2005，『みくらの森は生きている』御蔵島村役場
御蔵島村，2006，『御蔵島村史』御蔵島村役場
㈶日本自然保護協会ホームページ
（http://www.nacsj.or.jp/old_database/ecotourism/ecotourism-940801-3.html）2006.8.31
日本エコツーリズム協会（JES）「エコツアー総覧」（http://ecotourism.jp/）2006.8.31
東京都，2003，『エコツーリズム・サポート会議提言集』
（http://www2.kankyo.metro.tokyo.jp/sizen/eco/eco-sup/eco_support.htm）2006.9.15

> ウェブサイトからの引用も書く
> ① サイト名，② URL，③ 閲覧日付

> レポートの総字数も書いておこう

(4925文字)

【注】このサンプルレポートは，下記の論文をレポートの書き方のために一部分を抜粋し，簡略化してまとめたものである．したがって，本レポート内容自体に興味を持たれた方は，下記の論文をご覧ください．

坪井健「持続可能な観光への挑戦―御蔵島エコツーリズムの試み―」新田功編『日本人と持続可能な社会』人間の科学社，2008年

《読書案内》～レポート・卒論の書き方の参考文献です～

1）安藤喜久雄編『わかりやすい論文・レポートの書き方』実業の日本社　1999年

テーマ設定から執筆まで5章に分けて懇切丁寧に説明した本書の最大の特徴は，第1章〈実践的レポート作成法〉である．これは筆者が書き下ろしたものであり，ここで紹介したサンプルレポートの基礎が，もっと詳細に書かれている．是非参考にしてほしい．

2）阪田せい子・ロイ・ラーク＋黎明出版編集部『だれも教えなかった論文・レポートの書き方』総合法令　1998年

論文・レポートの書き方本は，何冊も出版されているが，この本は，世界的に通用する書き方を基準に実践的に論じられている．とくに引用の仕方・文献参照の方法はいろいろあるが，この本では，本書と同じハーバード法だけを紹介しており迷わなくてよいだろう．これからの文献提示の標準はハーバード法に統一される傾向にある．したがって，この方法を身につけておくとよい．

3）白井利明・高橋一郎『よくわかる卒論の書き方』ミネルヴァ書房　2008年

この本は単なる卒論作成のテクニック・技術だけを紹介した類書と異なり，大学生活4年間の中で，ゼミや就活も含めて卒論をどのように捉え，位置づけ，考えたらよいかを論じた総合的な卒論の捉え方書である．卒論を中心とした大学生活案内書でもあり，お勧めの一冊である．

付録2 卒業論文の作成事例集

1. はじめに〜卒業論文の面白さ〜

　社会学の講義を聴くよりも，自ら「社会学する」ことの方が何倍も面白い．その面白さを知ってもらうために，実際に社会学を専攻する学生が書いた卒業論文を紹介します．個別の卒論の全体像を紹介できないので，タイトルと概要の紹介に留めます．それだけでも「社会学では，こんなことも出来るのか」という「社会学する面白さ」はわかっていただけると思います．筆者は社会学の他に社会心理学も担当しているので，社会心理学的アプローチの卒論も多くなっていますが，その学問の境界を厳密に考える必要はありません．まずは，そのテーマと主張内容・分析方法の面白さ・ユニークさを楽しんでください．

2. 何のために卒論を書くか

　社会学に限らず，卒論を作成することは専門知識に関する総合的な知的訓練になります．①専門の領域に関する文献資料や生データなどを収集し（専門的資料を集める），②ひとつの体系的知識としてまとめて（資料を取捨選択して意味づけ体系的に整理する），③自らの主張を筋道立てて（自己の論拠のある主張），④論理的にまとめ上げる（論理的な文章表現をする）作業は，実社会において問題解決に役立つ力です．それは他者を論理的に説得して社会的な問題解決に結びつける知的作業のための訓練でもあります．したがって，卒論は単に卒業に必要な単位修得のためだけに書くのでなく，自らの社会的自己表現力を養うチャンスとして捉えてほしいと思います．

3. 卒論の書き方とその心構え

　卒論はレポートと違い教師の指導の下，約1年かけて作成しています．各大学のカリキュラムや教師の指導方針によっても違いがありますが，卒業論文は学術論文の基準で評価されます．したがって高い評価の論文を書くためには教師の指導は不可欠です．ただ面白いだけでは学術論文としては評価されません．よく卒論の書き方がわからないという学生がいますが，それはマンガを読んだことのない人がマンガの書き方がわからないというのと同じです．自分の関心に関係する学術（研究）論文（卒論を含む）を日頃から読んで，学術（研究）論文独特の表現や論理的な言い回し，引用や資料提示，主張の仕方，つまり，「学術（研究）論文の文化」に親しんでおくことが必要です．いずれにしてもひとりよがりの主張や面白いだけの文章表現ではよい評価は得られません．

　図表付2—1に，どのような手順で卒論を書くか，卒論の作成段階と作業内容を簡

潔に表に示しました．

卒論を書き上げたある学生は，こんな感想を言っています．「卒論は受験勉強とも試験勉強とまったく違いました．そして1年も1つのテーマについて考えることも，あれだけ同じテーマについての本や論文を読んだのも初めてでした」と．卒論作成は長期の作業になりますので，仲間と切磋琢磨しながら調査研究の過程を楽しむ余裕も必要です．そうして書き上げた卒論は，大学時代のかけがえのない思い出として，あなたの生涯の宝物になるでしょう．

そんな社会学卒業論文の作成事例を抜粋して紹介します．

図表付2－1　卒論の作成段階と作業内容

主な段階	期　間	主な内容	留意点	心構え
1．構想準備段階	1～3ヶ月	①問を立てる ②先行研究を調べる ③研究仮説を立てる ④研究方法を確定する ⑤仮の論文構成を作る	①その領域の基本文献で学問的常識を知る ②文献リストを作成し，専門の論文を調べる ③先行研究の方法をまねる	①論文作成のプロである教師と相談する ②図書館の参考図書係に文献探索の相談をする
2．調査研究段階	3～6ヶ月	①文献調査をする ②アンケート調査をする ③聞き取りや事例調査をする ④各種データを分類・整理する	①卒論ノートを常に持ち，空き時間を上手に利用する ②調査はアポ取りなどに時間がかかるので早めに準備する	①論文は足で書くものと心得る ②コツコツ作業を進め，友達と協力して調査研究を楽しむこと
3．執筆推敲段階	2～3ヶ月	①章節毎に執筆する ②補足調査をする ③構成や文章を推敲する ④資料を付ける	①引用・注記を入れて書く ②論理の飛躍や資料不足を発見する ③主張を明確にし脇道にそれない ④結語・序文は最後に書く	①読者の視点で書くこと ②ひとりよがりになっていないか，読者視点で見直すこと

社会学卒業論文の作成事例51（概要紹介）

1. **行為と演技―対人関係の自己提示―**（平成13年度：小林音絵）
   バイト先の歯科医院での行動観察から，診察室と控え室での2人の歯科医の行動の違いに注目．また患者の前での自己提示の仕方の違いを〈相互行為は，他者を意識した演技であり，自己提示である〉というゴフマンの理論を手がかりに事例分析し，さらに社会心理学的視点から「自己モニタリング尺度」を用いて，両歯科医師の自己モニタリングの差を明らかにすると共に，大学生調査から高モニタリング者は社会的スキルや対人関係能力が高いことを明らかにした論文．

2. **癒しブームと現代社会―癒し系音楽を中心にして―**（平成13年度：水村麻衣子）
   「癒し」がブームになりかけた頃，「癒し」系音楽を中心にして研究した論文．「いやし」は主要辞典に掲載されていない新しい言葉．現代用語事典でも1997年にはじめて登場．新聞では，88年「悪魔ばらい～癒しのコスモロジー～」という記事に始まる．その他，新聞や雑誌記事数を調べ，癒しブームが医療から旅・タレント・グッズなど意味が拡大する．癒し系音楽に焦点を当てて，癒し系音楽利用者の背景を仮説を立てて調査し，大学生の将来不安がストレスとなり，癒し系音楽消費に結びついていることを明らかにした．

3. **終末期医療における医師の役割認知に関する研究**（平成13年度：小林恵美）
   余命幾ばくもない終末期の患者に，医師はどのように治療方針を決定するか．延命治療を優先するのか，痛みの少ない緩和治療を優先するのか，医者は判断を迫られる．数名の医者へのインタビュー調査を実施して「患者の意向を大切にする」という建前とは別に，医者の役割認知は患者の期待・家族の期待・医者としての使命という期待の狭間で，患者の家族や近親者の意向が強く働くことを明らかにした論文．

4. **日本人の健康観の変化―健康ブームから探る―**（平成13年度：新田鮎見）
   健康ブームの現在，健康不安と健康ブームの関係について調査し，健康が手段でなく目的化しているパラドキシカルな現状を論じた論文．「健康」は明治以降の比較的新しい言葉，それまでは「養生」であった．健康が「富国強兵」の国家目標になり，国民の義務であった時代があり，戦後は栄養不足や成人病対策，高齢者医療との関連で「健康」が強調され，高度消費社会の中で健康食品や健康グッズがもてはやされた．健康という記号消費の現代，メディアによって作られた「健康不安」が健康ブームに拍車をかけていることを学生調査によって明らかにした論文．

5. **社会問題としてのドメスティックバイオレンス―社会構築主義の観点から―**（平成14年度：宮本友紀）
   恋人や夫からの暴力がいつから，どのようにして問題化してきたか．DVが社会問題としてどう構築されたかという「構築主義的アプローチ」による論文．昔DVは

美談だった．DVが問題として登場するのは1992年フェミニスト・アクション・リサーチ（DV研）による全国調査．その後の展開をベストの社会構築主義の理論にしたがって，新聞紙面の分析を通して「DVは犯罪である」という認識が人びとに植え付けられる過程を明らかにした．

6．カルト宗教と自己破壊（平成14年度：富田護）

オウム真理教などのカルト教団はなぜ自己破壊的終末を迎えるのか．多くの宗教教団は，初めはカルト的である．その後社会に適応し発展する過程で，世俗化による変質を余儀なくされる．教団がカルト的要素を維持発展させようとすると外部世界と対立し，自己破壊に突き進む．既存の理論研究と関連づけて分析し，自らは事例研究として，世俗化して既成宗教化した天理教（中山みき）などの既成宗教の軌跡，自己破壊に至った人民寺院（ジョーンズ），オウム真理教などの集団過程を分析して，こうした理論の妥当性を検証した．

7．青年のやさしさ論とその変遷（平成14年度：山本浩加）

1970年代から栗原彬など多くの論者が「青年やさしさ論」を発表した．それらの「やさしさ論」を分析する共に，代表的な栗原のやさしさ論をベースにして，彼が4局構造（開放的←→閉鎖的・心情的←→構造的）で説明する「やさしさ」の変容過程を，彼女は，同時代の歌謡曲の歌詞に「やさしさ」がどう歌い込まれているか，その「やさしさ」の意味の変容によって栗原の「やさしさ」論を検証した．

8．環境にやさしい態度と環境配慮行動─手賀沼汚濁に関する周辺住民の意識と排水行動について─（平成14年度：鈴木朝美）

千葉県の手賀沼の水質汚濁問題への意識や行動の違いを地域住民へのアンケート調査によって分析した論文．理論的には広瀬の環境配慮行動の規定要因に関する研究に従いつつ，環境配慮行動（合成洗剤でなく石けんの利用など）をするかどうかは，そうすることによる快適性の評価と社会規範による是認評価などに規定されることを明らかにし，さらに手賀沼から離れた上流では手賀沼の汚濁情報が少なく啓蒙活動も少ないために環境配慮の意識や行動に差があることを明らかにした．

9．日本の母親像の変容─教科書に描かれた母親像の分析を通じて─（平成14年度：井川絵美）

教科書の母親像の分析を通して日本の母親像の変遷を探った論文である．筆者は山村賢明が戦前の国定教科書で試みた母観念の分析方法を用いて戦後の国語教科書を4つの時期に分けて分析した．その結果，戦前の「苦労する母」「公に殉ずる母」などは影をひそめ，戦後は「働く母」「友達のような母」などが現れる．戦前と変わらない母親像もあり，教科書に見る母観念は戦後，多様化していることを分析的実証的に明らかにした．200冊近い教科書を分析した彼女のこの論文は学問的にも価値がある論文である．

10．食卓を通してみる現代家族像─現代人にとっての共食行動の意義と実態─（平

成15年度：福澤優子）

人間は共食する唯一の動物であり，共食する人間の最小単位が家族である．共食を通して家族や対人関係を築き，共同体や国家を作ってきた．共食鼓動の重要性にもかかわらず，今日の家族は個食の時代である．家族の健康度と共食行動との間にどんな関係があるか．大学生とその家族の共食行動を調査し，共食行動が多ければ多いほど家族の健康度が高いというオリジナルな結論を得ている．これは卒論研究を通じての彼女の成果である．

11. 子どもスポーツを考える―子・親・指導者の意識の比較―（平成15年度：本園真也）

少年サッカーを指導する学生である彼は，友達と遊ぶ楽しさをサッカーに求める子どもの期待より，サッカーが上手になり強くなってほしい親の期待，いつまでもサッカーを愛してほしいコーチの期待にズレがあることを知る．その問題をスポーツに関する考え方の4類型にしたがって，子ども・親・指導者にアンケート調査して，数量的に違いを明らかにし，親の建前とホンネの違いや指導者の方針の違いが，子どもに直接的に大きな影響を与えていること，子どもスポーツへの勝利至上主義への批判も込める．

12. モテる男・モテない男―他人志向な現代人―（平成15年度：吉田篤史）

「もてる」という辞書的意味，社会的承認・自尊感情，青年文化の地位競争の価値基準，対人魅力などの社会心理学の研究を紹介し，メディアの人気度調査や雑誌のもてる男記事の分析からもてる男の要因分析などの現実分析を行い，そして現代社会における「もてる男」はどんな機能を果たすか，もてることを気にする社会とは何かを，現代社会の他人志向としての「もてる男」志向の問題として，具体的には，フロムの「市場的構え」としてのもてる男，個性からの離脱としてのもてる男志向を論じ，「もてる男」を気にしなければならない現代社会の人間像を分析する．

13. 化粧行動と女性のこころ―化粧行動の要因に関する研究―（平成15年度：鳥居亜季）

女性の化粧行動を無関心派・気後れ派・防衛派・演出派に分類する菅原説を援用して，女子学生の化粧行動を始動・使用化粧品・化粧イメージ・公的自己意識などと関連させて分析した論文．女子学生の95％は化粧行動をしており，上級学年になるほど化粧始期が遅く，関心が深まること．メイク無関心派は他人の目が気にならない人であり，メイク気後れ派は化粧顔に自信の持てない人，素顔に自信のある人はメイクで自己を演出するのに使い，素顔に自信のない人は化粧してメイクで防衛することなどを明らかにした．

14. ロック・ミュージックの社会学的分析―ロック音楽文化3指標による分析―（平成15年度：菅沼奨）

ロックの社会学的分析を南田勝也のロック音楽文化の3指標理論に依拠して，日本のロックシーンをライブハウスでのアンケート調査から分析する．ロック音楽は，

南田によってアウトサイド指標・アート指標・エンターテイメント指標に分けられる．時代やアーティストによって，ロックの3指標はいずれかに特化されて表現される．ライブハウスでのアンケート調査によると，日本のロックシーンはほとんどエンターテイメント志向がつよく強調されており，「大衆性」「商品性」等が強調されていることを明らかにしている．

15. 日本人は集団主義的か―実証的研究に基づく日本人像の探求―（平成15年度：内田有美）

日本人は集団主義的であると言われるが，はたして証明されているのか．本論文は，過去の研究を調べると日本人が集団主義の証拠はないことを明らかにする．ではなぜ集団主義的であると言われるようになったか．彼女の分析は，集団主義的経営が行われていたこと，その結果，日本人の「心性」を集団主義と推論した．日本人の心性は国際比較調査でも中程度の集団主義でしかない．アジアや南欧・南米などと比較すると日本は非集団主義的であることを各種の研究調査から論じている．

16. 新しい観光の可能性―ピースボートにみる新しい観光のあり方―（平成15年度：志村剛）

本論文は，観光の大衆化の功績と問題点の指摘，それからの脱却としての持続可能な観光の提唱．NGO団体「ピースボート」のボランティアツアーを観光として捉え，新しい観光の一形態として捉える．筆者はこの視点に基づき，自から「ピースボート」の世界一周航海に加わり，船上で参加者にアンケート調査して本論文をまとめている．その意味ではボランティアツアーを新しい観光として捉える視点は，彼自身の体験に裏打ちされ，骨太の主張をもった論文になっている．

17. 新聞報道の比較分析―拉致事件報道の内容分析を中心として―（小林健太郎）

2002年小泉首相訪朝で拉致被害が表面化し，その後の豪雨のような報道合戦でメディアイベント化した拉致報道を内容分析した論文である．朝日と産経の2紙の3ヶ月半の社説記事分析と被害者帰国後の2週間分の紙面分析である．朝日は社説および記事見出しが比較的感情を押さえた表現だったのに対して，産経は北朝鮮＝悪を前提とした論調，記事量も朝日の2倍近く，記事見出しも感情表現を多用するという違いがあり，メディアイベントとして両紙は異なるスタンスで報道していたことを明らかにした論文である．

18. 「おっかけ」の社会心理（平成16年度：田中麻奈）

高校時代熱狂的な「ジャニーズ」のおっかけだった彼女は，おっかけが単なる群衆行動ではなく，独自な行動規範をもつ集団的な集合行動であることを参与観察に基づいて明らかにする．おっかけの定義，おっかけの用語，自己愛や社会的アイデンティティ確認のおっかけの心理，観察調査からおっかけルールや役割構造を明らかにし，独自のコミュニケーションルールを丹念に調査分析して，おっかけが独自の統制の取れた集団文化を持つファン行動であることを明らかにする．

19. 整列乗車の社会心理―ルールの普及と行動の法則―（平成16年度：佐橋進）
通勤・通学時の整列乗車という乗車行動が，いつどこで発生したかを丹念な調査で明らかにし，整列乗車ルールの同調行動の発生要因を分析し，観察調査から整列乗車の行動の法則を考察する．さらに各国大使館への取材や知人・友人の証言から整列乗車が日本特有の現象であること，なぜ日本で整列乗車が可能になったか，日本の鉄道文化から証明する．

20. 島唄の世界―時代と共に変化するその社会的機能―（平成16年度：南郷理恵）
奄美沖縄地方の島唄はCDも発売されブームになっているが，彼女の郷里徳之島では，もはや生活の歌としての「島唄」は存在しない．なぜ島本来の島唄は衰退したのに，多様な形態で島唄が歌い継がれているか，現存する島唄の現場を丹念に尋ね歩き，「観光としての島唄」，癒しの唄，アイデンティティ確認装置，伝統芸能としての島唄など「島の生活」から離れた所で唄われる島唄の新しい機能を浮き彫りにした論文．

21. 在日留学生の留学評価と日本観―留学生調査を通じて―（平成16年度：藤田梢）
アジア人留学生受け入れが，アジア諸国に多くの親日家を作るという外交戦略上の目標は達成されているのかを検証した論文．過去の留学生調査を丹念に洗い直し，アジア人留学生の日本観の変遷を明らかにし，必ずしも親日家を作ることに成功していないこと．また自ら留学生調査を実施し，日本留学第一希望者ほど親日家が多く，日本イメージは，初期と後期は良いが中期に悪化すること．日本人の友人が多く，授業満足が高いほど日本留学を肯定する傾向がある．日本語能力と日本観は逆相関することなどを明らかにした．

22. ロマンチックラブ・イデオロギーのゆらぎ―恋愛・結婚・セックス―（平成17年度：栩木真）
恋愛とセックスとが結びつくのは近代産業社会以後のロマンチックラブ・イデオロギーである．森永卓郎は近年恋愛・結婚・セックスのロマンチックラブの三者関係がゆらいでいるという．彼の論文はその森永の主張を他の論者の主張や既存のデータ，自らの調査で検証したものである．その結果，愛なきセックスやセックスレス夫婦の拡大など，恋愛とセックス，結婚とセックスの関係にはゆらぎが見られるが，恋愛と結婚は依然強い結びつきが見られ，揺らいでいないという結論を得ている．

23. 「ぶりっ子」の社会心理学的考察―日本人における「かわいさ」と自己提示の問題―（平成17年度：小城明日香）
なぜ「ぶりっ子」は嫌われるのかを社会心理学的に考察した論文である．女性の魅力度を「セクシー」で評価する欧米には「ぶりっこ」は見られない．日本女性はセクシーより「かわいさ」で魅力度を評価される．魅力的でありたい女性の「かわいさ」演技が見破られ，わざとらしいと否定的に評価された結果「ぶりっこ」のレッ

テルが貼られる．この観点からセルフモニタリング尺度を使って学生調査を行い，ぶりっこがかわいさの自己呈示の失敗であることを明らかにした論文である．

24. 振り込め詐欺―信頼の構造とそのゆらぎを中心に―（平成17年度：高橋晃）
「なぜ振り込め詐欺は増えたのか」その社会的背景を社会心理学的に考察した論文である．振り込め詐欺は，匿名性の高い現代社会特有の事件であり，匿名環境での信頼を逆手にとって詐欺を行っているという共通の特徴がある．本論では，そうした背景を日本社会が「安心社会」から「信頼社会」への移行期にあり，信頼社会での行動作法に不慣れな安心社会の行動作法を持つ者（低信頼者）がターゲットになりやすいことなどを明らかにした．

25. メディアが作り出すスポーツイベント―箱根駅伝の分析を中心として―（平成17年度：小檜山由佳）
「駒大スポーツ」の記者だった彼女は，箱根駅伝をメディアイベントの視点から分析した．テレビの完全中継が始まった1987年以降，25％台の高視聴率が当たり前になった．放送も実況中継の枠を越えて筋書きのないドラマに仕上げ，視聴者の感情移入を誘う工夫がある．全体の6分の1を選手のエピソード紹介に使い，人間像を浮かびあがらせドラマ性を盛り上げる．単なる競技の現場ではなく，臨場感あふれた生ドラマの舞台に意味変換する．メディアの媒介で，単なる学生駅伝レースは巨大なメディアイベントに変質する．

26. お笑いと文化―東京と大阪の比較―（平成17年度：高橋幸穂）
本論文は，落語と漫才の歴史を辿りながら，東西お笑い文化の違いを丹念に比較した論文である．落語の東西比較では，全集の50話を選択し，登場する食べ物の種類や同種の落語を比較して落ちの違いを比較分析する．漫才は東西3組の漫才師の笑わせ方のパターンをカウントし「誇張」の多い関東と「期待の喪失」「繰り返し」の多い関西の違いを数量的分析によって明らかにしている．武士文化の関東と町人文化の関西が落語の落ち，漫才の笑わせ方に反映されていることを実証的に明らかにした貴重な論文になっている．

27. 学童保育のゆくえ―世田谷「新BOP」の実践から―（平成17年度：桑田悠香）
筆者の学童保育でのアルバイト経験から，世田谷区の「新BOP」という全児童対策事業への統合が，学童保育のゆくえを危うくしている現実を知る．学童保育の誕生と鍵っ子対策としての子育て支援の役割を丹念に探り，保護者へのアンケート調査を行い，区役所の担当者にもインタビューして切り込んでいる．行政経費削減の意図の下，子育て支援の学童保育は類似する全児童対策事業に統合され，学童保育の縮小につながっていることを丁寧に解明した論文である．

28. 恋愛ドラマの社会心理学的研究―テレビドラマからみる恋愛観の変遷―（平成18年度：須藤由香）
6つの型に分類するリーの恋愛の色彩理論に基づき，過去20年間のテレビドラマを『ザ・テレビジョン』で紹介された内容を基に計量化して時系列的に分析し，さ

らに1990年代と2000年代前半を代表する高視聴率を獲得した2つのテレビドラマ「東京ラブストーリー」と「電車男」の登場人物の会話分析から，主人公の恋愛観の違いを分析し，時代背景や社会事情と理想とする恋愛の変化を考察した論文である．

29. 血液型性格判断の虚像—その社会心理学的分析—（平成18年度：太田千恵）
「血液型性格判断」は，ほとんど科学的に証明されたことがないにもかかわらず，根強い人気がある．一見無関係なＡＢＯ型の血液型と性格類型がどのように関連づけられて語られ，幾多の科学的反証にもかかわらず，どのように根強く普及したかを考察すると共に，学生調査の結果から血液型性格判断を信仰する人たちでさえ，その論拠があやふやでとぼしいことを明らかにし，そうした誤った血液型信仰の根拠を考察した論文．

30. 日本におけるサッカー文化の形成—Ｊリーグおよび W 杯効果を背景にして—（平成18年度：森田一平）
日本においてサッカー文化はどのように定着していったかを，Ｊリーグの発足から日本代表の活躍などの経過をふまえて，サッカー人口の変化を「遊び」「競技」「観賞」に分類して考察した論文．また新聞・雑誌書籍・テレビ・ネットなどの内容分析を通して，サッカーへの関心の変化を考察し，サッカー文化の定着事例として「アルビレックス新潟」の紹介と今後の施策にも言及した論文である．

31. 靖国神社はいかに語られたか—靖国神社問題の言説分析—（平成18年度：鈴木栄介）
首相の靖国神社参拝は，国内外議論を沸騰させる政治問題である．筆者は靖国神社問題を国会図書館の書籍資料127冊の言説分析から，年代順に「政教分離」から「戦没者慰霊」へ，そして「Ａ級戦犯合祀」に論点が変化することを明らかにする．同時に「宗教性」と「追悼方法」，「政教分離」と「Ａ級戦犯」の組み合わせから，諸説の論点を分析整理する．世論の首相参拝の賛否は，首相参拝が世論を左右し，その逆ではないことも明らかにしている．政治的イデオロギーに左右されやすい政治的問題を，筆者は冷静に大量の文献の言説分析を行い論じている．

32. 高齢者のサクセスフル・エイジング—現代家族の変容を背景にして—（平成18年度：沢辺恵実）
「サクセスフル・エイジング」（幸福な老い）はどのようにして可能か．都市家族を対象とした先行研究では同居子の有無は幸福な老いと関係ないという研究が多く見られるが，同居子の比較的多い茨城県ではどうかを，つくば市近郊地域を対象に高齢者調査をした論文．結果はこの調査でも同居子の有無は関連がなく，家族との情緒的繋がりの方が大きいという結果だったことを明らかにした論文．

33. 大学サッカーチームのグループダイナミックス的研究—上位群と下位群の比較を通して—（平成18年度：筑城和人）
サッカー部の選手だった彼は，学生集団のグループダイナミックス的研究という先

行研究にならい，大学サッカー部の集団構造と生産性（チーム成績）の関連性を分析した．具体的には，駒澤大学と法政大学のサッカー部員の調査を行い，集団目標，個人的動機，リーダーシップ，勢力構造，コミュニケーション，凝集性，満足度などを比較したもの．成績上位チームは人間形成を重視し，参加率が高く，リーダーの課題志向が強く，コミュニケーションが多く，厳しい規範を持ち，凝集性が高く，満足度も高いという傾向があることを明らかにした論文．

34. 生活者の日韓交流体験―生活者体験と対日観の乖離―（平成18年度：遠藤絵美菜）

日本統治時代から「嫌韓反日」と見なされる日韓関係だが，筆者の祖母は娘時代大陸で過ごした．その記憶では当時の日韓交流は非常によかったという．今日の反日感情の現実と筆者の祖母からの聞き取りを含む当時の民間人交流が良好だった事実，両者の乖離の由来を，政治とメディアの報道，戦後の反日教育の影響などの事実を丹念に探求し，生活者レベルの国際交流の大切さを主張した論文である．祖母の大陸体験をベースに明確な一貫した主張と詳細な実証的資料を駆使して書いた論文である．

35. 大学生の恋愛観と恋愛行動―駒大生の場合―（平成19年度：平山祐輔）

大学生の恋愛観をリーの恋愛の色彩理論に基づく既存研究を検証し，基本はマニア（熱狂的愛）であるが，女性に多いプラグマ（実利的愛）が男性にも多くなり，男女差がなくなりつつあること．恋愛観の差が実際の恋愛行動にどのように影響を与えるかについても自らの調査研究によって明らかにしている．エロス（情熱的愛）は比較的長続きすること，プラグマ（実利的愛）は交際人数が少ないことなど，恋愛観は恋愛行動の差に表れていることなどを実証的に明らかにした論文．

36. エコツーリズムの現状と可能性―御蔵島の挑戦―（平成19年度：志久間奈津美）

環境への負荷の少ない「エコツーリズム」は，必ずしも持続可能な観光として成功していない．地域の生活が観光に依存する経済構造である限りエコツーリズムはマスツーリズムの補完に過ぎない．彼女は，東京都御蔵島への2度にわたる実態調査から，本来のエコツーリズム実践の可能性を明らかにした．イルカウオッチングの島「御蔵島」は，マスツーリズムの伝統がなく産業としての観光が成熟していない．したがって，御蔵島は環境への負荷だけを純粋に考慮して観光規制できる点で，純粋なエコツーリズム実践が可能であることを実証的に明らかにした論文である．

37. 安楽死は如何に語られてきたか―言説分析を通じて―（平成19年度：長嶋理沙）

安楽死は厳密には「尊厳死」「厭苦死」「放棄死」「淘汰死」の4つに分けられる．安楽死議論は刑法学・医学論争として1962年に名古屋高裁で安楽死6要件が示されたことで法的に議論される．筆者は新聞や専門論文の「安楽死」議論の分析か

ら，法律，裁判中心の議論から，終末期医療の進展により医学・医療的な「厭苦死」から「尊厳死」に移行していることを明らかにする．また，専門家の議論と世論との乖離があること，専門家の安楽死議論が必ずしも深まっていないことを指摘した専門的論文である．

38. スポーツにおける女性の地位向上―オリンピックの報道分析を通して―（平成20年度：坂田彩香）

スポーツと女性との関わりを，オリンピックにおける女性参加の歴史と報道のジェンダーバイアスを分析した論文である．本論文では，1976年モントリオール，1992年バルセロナ，2008年北京大会の16年毎3大会のオリンピック報道に関する新聞記事の面積を測り，男女の報道量の対比，写真と記事の対比，見出しの男女差など32年間の変遷を比較分析した．当初女性は写真量の多さ，活躍度に関係ない取りあげられ方，女性的表現の多用などバイアスが見られたが，北京大会ではジェンダーバイアスは大幅に減少したが「ママさんランナー」など女性特有の表現も若干残存していることなどを指摘している．

39. ディズニーランドを愛する人々―東京ディズニーランド人気をさぐる多角的考察―（平成20年度：安藤みさと）

本論文は，東京ディズニーランドの成功の秘密を総合的多角的に分析した論文である．先行研究から経済学，心理学，人類学，社会学，消費社会論などのアプローチからの5つの要因論を紹介し，さらにディズニーランドを愛する人びとに関する新たな仮設を設定し，自らアンケート調査およびヒアリング調査を実施して，親のジェンダーイメージ，初来園時期，キャラクターとのコミュニケーションなどとディズニーへの好意性の相互関係を明らかにしている．さらに映画，旅行など非日常体験への好意性との共通性，流行などのブランド志向との共通性も明らかにした論文である．

40. 大学教育と学生交流―学生集団の自己教育力―（平成20年度：岡野良美）

本論文は，知識伝授型の大学授業の問題点を指摘し，少人数教育ゼミの「学生集団の自己教育力」の機能に焦点を当て，その意義を2種類の学生調査で検証した論文である．その結果，授業の満足度，ゼミへの参加度が学生生活の充実度に影響していること，ゼミ生の仲間意識の強さがゼミ満足度を高め，学生に居場所を用意していること，学生交流がないゼミでは，少人数教育もあまり意味がないこと，ゼミ参加後の生活変化の大きな学生ほど積極的に評価している．大学ゼミの小集団活動の重要性を再評価した論文である．

41. 女子校のジェンダー形成の変容―良妻賢母から自立へ―（平成20年度：小川絢子）

戦前，良妻賢母を育成することを教育目標とした「女子校」の存在意義は，男女平等を旨とする戦後教育の基本から外れるために，多くの女子校は共学化の途を歩んでいる．しかし，共学校が旧来の性別役割意識を固定化に貢献し，女子校がジェン

ダーフリーの自立した女性を育成する隠れた機能を持っていることを，学生調査や女子高の実例に，文献資料やインタビュー調査によって明らかにした．男女共同参画社会へのステップとして女子校の過渡的な機能を明らかにした論文である．

42. 若者を取り巻くやせ願望―マス・メディアの影響と大学生のダイエットの実態―（平成20年度：中田由希子）

若者のやせ願望と体型認識の実情を学生調査から明らかにし，ダイエット志向を強める情報の送り手雑誌記事の分析，そのメディア影響力の強さをメディアへの接触度の差に求め，やせ願望やダイエット経験へのメディアの影響力を丹念に明らかにした論文である．メディア接触度が高い人ほどダイエット経験や痩身願望が強い傾向がある．『ノンノ』『モア』の創刊号以来のダイエット記事分析の結果，1990年代後半にはとくに多くの特集記事が組まれ，やせ願望を抱かせる記事が多く見られることなど丹念に分析している．

43. お客様は神様ですか―超消費社会のアイロニー―（平成20年度：吉野優香）

「現代社会はお客様社会である」過剰サービスが蔓延する消費社会の問題点と背景を鋭く分析した論文である．ファストフードや百貨店の接客マニュアルの分析，また筆者の覆面調査体験を通してお客様社会の実態を明らかにし，そうしたお客様社会を生んだ背景を，第一に記号消費論の立場から需要＝お客様の欲望の無限創出，接客の過剰化によるスパイラル現象として，第二に欲求充足を善とする社会の心理主義化が「お客様」意識の醸成したこと，さらに第三に過剰化する感情労働の帰結がお客様を増大させたこと．この論文は，いきすぎた消費社会が生んだ皮肉な現象として「お客様社会」を論じたものである．

44. 多様化する現代大学生文化―学生文化類型尺度による検証―（平成20年度：間瀬七恵）

多様化する現代大学生文化を，学生の生活行動に関する学生調査を実施し，因子分析的手法で分析した論文である．日本の学生文化に関する先行研究を丹念に精査して「勉強文化」「遊び文化」「サークル文化」など7つの下位文化が仮設的に措定されていたが，筆者は学生文化類型尺度を作成し，その分析の結果8つの因子を抽出した．ただし，「ダブルスクール文化」と「デート文化」は見出せず，「友人文化」と「勉強文化」が各2因子と，新たに「メディア文化」を付加して8因子である．それらが現代学生文化の主要な構成要素になっていることを明らかにした．

45. 現代の若者と飲酒―大学生における飲酒文化の変容―（平成20年度：北爪佑樹）

本論文は，大学生の飲酒行動を中心に既存研究と学生調査によって，大学生の飲酒文化の変容を明らかにした論文である．日本は飲酒に関して許容度の高い文化圏に属する．集団的飲酒が対人コミュニケーション機能と集団秩序維持の機能を持つが，過去の調査と比較すると，今日の大学生の飲酒は，学生文化の変容「遊び文化」から「勉強文化」への移行，人間関係の変化，個人化の影響もあり「イッキの

み」などの集団的飲酒行動が減少し，「酒の強要」も減少していることを明らかにした．

46. 日本における動物園の社会的機能―動物園の可能性と市民の意識―（平成20年度：中本旅人）

　　動物園は，博物館の一種であり社会教育施設である．筆者は動物園の4つの機能の内日本の動物園は娯楽機能が際だっていることを来園者調査によって明らかにする．娯楽施設に依存した動物園が衰退しつつあることを危惧する著者は，行動展示という独自の展示で成功した「旭山動物園」（北海道）と社会教育施設に特化して他の事業と連携して成功した「到津の森動物園」（九州）を直接取材し，その成功要因が動物園本来の機能強化であることを明らかにする．筆者の動物園復活への熱い思いが凝縮された論文である．

47. 学生集団のグループダイナミックス的研究―オーケストラにおける弦楽器と管打楽器の比較―（平成21年度：小林芙津香）

　　本論文は筆者自身オーケストラのコンサートマスターとしての経験から，弦楽器と管打楽器の楽器特性の違い，過去の音楽経験が違いから，集団特性および音楽活動への態度が異なることを明らかにし，練習方法や練習課題も弦楽器と管打楽器では重点の置き所が異なっていることなどを仮設的に提示し，そうした弦楽器の特性と管打楽器の特性が集団行動や生産性にどのように反映されているか，自ら所属する管弦楽団の内部比較調査と吹奏楽団との比較調査をすることで明らかにした論文である．音楽演奏の楽器特性と集団活動を関連づけて，アンサンブルとしての効果的練習方法について示唆する論文になっている．

48. 「オタク」って誰？―虚構への親和性と人間―（平成21年度：板敷和真）

　　オタクとはどんな人間か．筆者は，オタク論を展開する東浩紀，大塚英志，齋藤環らの議論を整理し，自然主義とは異なるマンガ・アニメ的リアリズムに依拠するオタクを措定する．さらにオタクの特徴的行動類型から仮説的オタク尺度を作成し，それに基づく学生調査からオタク的行動因子5つを抽出する．その試みからオタクって誰？　に答えようとする．結論的にいうと，虚構への親和性が特徴的に見られるのがオタクであるが，思弁に終始するオタク論を，定量的方法を駆使して分析的に論じたユニークで発見的論文である．

49. 笑いと文化―ユーモアの比較文化的考察―（平成21年度：田原拓郎）

　　本論は，単一文化社会のユーモアと多文化社会のユーモアを比較する．具体的にMr. ビーンのコメディとやすきよの漫才の笑いのシーンが，どんな常識や文脈構築されているかをビデオ映像を丹念に比較分析する．共有された常識層が広く文脈構築の必要性が低い単一文化のやすきよの漫才と，文脈構築の必要性が高いMr. ビーンのコメディの明確な違いを明らかにした．比較文化的な笑いのアプローチは，大島希巳江の著作に依拠しているが，笑いシーンを緻密に分析し笑いの構造を比較分析したユニークな論文である．

50. イメージとしての観光―熱海観光のまなざしとその変容―（平成21年度：小口真菜美）

観光客が観光地において何を見ようとしているのかという問題をアーリの「観光のまなざし」に依拠しつつ先行研究の方法に倣い，筆者は熱海観光イメージの変遷を雑誌『旅』『るるぶ』の分析を通して明らかにする．『旅』の分析から熱海は夢の楽土，身近な観光地，歓楽街，レトロが主流になり，『るるぶ』からは観光地の非日常性を南国イメージから，レトロ，文化・芸術の町に変化していることを明らかにした．筆者は，熱海市役所や観光協会の聞き取り調査も行い，戦前からの雑誌の定量的分析でイメージ変遷を明らかにした．

51. 内部告発の社会心理学的考察―増加の背景と内部告発者の特性について―（平成21年度：本名悠音）

食品偽装などの不正が内部告発で明らかになる事件が多いが，なぜ内部告発が増えたか．先行研究から内部告発者の動機類型，内部告発者の心理を明らかにすると共に，内部告発増加の背景を日本的雇用慣行の崩壊と市民意識の変化，法律の整備，告発ブームなどの加重要因としてまとめる．想定問答に基づく学生調査によって内部告発に対する態度の4因子を抽出する．若くて役職的地位の低い人が内部告発をしやすいことなどを明らかにしている．

【注】ここに紹介した卒業論文は，駒澤大学文学部社会学科社会学専攻『社会学卒業論文集―坪井ゼミナール―』（各年度版），駒澤大学社会学科坪井健研究室に収録されている．

　なお，この卒業論文集は，駒澤大学社会学科坪井健研究室の他，国立国会図書館および駒澤大学図書館に納本されているので，それらの図書館で閲覧することができる．一部はPDFファイルになっているので，坪井健研究室サイトからインターネットでも閲覧できる．

索　引

あ 行

アイ …………………………………… 52
アイデンティティ ……………… 53,54
アイデンティティ強迫 …………… 60
アイデンティティ・クライシス …… 56
アジア蔑視 ………………………… 236
アソシエーション ………………… 118
アソシエーション的集団 ………… 168
遊び型文化 ………………………… 230
アナウンス効果 …………………… 22
アルジャジーラ …………………… 203
一億総中流化 ……………………… 85
一般世帯 …………………………… 152
イデオロギー ……………………… 106
意図する印象 ……………………… 59
意図せざる結果 …………………… 24
異文化誤解 ………………………… 231
異文化コミュニケーション ……… 231
異文化体験型留学 ………………… 245
異文化理解 ………………………… 231
因果連鎖 …………………………… 31
印象操作 …………………………… 59
インセストタブー ………………… 149
インナーシティ …………………… 166
インフォーマルな集団 …………… 123
上野千鶴子 ………………………… 137
ウェーバー, M. …………… 68,120
ヴェブレン, T. …………………… 141
ME革命 …………………………… 192
エリート養成機関 ………………… 226
エンコーディング／デコーディング
　　　　　　　　　　　　　…… 110
欧米崇拝 …………………………… 236
奥田道大 …………………………… 166
オグバーン, W. F. ……………… 102

か 行

オックスフォード大学 …………… 225
オーディエンス ……………… 58,110
オピニオン・リーダー …………… 212
オンブズマン制度 ………………… 214

外国人留学生 ……………………… 221
外在化 ……………………………… 106
会社人間 …………………………… 193
解離性人格障害 …………………… 60
核家族 ……………………………… 150
核家族世帯 ………………………… 154
学生市場の国際化 ………………… 223
学生文化類型 ……………………… 230
学卒無業者 ………………………… 187
拡大家族 …………………………… 150
学問型文化 ………………………… 230
学問の自由 ………………………… 225
学歴社会 …………………………… 88
学歴付与機関 ……………………… 227
火星からの侵入 …………………… 204
家族の基本的機能 ………………… 150
家族の役割 ………………………… 149
価値 …………………………… 104,111
価値意識 …………………………… 104
価値規範の共有 …………………… 74
価値合理的行為 …………………… 69
カーブナー, G. ………………… 211
下流社会 …………………………… 85
カルチュラル・スタディーズ …… 109
環境製造機 ………………………… 210
環境の製造者 ……………………… 207
慣習 ………………………………… 105
感情的行為 ………………………… 69
間人主義 …………………………… 184
完全失業率 ………………………… 179

273

関連的役割 …………………… 92
『菊と刀』 …………………… 102
記号 ………………………… 136
記号消費 …………………… 135
疑似イベント ……………… 208
疑似イベントのイベント化 … 208
疑似環境 …………………… 202
疑似環境の環境化 ………… 202
疑似環境の問題性 ………… 203
帰属意識の変化 …………… 188
基礎集団 …………………… 117
期待される文化的価値の矛盾 … 96
期待の相補性 ……………… 73
期待の束 …………………… 95
期待の程度の差 …………… 97
北里柴三郎 ………………… 226
機能 ………………………… 28
機能集団 …………………… 117
機能主義的社会学 ………… 29
規範 ………………………… 104
希望格差社会 ……………… 85
客観的地位 ………………… 85
キャリアアップ型留学 …… 244
求人倍率 …………………… 180
旧制大学 …………………… 226
教育なき大学教育 ………… 226
業績主義的社会 …………… 75
競争的資金 ………………… 227
共存 ………………………… 237
共有地の悲劇 ……………… 41
近代化 ……………………… 130
近代家族 …………………… 151
近代官僚制 ………………… 120
近代的大学 ………………… 225
勤勉さ ……………………… 182
勤勉性 ……………………… 191
倉沢進 ……………………… 166
クーリー，C. H. ………… 49,118
グローバル化 ……………… 202
群衆 ………………………… 115
群衆の時代 ………………… 115
形式社会学 ………………… 77
ゲゼルシャフト …………… 117

ゲマインシャフト ………… 117
ゲーム遊び ………………… 52
ゲームの理論 ……………… 36
『幻影の時代』 ……………… 208
言語能力 …………………… 233
顕在的正機能 ……………… 30
顕在的負機能 ……………… 30
現実環境 …………………… 202
現実社会の構成 …………… 106
現実の社会的構成 ………… 106
賢者の贈り物 ……………… 46
限定効果論 ………………… 212
行為 ………………………… 67
合計特殊出生率 …………… 156
高コンテキスト社会 ……… 234
公衆 ………………………… 115
構造—機能主義 …………… 29
高等教育のグローバル化 … 222
行動 ………………………… 67
合理化 ……………………… 131
高齢化 ……………………… 156
高齢人口 …………………… 155
国際学生 …………………… 219
国際交流 …………………… 219
国際主義 …………………… 225
国際労働機関（ILO） ……… 179
国際流行色委員会 ………… 23
誇示的消費 ………………… 141
子育て支援 ………………… 155
ごっこ遊び ………………… 52
『孤独な群衆』 ……………… 137
ゴフマン，E. ……………… 58
コミュニケーション ……… 70
コミュニケーションの2段の流れ仮説
　　………………………… 212
コミュニケーション能力 … 233
コミュニティ ……………… 118
コミュニティの形成 ……… 167
婚外子 ……………………… 157
コンテキスト ……………… 233
コント，A. ………………… 10

さ 行

差異への欲求 …………………… 139
察しの文化 ……………………… 234
サービス化 ……………………… 192
サブカルチャー ………………… 109
サポートネットワーク ………… 235
産業化 …………………………… 131
サンクション …………………… 104
30万人計画 ……………………… 246
三人関係 …………………………… 78
CI広告 …………………………… 139
シェーラー, M. ………………… 106
自我 …………………………… 49, 51
自殺的予言 ………………………… 24
施設等の世帯 …………………… 152
失業率 …………………………… 179
ジニ係数 ………………………… 86
資本主義 ………………………… 130
資本主義の精神 ………………… 132
自明性 ……………………………… 8
社会学的想像力 …………………… 6
社会学人間像 ……………………… 91
社会化の形式 ……………………… 77
社会関係 ………………………… 71
社会関係の総体 ………………… 98
社会構成主義 …………………… 106
社会人基礎力 …………………… 245
社会体系 ………………………… 70
社会的行為 ………………… 68, 82
社会的ジレンマ ………………… 34
社会的性格 ……………………… 137
社会的(道具的)サポート機能 … 235
社会の木鐸 ……………………… 207
就職率 …………………………… 180
囚人のジレンマ ………………… 37
集団 ……………………………… 114
集団主義 ………………………… 182
周辺的役割 ……………………… 92
主観的地位 ……………………… 85
準拠集団 ………………………… 124
生涯未婚率 ……………………… 158
状況の定義 ……………………… 16
少子化 …………………………… 156
消費社会 ………………………… 130
情報戦争 ………………………… 205
ショー, D. ……………………… 213
新強力効果理論 ………………… 213
人口の国際移動 ………………… 219
心情なき享楽人 ………………… 194
新制大学 ………………………… 226
心的相互作用の形式 …………… 77
ジンメル, G. …………………… 77
心理的(情緒的)サポート機能 … 235
ズナニエツキ, F. ……………… 126
スポーツイベント ……………… 209
するためのスポーツ …………… 210
生産年齢人口 …………………… 156
生殖家族 ………………………… 151
正当性 ……………………………… 8
制度家族 ………………………… 151
性役割分業意識 ………………… 160
勢力配分の差 …………………… 97
世界最古の大学 ………………… 225
世界の学生移動 ………………… 219
世界の留学生 …………………… 219
世俗内禁欲 ……………………… 132
世帯 ……………………………… 152
潜在的機能 ………………… 25, 29
潜在的正機能 …………………… 30
潜在的な権力装置 ……………… 214
潜在的負機能 …………………… 30
専門人 …………………………… 193
相互作用 ………………………… 70
属性主義的社会 ………………… 75
組織 ……………………………… 114
園田恭一 ………………………… 163
存在非拘束性 …………………… 106

た 行

第一次集団 ……………………… 118
第1次ベビーブーム …………… 156
大学教育の質保証 ……………… 227
大学市場の国際化 ……………… 223
大学設置基準 …………………… 227
体感治安 ………………………… 211

大網化	227
大衆	116
第二次集団	119
第２次ベビーブーム	156
多元的無知の顕在化	97
他者関連的行為	68
他者指向的行為	68
多重人格	60
脱アイデンティティ	61
他人指向型	138
魂なき専門人	194
タルド, G.	115
ダーレンドルフ, R.	58
団塊世代	156
単独世帯	153
治安の悪化	211
地位間の葛藤	96
地位群	95
小さな政府	222
地位	82
地位の非一貫性	88
地球温暖化説	27
知識社会学	106
知識集約型社会	222
嫡出子	157
中国人留学生	221
中心的役割	92
長時間労働	192
超少子化	157
直系家族	151
沈黙の螺旋理論	213
罪の文化	102
定位家族	151
低コンテクスト社会	234
DINKS	152
テクスト	109
デュルケーム, E.	7
寺田寅彦	226
テロとの闘い	203
転職希望	188
伝統指向型	138
伝統的行為	69
テンニース, F.	117
同一化	54
同一性	54
同一地位占有者の共有	97
同一地位内の役割間の葛藤	96
同一役割内の異なる期待間の葛藤	96
同化	237
統合	237
道徳	105
特殊的文化	232
匿名的親密性	75
都市化	166
トーマス, W. I.	126
トーマスの公理	16
共働き夫婦	152
ドラマトゥルギー	58

な 行

内在化	106
内部指向型	138
二重の条件依存性	71
日本人の勤勉さ	183
日本的コミュニケーションスタイル	234
日本的集団主義	184
ニューカマー	166
ニューカム, T. M.	125
任意的文化	232
認定的地位	85
ノイマン, N.	213

は 行

ハイマン, H. H.	124
培養効果	211
バーガー, P.	106
箱根駅伝	209
バージェス, E. W.	151
恥の文化	102
初めに行動があった	67
バタフライ効果	31
働くことの意味	189
パート（意識の）労働者	194
パート化	192
幅広い教養人	226

ハビトゥス	108
パフォーマー	58
パラサイト・シングル	187
パリ大学	225
晩婚化	158
犯罪の潜在的機能	29
晩産化	158
ハンチング現象	26
バンドワゴン効果	22
被害者感情	212
ピグマリオン効果	22
ビジョン2020	181
ひとり暮らし高齢者	154
避難所（シェルター）	149
非物質的文化	103
平等神話の崩壊	86
夫婦家族（制）	151
夫婦のみの世帯	153
フォークウェイズ	101, 105
フォーディズム	134
フォーマルな組織	123
二人関係	77
物質的文化	103
普遍的文化	232
フリー志向	193
フリーター	186
フリーター漂流	196
ブルデュー，P.	107
プレイ化	193
フロイト，S.	47
『プロテスタンティズムの倫理と資本主義の精神』	68
フロム，E.	137
文化	101, 105
文化資本	108
文化遅滞	102
文化的再生産	107
文化の型	102
文化変動論	102
フンボルト	225
ベック，U.	75, 78
ベネディクト，R. F.	102
ヘブディジ，D.	109
ペルソナ	90
ベルリン大学	225
勉強意欲（モチベーション）	229
勉強しない大学生	226
「勉強しない日本人」像	244
position	84
ホーソーン実験	123
ホッブズ，T.	8
ボードリヤール，J.	135
ホモソシオロジクス	91
ボローニャ大学	225
ボン，L.	115

ま 行

マクドナルド化	111
マコームズ，M.	213
マージナルマン	96
貧しい友人関係	236
マスメディア	202
マッキーバー，R. M.	118
マードック，G. P.	150
マートン，R. K.	17
マハティール首相	181
魔法の弾丸理論	212
マラソン放送	207
ミー	52
ミーイズム	185
未婚化	158
未組織集団	115
ミード，G. H.	52
見られるためのスポーツ	210
無業者	180
無なるもの	194
メディアイベント	209
メディア・リテラシー	214
目的合理的行為	69
目標を見失った大学生	244
モラトリアム	57
森鴎外	226
モーレス	101, 105

や 行

役割	82

役割葛藤 …………………………… 95
役割期待 ………………………… 90, 91
役割距離 …………………………… 59
役割群 ……………………………… 95
役割形成 …………………………… 94
役割行動 ………………………… 82, 91
役割取得 ………………………… 91, 94
役割遂行能力 ……………………… 92
役割と自由 ………………………… 91
友愛家族 ………………………… 151
有閑階級 ………………………… 141
有効求人倍率 …………………… 180
融合 ……………………………… 237
予言の自己成就 …………………… 17
予定説 …………………………… 132

理解社会学 ………………………… 68
離職 ……………………………… 188
リスク社会 ………………………… 75
リースマン, D. ………………… 137
リップマン, W. ………………… 202
留学交流阻害要因 ……………… 237
「利用と満足」研究 ……………… 213
両立支援 ………………………… 157
ルックイースト政策 …………… 181
ルックマン, T. ………………… 106
レジャーランド化した大学 …… 226
労働集約型社会 ………………… 222
老老介護 ………………………… 155
ロック, H. J. ………………… 151
ロボット化 ……………………… 192

ら 行

ラザースフェルド, P. F. ………… 212
ランク (rank) としての地位 ……… 84

わ 行

ワーク・ライフ・バランス ……… 147

新しい社会学を学ぶ

2010年10月30日　第一版第一刷発行
2014年1月30日　第一版第二刷発行

編著者　坪井　健

発行所　㈱学文社

発行者　田中千津子

東京都目黒区下目黒3-6-1
〒153-0064　電話(03)3715-1501（代表）　振替00130-9-98842
http://www.gakubunsha.com

落丁，乱丁本は，本社にてお取り替えします。
定価は，売上カード，カバーに表示してあります。

印刷／株式会社亨有堂印刷所
〈検印省略〉

ISBN978-4-7620-2119-0
© 2010 TSUBOI Tsuyoshi Printed in Japan